Ernährung im Fokus der Prävention

Jahrbuch HealthCapital Berlin-Brandenburg
2009–2010

Herausgegeben von Günter Stock

Ernährung im Fokus der Prävention

Herausgegeben von
Dieter Kleiber und Stefan N. Willich

Akademie Verlag

Dieses Vorhaben/Projekt der TSB Innovationsagentur Berlin GmbH wird über
die Investitionsbank Berlin mit Mitteln der Senatsverwaltung für Wirtschaft,
Technologie und Frauen gefördert.

Die Deutsche Nationalbibliothek verzeichnet diese Publikation in der
Deutschen Nationalbibliografie; detaillierte bibliografische Daten sind
im Internet über http://dnb.d-nb.de abrufbar.

ISBN 978-3-05-004658-7

Satz: Sabine Taube, Kieve
Druck: MB Medienhaus Berlin
Bindung: BUCHConcept, Calbe

Printed in the Federal Republic of Germany

■ Inhalt

Editorial 7

Dieter Kleiber/Stefan N. Willich. 9
Vorwort

Grundlagen- und Überblicksbeiträge

Nanette Ströbele/Michael Teut/Stefan N. Willich 15
Ernährung in der Präventiven Medizin

Marc Nocon/Jacqueline Müller-Nordhorn/Stefan N. Willich 27
Präventionsatlas Berlin-Brandenburg

Katharina Graffmann-Weschke 33
Der Nationale Aktionsplan zur Prävention von Fehlernährung,
Bewegungsmangel, Übergewicht und damit zusammenhängenden
Krankheiten

Dieter Kleiber/Rüya-Daniela Kocalevent 43
Prävention von Übergewicht und Adipositas bei Kindern und
Jugendlichen: State of the Art

Diagnostik

Hans-Georg Joost/Andreas F. H. Pfeiffer/Matthias B. Schulze 73
Die erweiterte Basisversion des Deutschen Diabetes-Risiko-Tests (DRT) –
neue Chancen für ärztliche Vorsorgeuntersuchungen

Ernährung von Kindern und Jugendlichen

Heike Mehlhase/Gregor Bethge/Rüya-Daniela Kocalevent/Dieter Kleiber . . . 85
Gesundheitsförderung in Kindertagesstätten. Ein Vergleich der
Ergebnisse zweier Untersuchungen zum Thema Ernährung in Berlin
und Brandenburg

Gregor Bethge/Heike Mehlhase/Rüya-Daniela Kocalevent/Dieter Kleiber ... 97
Ernährungsprojekte in Kitas: Eine Dokumentation von Projekten
im Berlin und Brandenburg

Franz Josef Lünne 119
Henrietta in Fructonia: Ein Exportschlager aus Brandenburg

Ernährung von Erwachsenen

Rahel Eckardt/Roland Engehausen/David Schönfeld/Karl Martin/
Gunnar Müller/Stefanie Walter/Matthias Möhner/Susanne Segebrecht/
Elisabeth Steinhagen-Thiessen 131
Betriebliche Präventionsstrategien zur Gewichtsreduktion und
gesunden Ernährung – die Beeinflussung von Risikofaktoren im Rahmen
der RANSTUDIE

Petra Forster 145
Ernährungscoaching für Schichtarbeiterinnen und Schichtarbeiter –
Einsatz einer „sprechenden" Methode

Werner Mall/ Rolf D. Müller/Gerhard Westermayer 165
Zur Gesundheit der Mitarbeiterinnen und Mitarbeiter in der Ernährungswirtschaft

Ernährung von älteren Menschen

Helga Strube 179
Ernährung im Alter – Es ist nie zu spät

Ernährung und Wirtschaft

Thomas Reinhold/Bernd Brüggenjürgen/Stefan N. Willich 205
Gesundheitsökonomische Bedeutung von Ernährung

Ernährungsforschung in der Gesundheitsregion Berlin-Brandenburg

Edeltraud Mast-Gerlach 223
Gesundheit und Ernährung an der Technischen Universität Berlin –
das Innovationszentrum Technologien für Gesundheit und Ernährung

Verzeichnis der Autorinnen und Autoren 237

■ Editorial

Präventive Maßnahmen können dazu beitragen, Krankheiten zu verhindern oder zumindest deren Auswirkungen zu mildern und somit die Lebensqualität zu verbessern und bis ins hohe Alter zu erhalten. Hierbei nimmt die Ernährung eine besondere Stellung ein, denn sowohl Über- als auch Mangelernährung entwickeln sich in Industrieländern zu einem bedeutenden Gesundheitsrisiko. Das Bundesministerium für Gesundheit geht davon aus, dass ein Drittel aller Kosten im Gesundheitswesen durch Krankheiten verursacht werden, deren Entstehung und Entwicklung direkt oder indirekt durch Ernährungsfaktoren mit beeinflusst werden.

Das Thema Ernährung spielt für alle Generationen eine wichtige Rolle: So bestehen entsprechend der jeweiligen Lebenssituation unterschiedliche Anforderungen an die Ernährung, beispielsweise beruflich bedingt wie bei Schichtarbeit oder aber altersbedingt, denn die Gefahr von Unterernährung steigt ab dem 65. Lebensjahr signifikant an. Im Fokus von ernährungsbezogenen Präventionsmaßnahmen stehen insbesondere Kinder und Jugendliche, um bei ihnen die Weichen für ein zukünftiges gesundheitsbewusstes Verhalten zu stellen. Grundsätzlich gehört – neben der Vermittlung von Wissen zu gesunder Ernährung – zu den präventiven Maßnahmen auch die schwierige Aufgabe, die Lücke zwischen Wissen und tatsächlichem Handeln zu schließen; also das Bewusstsein zu fördern, dass eine gesundheitsbewusste Ernährung nicht automatisch Verzicht auf Genuss bedeutet.

Vor diesem Hintergrund zeichnet sich die Region Berlin-Brandenburg durch eine Vielzahl an Akteuren aus, die unterschiedlichste Initiativen und Programme zur ernährungsbezogenen Verhaltensprävention entwickelt haben. Das zweite Jahrbuch von HealthCapital beleuchtet daher exemplarisch in der Region entwickelte Maßnahmen, gibt aber auch Hintergrundinformationen zu wichtigen Themen dieses sehr komplexen Aufgabenfeldes.

Prof. Dr. Dr. h.c. Günter Stock
Sprecher Netzwerk Gesundheitswirtschaft
HealthCapital Berlin-Brandenburg

■ Vorwort

„Ernährung im Fokus der Prävention" haben wir den vorliegenden Band betitelt. Damit wollen wir darauf hinweisen, dass nur über Maßnahmen der Gesundheitsförderung sowie der Prävention von Übergewicht und Adipositas Chancen bestehen, den Trend zur XXL-Gesellschaft zu brechen. Die unbestreitbaren Erfolge der Industrienationen sind mit Schattenseiten und enormen Herausforderungen verbunden: Trotz wachsenden gesellschaftlichen Reichtums steigt die Zahl der Armen; die großen medizinischen Erfolge bei der Behandelbarkeit sogar schwerster Erkrankungen und eine längere Lebenserwartung gehen einher mit einer deutlichen Zunahme chronischer Erkrankungen, die multifaktoriell verursacht und meist lebensstilabhängig sind, nicht wirklich heilbar, aber grundsätzlich vermeidbar wären. Ernährungsbedingte Krankheiten stellen uns in diesem Zusammenhang vor besondere Herausforderungen. Über 60 % aller Erkrankungen – so wird geschätzt – entwickeln sich zumindest anteilig infolge einer ungesunden Ernährung.

Nach Ergebnissen des von der Deutschen Gesellschaft für Ernährung vorgelegten Ernährungsberichts 2008 zeigen sich bereits bei den Jüngsten massive Ernährungsprobleme: Beim Verzehr von Obst werden die empfohlenen Mengen nur bis zum zweiten Lebensjahr erreicht und danach mit zunehmendem Alter immer deutlicher unterschritten. Beim Verzehr von Gemüse wird die Bilanz bereits nach dem ersten Lebensjahr negativ – und je älter die Kinder werden, desto größer wird die Schere zwischen Ist und Soll.

Zusammengefasst: Wir essen zu wenig Obst und Gemüse, aber auch zu wenig pflanzliche, kohlenhydratreiche Lebensmittel wie Reis, Nudeln, Kartoffeln und Brot, dafür aber deutlich zu viele Süßigkeiten, zu viel Salz und proteinreiche Lebensmittel wie Fleisch, Wurst und Käse. Die tatsächliche Aufnahme von Proteinen liegt um das 2- bis 3-Fache über der Empfehlung. Bereits im ersten Lebensjahr bekommen viele Kleinkinder Zucker und Süßwaren; der Verzehr steigt bei den 4-Jährigen auf durchschnittlich 40 g/Tag.

Das bleibt nicht ohne gravierende Folgen:

- 35 % aller deutschen Frauen und mehr als die Hälfte der Männer waren 2007 einer Studie der International Association for the Study of Obesity (IASO) zufolge übergewichtig und jeder bzw. jede Fünfte leidet an einer Adipositas.
- Jeder Zweite in Deutschland stirbt an den Folgen von Herzinfarkt oder Schlaganfall.

- Jeder zweite Übergewichtige im Jugendalter wird später einen behandlungspflichtigen Diabetes mellitus Typ 2 entwickeln. Schätzungen zufolge sind bereits sieben bis zehn Millionen Menschen von Altersdiabetes betroffen. Ein großer Teil von ihnen weiß es gar nicht und entwickelt infolgedessen oftmals katastrophale Begleiterkrankungen; so kommt es hierzulande jährlich zu 28.000 Amputationen, 35.000 Herzinfarkten, 7.000 Erblindungen und über 4.000 Nierenversagen mit Dialysepflichtigkeit.
- Über 200.000 Menschen sterben in Deutschland pro Jahr an Krebs. Laut WHO soll bis zum Jahr 2020 die Zahl der Krebserkrankungen weltweit um 50 % steigen!
- Sechs bis acht Millionen Deutsche sind von Osteoporose betroffen.

Trotz großer Erfolge der Medizin in vielen Bereichen sind Behandlungen von Übergewicht und Adipositas zumeist frustrierend.
Große Hoffnungen werden deshalb in die Primärprävention gesetzt, der in folgender Konstellation besonders gute Chancen eingeräumt werden:

- wenn Erkrankungen vermieden werden sollen, die epidemiologisch besonders relevant sind: Übergewicht und Adipositas gelten in praktisch allen Industrienationen als epidemisch auftretende Probleme, die massive körperliche, psychische und soziale Folgeprobleme und zudem hohe Folgekosten verursachen;
- wenn Krankheiten chronische Verläufe haben: Die Chronizität von Adipositas zeigt sich darin, dass adipöse Kinder mit sehr hoher Wahrscheinlichkeit auch im Erwachsenenalter adipös sind;
- wenn kurative Maßnahmen keine oder nur geringe Erfolge haben: Beim Stand des Wissens sind die Erfolge kurativer Maßnahmen zur Behandlung von Adipositas nur äußerst begrenzt und es fehlen nachhaltige Wirksamkeitsnachweise. Deshalb gelten primärpräventive Maßnahmen als einzig aussichtsreiche Strategie zur Senkung der Inzidenz (Neuerkrankungsrate) von Adipositas.
- Primärpräventive Maßnahmen gelten auch als indiziert, wenn mit dem Auftreten des zu verhindernden Problems relevante gesundheitliche Folgen verbunden sind: Frühmanifeste Adipositas ist unstrittig ein beträchtlicher Risikofaktor für später auftretende medizinische Folgestörungen, darunter Typ-2-Diabetes mellitus und Herz-Kreislauferkrankungen. Hinzu kommt, dass die Lebensqualität adipöser Kinder schon allein dadurch eingeschränkt wird, dass sie aufgrund ihres Aussehens häufig Opfer sozialer Diskriminierung und Stigmatisierung werden.
- Schließlich gelten auch die Folgekosten der Adipositas als erheblich. Sie werden auf jährlich 70 Milliarden Euro geschätzt.

Insgesamt gilt, dass die in den letzten Jahrzehnten deutliche Zunahme der Prävalenz (Krankheitshäufigkeit) von Übergewicht und Adipositas bei Kindern und Jugendlichen und der hohe Persistenzgrad von Übergewicht und Adipositas Präventionsprogramme dringend notwendig und sinnvoll erscheinen lassen.
In das Zentrum der vorliegenden, zweiten Ausgabe des Jahrbuchs HealthCapital Berlin-Brandenburg haben wir deshalb das Thema Ernährung im Fokus der Prävention gesetzt. Ausgewiesene Fachleute aus Wissenschaft, Praxis und Wirtschaft präsentieren ihre neuesten Ergebnisse und Erfahrungen zum Themenfeld Ernäh-

rung und Gesundheit und zeigen neue Wege für die Gesundheitsregion Berlin-Brandenburg auf.

Das Buch versammelt Beiträge zu mehreren Schwerpunkten: Grundlagen und Überblicksthemen, Diagnostik, Ernährung von Kindern und Jugendlichen, Ernährung von Erwachsenen und alten Menschen, zum Themenkomplex Ernährung und Wirtschaft sowie zur Ernährungsforschung in der Gesundheitsregion Berlin-Brandenburg. Damit bietet die Publikation eine aktuelle Übersicht über zentrale Fragen zu den gesundheitlichen Auswirkungen von Übergewicht und Adipositas, zu Ansätzen der Prävention und Intervention und zu gesundheitsökonomischen Fragen.

Im einleitenden Beitrag beschäftigen sich Nanette Ströbele, Michael Teut und Stefan N. Willich mit der Frage, welchen Stellenwert Ernährungsfragen in der präventiven Medizin haben. Anhand eines Präventionsatlasses Berlin-Brandenburg, den Marc Nocon, Jacqueline Müller-Nordhorn und Stefan N. Willich vorstellen, wird deutlich, welch vielfältiges Angebot zur Prävention von ernährungsabhängigen Krankheiten in der Region besteht. Katharina Graffmann-Weschke stellt in ihrem Beitrag den Nationalen Aktionsplan IN FORM vor, der vom Bundesministerium für Ernährung, Landwirtschaft und Verbraucherschutz und dem Bundesministerium für Gesundheit gemeinsam getragen wird. Mit jährlich 5 Millionen Euro (von 2008 bis 2010) wird mit dieser bundesweiten Initiative die Durchführung von Projekten zur Prävention von Fehlernährung, Bewegungsmangel, Übergewicht und damit zusammenhängenden Krankheiten ermöglicht, die insgesamt dazu beitragen sollen, die Raten von Übergewichtigen und Adipösen bis zum Jahr 2020 spürbar zu senken. Zur Erreichung dieses Ziels sind jedoch integrierte Public Health-Ansätze vonnöten, die abgestimmtes Handeln erfordern und gleichermaßen Maßnahmen zur strukturellen Verhältnisprävention wie individuen- und gruppenbezogen ansetzenden Verhaltensprävention in den Bereichen Ernährung, Bewegung und Stressmanagement umfassen sollten. In diesem Sinne argumentieren Dieter Kleiber und Rüya-Daniela Kocalevent in ihrem Beitrag zur Prävention von Übergewicht und Adipositas bei Kindern und Jugendlichen, bei dem sie die Frage in den Mittelpunkt stellen, was der Stand des diesbezüglichen Wissens, was „State of the Art" ist. Hans-Georg Joost, Andreas F. H. Pfeiffer und Matthias B. Schulze, Wissenschaftler des Deutschen Instituts für Ernährungsforschung Potsdam-Rehbrücke (DIfE), stellen neue Wege zur Früherkennung von Diabetes Typ 2 mittels der Anwendung des „Deutschen Diabetes-Risiko-Tests" (DRT) vor und eröffnen damit Möglichkeiten, Menschen mit einem erhöhten Diabetes-Risiko oder einem Diabetes im Frühstadium zu identifizieren. Diese Methode kann dazu beitragen, durch eine frühzeitige Behandlung des Diabetes viel persönliches Leid zu vermeiden.

Heike Mehlhase, Gregor Bethge, Rüya-Daniela Kocalevent und Dieter Kleiber widmen sich in zwei Beiträgen der Ernährung von Kindern und Jugendlichen. Zum einen werden die Ergebnisse zweier Querschnittserhebungen vorgestellt und miteinander verglichen, die bei allen Berliner und Brandenburger Kitas zum Stand der Gesundheitsförderung in Kindertagesstätten durchgeführt worden sind. Zum anderen wird dokumentiert, welche Ernährungsprojekte derzeit in Kitas in Berlin und Brandenburg realisiert werden. Eines dieser Projekte stellt der Vorsitzende der AOK Brandenburg, Josef Lünne, ausführlicher vor: Henrietta in Fructonia – Ein Exportschlager aus Brandenburg. Über die sogenannte Ranstudie berichten Rahel Eckardt, Roland Engehausen, David Schönfeld, Karl Martin, Gunnar Müller, Stefanie Walter, Matthias Möhner, Susanne Segebrecht und Elisabeth Steinhagen-

Thiessen. In dieser Studie werden betriebliche Präventionsstrategien zur Gewichtsreduktion und gesunden Ernährung untersucht. Petra Forster lotet die Chancen von Ernährungscoaching für Schichtarbeiterinnen und Schichtarbeiter aus und stellt die „sprechende" Methodik vor, deren Einsatz ein gesundheitsförderliches Verhalten unterstützen kann. Informationen zur Gesundheit der Mitarbeiter/-innen in der Ernährungswirtschaft und ein Modell zur Analyse betrieblicher Gesundheitsindikatoren werden von Werner Mall, Rolf D. Müller und Gerhard Westermayer präsentiert. Darüber hinaus beschäftigt sich Helga Strube mit spezifischen Problemen der Ernährung im Alter und Möglichkeiten zur Optimierung der Ernährungssituation von alten Menschen.

Schließlich gehen Thomas Reinhold, Bernd Brüggenjürgen und Stefan N. Willich der gesundheitsökonomischen Bedeutung der Ernährung nach; dabei wird den ökonomischen Folgen von Über- und Unterernährung besondere Aufmerksamkeit geschenkt. Edeltraud Mast-Gerlach verdeutlicht beispielhaft, wie die Gesundheitsregion Berlin-Brandenburg bezüglich der Erforschung des Themengebietes Ernährung und Gesundheit aufgestellt ist und welchen Beitrag das an der Technischen Universität Berlin angesiedelte Innovationszentrum „Technologien für Gesundheit und Ernährung" (IGE) zur Entwicklung gesunder, präventiv wirkender Lebensmittel leistet, um für unterschiedliche Zielgruppen (z.B. Kinder, ältere Menschen, bestimmte Risikogruppen) bedarfsgerechte Lebensmittel bereitstellen zu können.

Wir danken allen Autorinnen und Autoren für ihre wichtigen Beiträge und hoffen, dass dieses Jahrbuch mit neuen Impulsen zur Weiterentwicklung der Gesundheitsregion Berlin-Brandenburg beiträgt.

Berlin, im August 2010

Prof. Dr. Dieter Kleiber, Freie Universität Berlin
Prof. Dr. Stefan N. Willich, Charité – Universitätsmedizin Berlin

Grundlagen- und Überblicksbeiträge

Ernährung in der Präventiven Medizin

Nanette Ströbele/Michael Teut/Stefan N. Willich

Abstract

Die Bedeutung von Ernährung in der Präventiven Medizin wird immer noch deutlich unterschätzt. Ernährung steht in Zusammenhang mit vielen Erkrankungen. Es ist wichtig, dass in Zukunft ernährungsmedizinische Maßnahmen – einschließlich präventiver Strategien des Lebensstils – zu bedeutenden Bausteinen der ärztlichen Versorgung werden, um einen wichtigen Beitrag bei der Bekämpfung von lebensstilbedingten Erkrankungen leisten zu können.

Einleitung

Die heutige Medizin bietet eine Vielzahl von medikamentösen und technischen Behandlungsmöglichkeiten für akute und chronische Krankheiten, aber die Umsetzung von Strategien zur Vorbeugung von chronischen Erkrankungen und zur Aufrechterhaltung von Gesundheit sind nach wie vor nur unzureichend entwickelt und implementiert. In den westlichen Wohlstandsgesellschaften können insbesondere chronische Krankheiten durch frühzeitige Verhaltensmodifikation vermieden oder zumindest deutlich verzögert werden. Ernährungsbedingte Krankheiten zählen mittlerweile zu den häufigsten „Zivilisationskrankheiten" und stellen – vor allem in den Industrienationen – eines der größten medizinischen Probleme dar. Bei der präventiven Medizin geht es um Früherkennung, Vorbeugung und frühzeitige Behandlung, um gesundheitliche Schäden zu minimieren oder auch komplett zu verhindern.

Abbildung 1 zeigt als Ergebnis einer US-amerikanischen Studie mit Frauen den Anstieg der Gesamtmortalität pro 100.000 Personenjahren innerhalb eines Zeitraums von 24 Jahren in den Vereinigten Staaten von Amerika.[1] Erhoben wurde darüber hinaus die Mortalität aufgrund von Krebs oder kardiovaskulären Erkrankungen. Wie sich gezeigt hat, steigt in allen drei Bereichen die Mortalität mit der Anzahl der vorhandenen Risikofaktoren. Einbezogene Risikofaktoren waren Rau-

---

[1] Vgl. van Dam, Rob M./Li, Tricia/Spiegelman, Donna et al.: Combined impact of lifestyle factors on mortality: prospective cohort study in US women, in: British Medical Journal 337, 2008. Im Rahmen dieser Studie wurden 77.782 Frauen zwischen 34 und 59 Jahren ab 1980 24 Jahre lang beobachtet. Die Abbildung beinhaltet eine Hochrechnung der Mortalität an 100.000 Personen in Abhängigkeit von der Anzahl der Risikofaktoren.

chen, mangelnde Bewegung (weniger als 30 Min. moderate bis intensive Bewegung pro Tag), schlechte Ernährung (basierend auf einem errechneten Ernährungswert), übermäßiger Alkoholkonsum (über 15g pro Tag) und Übergewicht (Body Mass Index (BMI) von über 25). Somit wird der Einfluss von Lebensstilfaktoren auf den Krankheitsverlauf und die Bevölkerungsmortalität deutlich. Bei zwei der untersuchten Risikofaktoren aus dieser Grafik handelt es sich um ernährungsbezogene Faktoren: die Art der Ernährung einerseits und Übergewicht andererseits.

Abbildung 1
Mortalitätsanstieg pro 100.000 Personenjahre über einen Zeitraum von 24 Jahren bei steigender Anzahl von Risikofaktoren

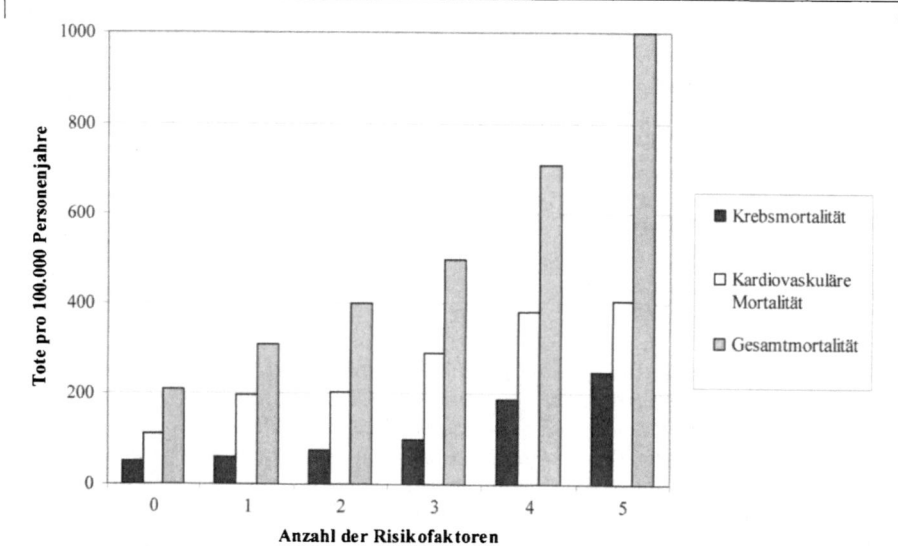

Eigene Darstellung; Daten adaptiert von Van Dam et al.: Combined impact of lifestyle factors on mortality, S. a1440.

Eine weitere, im Jahr 2004 veröffentlichte Studie über Todesursachen in den Vereinigten Staaten ergab, dass sich im Jahre 2000 18,1 % der U.S.-Gesamtmortalität auf das Rauchen (435.000 Tote) und 16,6 % auf schlechte Ernährung und einen Mangel an körperlicher Bewegung (400.000 Tote) zurückführen lassen.[2]

2   Vgl. Mokdad, Ali H./Marks, James S./Stroup, Donna F. et al.: Actual causes of death in the United States, 2000, in: Journal of the American Medical Association 291, 2004, H. 19, S. 1238–1245.

Ernährung in der Prävention

Eine kontinuierliche Zunahme von chronischen Erkrankungen, die durch Lebensstil und Ernährung beeinflussbar sind, ist nicht unausweichlich. Zahlreiche Studien haben belegt, dass Lebensstilinterventionen das Gesundheitsverhalten verstärken und die Krankheitsmanifestationen verringern können. Das gilt z. B. für Diabetes Typ II[3] und kardiovaskuläre Erkrankungen[4]. Eine mediterrane Ernährung zeigte sich beispielsweise bei Frauen vor allem bei koronaren und vaskulären Erkrankungen als protektiver Faktor (ebenso wie moderater Alkoholkonsum, Bewegung und nicht Rauchen)[5].

Eine gesunde Ernährung ist demnach eine erfolgversprechende Form von Prävention. Es existieren mehrere grundsätzliche Strategien zur Prävention. Auf der einen Seite stehen Maßnahmen, die am Gesundheitsverhalten von Individuen oder Gruppen ansetzen, auch *Verhaltensprävention* genannt. Dazu gehört eine gesunde und ausgewogene Ernährung des Einzelnen. Auf der anderen Seite steht die *Verhältnisprävention*, die als Strategie auf Maßnahmen zu Veränderungen der biologischen, sozialen oder technischen Umwelt abzielt. Im Bereich der Ernährung wäre das Angebot der Krankenkassen zur Ernährungsberatung ein Beispiel für Verhaltensprävention und eine erhöhte Versteuerung stark zuckerhaltiger oder fetthaltiger Lebensmittel ein Beispiel für Verhältnisprävention. Eine weitere, momentan viel erörterte Strategie der Verhältnisprävention ist die Einführung des sogenannten Ampelsystems zur Kennzeichnung von Lebensmitteln, das durch die Farben rot, gelb, grün auf den Nährwert der Lebensmittel aufmerksam machen soll. Im Gegensatz zu England, wo das Ampelsystem schon praktiziert wird, wird diese präventive Maßnahme in Deutschland noch diskutiert.

Ernährung und Krankheiten

Die Ernährung ist eine der wichtigsten präventiven Lebensstilstrategien. Was wir wann und in welchen Mengen zu uns nehmen, hat einen direkten Einfluss auf unsere Gesundheit und auf die meist schleichende Entwicklung von chronischen Krankheiten. Fehlernährung kann zu Erkrankungen führen, aber auch chronische Krankheiten, wie zum Beispiel Krebs oder Diabetes, stehen im direkten Zusammenhang mit nahrungsbedingten Verhaltensweisen vor und während des Krankheitsverlaufs. Tabelle 1 zeigt Beispiele für ernährungsbedingte und durch Ernährung beeinflussbare Krankheiten.

Falsche Ernährung kann krank machen. Auf der einen Seite gibt es Übergewicht und Fettleibigkeit, was mit einem erhöhten Risiko für kardiovaskuläre Erkrankungen, verschiedene Krebsarten und weitere Krankheiten wie Diabetes Mellitus oder Osteoporose einhergeht. In Deutschland liegt die Prävalenz (Häufigkeit) von Übergewicht bei Männern bei 65 % und bei Frauen bei ca. 55 %. Auch wenn

---

3 Vgl. Tuomilehto, Jaakko/Lindström, Jaana/Eriksson, Johann G. et al.: Prevention of type 2 diabetes mellitus by changes in lifestyle among subjects with impaired glucose tolerance, in: New England Journal of Medicine 344, 2001, S. 1343–1350.
4 Vgl. van Dam/Li/Spiegelman et al., Combined impact, S. a1440.
5 Vgl. Knoops, Kim T. B./de Groot, Lisette C./Kromhout, Daan et al.: Mediterranean diet, lifestyle factors, and 10-year mortality in elderly European Men and Women: The HALE Project, in: Journal of the American Medical Association 292, 2004, H. 12, S. 1433–1439.

die Ursachen für Übergewicht vielschichtig sind, zeigt die Forschung doch durchgehend, dass viele Menschen nicht nur zu viel essen, sondern auch zuviel fetthaltige, salzhaltige und zuckerhaltige Speisen zu sich nehmen. Hypercholesterinämie ist eine der möglichen Folgen von zu fetthaltiger Ernährung. Ein hoher Salzkonsum hingegen kann zu Bluthochdruck führen. Die Entwicklung von Übergewicht ist ein gutes Beispiel für den Einfluss von Lebensstilfaktoren auf die Gesundheit. In den meisten Fällen könnten durch eine Ernährungsumstellung und eine Steigerung der körperlichen Aktivität Erfolge erzielt werden. Allerdings fällt es vielen Menschen schwer, ihr Verhalten langfristig zu ändern.

Beispiele für ernährungsbedingte Krankheiten und durch Ernährung beeinflussbare Krankheiten

Ernährungsbedingte Krankheiten	Weitere durch Ernährung beeinflussbare Krankheiten
Übergewicht (Adipositas)	Hyperurikämie (Erhöhung des Harnsäurespiegels im Blut)
Diabetes mellitus (Zuckerkrankheit)	
Fettstoffwechselstörungen (Hyperlipidämie)	Niereninsuffizienz
Bluthochdruck	Herzinsuffizienz
Gicht	Mukoviszidose
Fettleber	Angeborene Stoffwechselerkrankungen (Störungen im Aminosäurestoffwechsel, lysosomale Speicherkrankungen, Glykogenose Typ 1)
Leberzirrhose	
Karies	Osteoporose
Struma/Kropf	Rheumatische Erkrankungen
Lebensmittelintoleranzen (Sprue, Laktoseintoleranz etc.)	Multiple Sklerose
Marasmus (Protein- und Energiemangel)	HIV-Infektion und AIDS
Vitaminmangelerkrankungen (Skorbut, Beriberi, Pellagra etc.)	
Artherosklerose	
Krebs (Magenkrebs, Darmkrebs, Speiseröhrenkrebs etc.)	
Herz- und Gefäßkrankheiten	
Essstörungen (Anorexia nervosa, Bulimia nervosa)	
Gastrointestinale Erkrankungen (Morbus Crohn, Colitis ulcerosa, Diarrhoe etc.)	
Einige dermatologische Erkrankungen (Hypoalimentation, Ekzeme etc.)	

Auf der anderen Seite gibt es aber auch Untergewicht, einerseits hervorgerufen durch Magersucht (Anorexia nervosa), eine psychische Erkrankung, unter der vermehrt junge Frauen leiden. In Deutschland liegt die Prävalenz dieser Krankheit bei Frauen zwischen 15 und 25 Jahren bei ca. 1 %. Andererseits gibt es eine weitere Form von Unterernährung meist bei geriatrischen Bevölkerungsgruppen (natürlich spricht man auch von Unterernährung in ärmeren Regionen der Welt, wo die Energieaufnahme unter dem Leistungsumsatz liegt). Auch die Unterernährung im Alter hat vielfältige Ursachen.[6] Ernährungsmediziner/-innen sprechen sowohl von organischen und physiologischen Problemen, wie Störungen des Geschmacks- und Geruchssinns, als auch von psychischen und sozialen Faktoren wie Vereinsamung und Depressionen.[7] Knapp zwei Drittel der Bewohner/-innen stationärer Einrichtungen der Altenpflege in Deutschland sind von Mangelernährung betroffen oder gefährdet (vgl. ErnSTES-Studie).[8] Aber auch in niedrigen sozialen Schichten kann es zu Unterernährung und vor allem zu Mangel- und Fehlernährung kommen. Der Bundes-Gesundheitssurvey 1998[9] zum Beispiel ergab, dass Deutsche, die in Armut leben, nur selten Vollkornprodukte verzehren (Vollkorn gilt als potenziell schützender Faktor bei Herzerkrankungen). Frauen in Armut aßen auch seltener Salat als Frauen mit mittlerem oder hohem Einkommen.[10] Falsche Ernährung kann auch zu Schädigungen der Zähne führen. Der Einfluss von Ernährung auf Mund- und Zahngesundheit ist auch Teil des zahnärztlichen Behandlungsspektrums. Mitunter führt das sogar zu ernährungsberatungsorientierten Ausbildungen bei Zahnärzten, um gezielt auf betroffene Patientinnen und Patienten eingehen zu können.

Durch immer intensivere Forschung von Ernährungsgewohnheiten wird zunehmend deutlich, dass Ernährungsverhalten Morbidität (Krankheitshäufigkeit) und Mortalität (Sterberate) beeinflussen. Gesunde Ernährung geht mit einer niedrigeren Gesamtsterblichkeit einher und Veränderungen der Lebensgewohnheiten inklusive der Ernährung senken die Inzidenz (Anzahl der Neuerkrankungen) von Herz-Kreislauferkrankungen sowie Krebserkrankungen und auch Osteoporose. Als besonders effektiv zeigen sich die Steigerung von Obst- und Gemüseverzehr, die Reduzierung von gesättigten Fettsäuren (vor allem wenig tierische Fette) und generell eine fettarme Ernährung.[11] Selbst zu bestimmten Krankheiten gibt es wissenschaftlich fundierte Empfehlungen von Einrichtungen wie der Deutschen Gesellschaft für Ernährung e.V. (DGE). So rät die DGE zur Prävention von Fettstoffwechselstörungen zum einen, den Verzehr von rotem Fleisch, fetten Wurstwaren,

Vgl. dazu auch Strube in diesem Band.

Vgl. Schindlegger, Wolfgang: Ursachen der Anorexie im Alter, in: Journal für Ernährungsmedizin 3, 2001, H. 3, S. 7–11.

Deutsche Gesellschaft für Ernährung e. V. (Hrsg.): Ernährung älterer Menschen in stationären Einrichtungen (ErnSTES). Ernährungsbericht 2008, Kapitel 3, Bonn 2008.

Robert Koch-Institut: Bundesgesundheitssurvey 1998. Erfahrungen, Ergebnisse, Perspektiven, in: Das Gesundheitswesen 61, 1999, S. 55f.

Vgl. Helmert, Uwe/Mielck, Andreas/Shea, Steven: Poverty, health and nutrition in Germany, in: Reviews on Environmental Health 12, 1997, H. 3, S. 159–170.

Vgl. Deutsche Gesellschaft für Ernährung e. V. (Hrsg.): Ernährungsbericht 2000, Frankfurt a. M. 2000; Diabetes Prevention Program Research Group: Reduction in the incidence of type 2 diabetes with lifestyle intervention or metformin, in: New England Journal of Medicine 346, 2002, S. 393–403; Key, Timothy J./Thorogood, Margaret/Appleby, Paul N. et al.: Dietary habits and mortality in 1100 vegetarians and health conscious people: results of a 17 year follow up, in: British Medical Journal 313, 1996, S. 775–779.

fettem Käse und Eiern zu reduzieren, und zum anderen, täglich fünf Portionen Obst und Gemüse sowie reichlich Vollkornprodukte und Kartoffeln zu sich zu nehmen. Ein anderes Beispiel ist die allgemeine Empfehlung zu salzarmer Ernährung zur Vorbeugung von Bluthochdruck.[12]

Professionalisierung in Deutschland

Ein Bereich in der Medizin, der sich mit dieser Thematik beschäftigt, ist die Ernährungsmedizin. Sie beschäftigt sich mit wichtigen Themen ernährungsmedizinisch relevanter Krankheitsbilder. Neben der Zusammensetzung der Nahrung (z. B. Makro- und Mikronährstoffe) reicht das Spektrum von der Ernährung verschiedener Bevölkerungsgruppen (z. B. Säuglinge oder Sportler/-innen) über enterale (über den Mund oder eine Magensonde) und parenterale (künstliche) Ernährung bis hin zu ernährungsbedingter Therapie und Prävention endokrinologischer, neurologischer oder auch urologischer Krankheiten. Die umfassende medizinische Thematik schließt Neurogastroenterologie (Darmfunktionsstörungen) ebenso wie Nahrungsmittelallergien oder auch funktionelle Lebensmittelforschung (Probiotika) ein. Es wird deutlich, wie umfangreich dieses medizinische Feld ist. Die Prävention von Krankheiten durch Ernährung ist nur ein Teilbereich und erst seit wenigen Jahren vermehrt Thema bei deutschen Ernährungsmediziner/-innen.

Dabei werden in nahezu allen Teildisziplinen der Medizin, wie zum Beispiel der Inneren Medizin, der Kinderheilkunde, der Dermatologie sowie der Neurologie, Patientinnen und Patienten mit ernährungsmedizinischen Problemen betreut. Des Weiteren gibt es auch zahlreiche Berührungspunkte zu nichtmedizinischen Wissenschaften wie Ökotrophologie, Psychologie, Agrarwissenschaften und Public Health. Ernährungsmedizin ist ein fachübergreifendes Gebiet. Erst seit März 1991 gibt es die Deutsche Gesellschaft für Ernährungsmedizin und bis heute existieren nur wenig Ordinariate für Ernährungsmedizin an den deutschen Fakultäten, obwohl diese eine zentrale Voraussetzung sind, um die Ernährungsmedizin in Lehre, Patientenversorgung und Forschung ausreichend zu vertreten. Allerdings braucht man als Ernährungsmediziner/-in eine intensive Zusatzausbildung (Diplom der Deutschen Ärztekammer) nach dem Medizinstudium, denn die Ernährungsmedizin taucht nicht im Regelstudiengang Medizin auf, auch nicht als Wahlfach.

Innovative Forschungsansätze der Ernährungsmedizin

Inzwischen haben sich auch innovative ernährungs- und medizinbezogene Forschungsbereiche entwickelt. Ein Beispiel dafür ist die molekulare Ernährungsmedizin, die sich durch die Integration von drei Stufen genetischer Informationsübertragung auszeichnet: „nutrigenomics" (Ernährung und genetische Prädisposition), „nutriproteomics" (Ernährung und Gen-Expression) und „nutrimetabolomics" (Stoffwechsel als Ergebnis des Zusammenspiels zwischen Ernährung, Gen-Expression und genetischer Prädisposition). In Berlin-Brandenburg gibt es ein Netzwerk „Nutrigenomic", das darauf zielt, die Forschungsgebiete Genomforschung, mole-

---

12 Für mehr Informationen vgl. die Website der Deutschen Gesellschaft für Ernährung (http://www.dge.de).

kulare und klinische Ernährungsforschung und Pflanzenbiotechnologie zu integrieren, um neue Strategien zu Prävention und Therapie ernährungsbedingter Krankheiten zu entwickeln. Dahinter steht die Idee einer Wechselwirkung zwischen Inhaltsstoffen in Lebensmitteln und dem menschlichen Genom, aber auch der Einfluss auf die menschliche Gesundheit. Interindividuelle Unterschiede in der Genetik und der genetischen Variabilität sollen bei dem Ernährungsverhalten des Einzelnen bewusst berücksichtigt werden. Zentrales Thema der molekularen Ernährungsmedizin ist somit die Beziehung zwischen Ernährung, Genen sowie deren Aktivitäten.

Ein weiterer, relativ neu entwickelter Teilbereich der Ernährungsforschung ist die Erforschung von sogenannten funktionalen Lebensmitteln (functional foods). Die funktionalen Lebensmittel werden mit zusätzlichen Inhaltsstoffen (Nutraceuticals = biologisch aktive Verbindung) versetzt, die vor allem auf das Wachstum, den Stoffwechsel und die Abwehr reaktiver Oxidantien, das Herz-Kreislaufsystem, den Magen-Darm-Bereich als auch auf Stimmung und Leistungsfähigkeit positiv einwirken sollen. Somit könnte man sie nicht nur als Lebensmittel, sondern auch Heilmittel beschreiben. Die am meisten verwendeten Zusatzstoffe sind Probiotika (in der Regel Milchsäurebakterien), Prebiotika (Ballaststoffe), Synbiotika, Antioxidantien, Fettsäuren, Vitamine, Mineralstoffe, Spurenelemente, Pflanzenzusätze oder anregende Substanzen. Zu einigen dieser Zusatzstoffe scheint es ausreichend wissenschaftliche Evidenz zu geben.[13] Brotaufstriche mit cholesterinsenkenden Zusatzstoffen, wie z. B. pflanzlichen Hormonen – sogenannte Phytosterine –, scheinen in klinischen Studien tatsächlich das Cholesterin zu senken. Wenig Evidenz gibt es hingegen zu Omega-3-Fettsäuren und deren positiven Einfluss auf die allgemeine Gehirnfunktion.

Probleme und Schwierigkeiten in der präventiven Ernährungsmedizin

Die präventive Ernährungsmedizin hat noch keine ausreichende strukturelle und finanzielle Verankerung im deutschen Gesundheitssystem erreicht – und das, obwohl sich die Faktoren, die den meisten chronischen Erkrankungen zugrunde liegen, gut identifizieren lassen und frühzeitig durch präventive Maßnahmen beeinflussbar sind.

Die Hauptprobleme sind unter anderem:
Ärzte und Diätassistenten sowie Ernährungswissenschaftler (Ökotrophologen) haben nur sehr beschränkte Möglichkeiten, ambulante primärpräventive Maßnahmen abzurechnen. Das ist derzeit nur bei Gruppenkursen nach § 20 SGB V möglich, nicht jedoch bei Einzelberatung. Für die Sekundärprävention können über § 43 SGB V bis zu fünf Einzelsitzungen abgerechnet werden, das Antragswesen ist jedoch sehr kompliziert und aufwendig, der Patient bzw. die Patientin der Gesetzlichen Krankenversicherung (GKV) muss die Kosten vorlegen und die Vergütung ist bescheiden.
Es fehlt die Verzahnung und Kooperation der verschiedenen involvierten Berufsgruppen, wie der Diätassistenten, Ernährungswissenschaftler, Psychologen

---

13 Vgl. Williamson, Claire: Functional foods: what are the benefits?, in: British Journal of Community Nursing 14, 2009, H. 6, S. 230–236.

und Ärzte. Im Gegensatz zu rehabilitativen Einrichtungen im stationären Bereich zeichnet sich bei der ambulanten Betreuung ein Schnittstellenproblem ab, das durch die zahlreichen Angebote verschiedener Anbieter präventiver Maßnahmen ohne Absprache geprägt ist.

Ein generelles Problem in der Prävention ist die Tatsache, dass viele Menschen erst bei einer manifesten Krankheit zum Arzt gehen. Gemessen an der Zahl ihrer Arztkontakte sind die Deutschen so krank wie keine andere Bevölkerung. Eine aktuelle Studie der Gmünder Ersatzkasse (GEK) ergab, dass im Jahr 2007 jeder Bundesbürger bzw. jede Bundesbürgerin im Schnitt knapp 18 Mal im Wartezimmer saß – Kliniken und Zahnarztpraxen noch gar nicht eingerechnet. In nur drei Jahren stieg die Zahl der Arztbesuche um zehn Prozent – und das trotz Praxisgebühr, Gesundheitsaufklärung via Internet und weit niedrigerem Krankenstand als noch in den 1990er-Jahren.[14] Am häufigsten diagnostizierten die Ärztinnen und Ärzte im Jahr 2007 bei ihren Patienten und Patientinnen Krankheiten des Muskel-Skelett-Systems, gefolgt von Atmungs- und Kreislauferkrankungen. Besonders bei Kreislauferkrankungen handelt es sich um Erkrankungen, die mitunter auch durch die Veränderung von Lebensstilfaktoren behandelt und verbessert werden können.

Ein weiterer wichtiger Punkt ist die Tatsache, dass nicht nur Ärztinnen und Ärzte, sondern auch Diätassistenten und -assistentinnen ernährungsmedizinische Beratung anbieten. Auch nichtärztliche Fachgesellschaften haben ähnliche Zusatzqualifikationen mit vergleichbarem Umfang im Angebot. Dadurch werden die Strukturen der präventiven Ernährung in der Medizin noch undeutlicher und viele Patientinnen und Patienten sind überfordert, wenn es um die Wahl einer passenden Beratung geht.

Ein weiteres Problem der Prävention ist auch, dass bei Ärztinnen und Ärzten die Gesundheitsaufklärung viel weniger im Vordergrund steht als die direkte Behandlung bereits bestehender Erkrankungen. Dabei besteht die ärztliche Verantwortung auch darin, die individuelle Handlungskompetenz durch Information und Angebote präventiver Maßnahmen zu verbessern.

Nicht nur im deutschen Gesundheitssystem, sondern auch im Denken der Bevölkerung muss sich etwas ändern. Es ist nicht nur wichtig, dass das Gesundheitssystem vorbeugende Maßnahmen zur Erhaltung von Gesundheit unterstützt. Vielmehr muss auch der einzelne Bürger und die einzelne Bürgerin sich über seine bzw. ihre Eigenverantwortung im Bereich der Gesundheit bewusst werden. Verhaltensmuster und Lebensstil beeinflussen nicht nur wesentlich die eigene Gesundheit und die Entstehung von Krankheiten, sondern auch direkt das Verhalten der Familie und Kinder im Speziellen. Eine repräsentative Bevölkerungsbefragung in Deutschland im Jahr 2005[15] hat zwar gezeigt, dass das Thema Prävention viel Unterstützung findet und sich die Befragten auch ihrer Eigenverantwortung bewusst sind, dennoch scheint sich das Präventionsverhalten in zwei Gruppen zu spalten: in eine Gruppe, die viel Vorsorge betreibt, und eine andere Gruppe, die dies kaum tut. Frauen und Personen mit höherer formaler Bildung scheinen sich stärker präventiv zu verhalten. Letztendlich kann Prävention nur dann erfolgreich

---

14   Vgl. http://www.tagesspiegel.de/politik/deutschland/Arztbesuche-Patienten-Lesestuecke; art122,2706977.

15   Vgl. Hagen, Lutz M./Donsbach, Wolfgang: Prävention aus Bevölkerungssicht – Einstellungen und Wege zu ihrer Veränderung, in: Kirch, Wilhelm/Badura, Bernhard/Pfaff, Holger (Hrsg.), Prävention und Versorgungsforschung, Berlin/Heidelberg 2009, S. 341–357.

sein, wenn der Einzelne sie als Möglichkeit zur Verbesserung seiner Lebensqualität und seiner Gesundheit ebenso wie der seiner Familie wahrnimmt.

Politische Situation

Mittlerweile wächst die Forderung, Prävention als eigene Säule der gesundheitlichen Versorgung zu betrachten. Basierend auf den Gesundheitsausgabenberechnungen des Statistischen Bundesamtes für Gesamtdeutschland wurden im Jahr 2000 rund 218 Mrd. Euro für die Gesundheit aufgewendet.[16] Auf die Leistungsart „Prävention/Gesundheitsschutz" entfielen nur 9,8 Mrd. Euro. Dabei wird in der heutigen Zeit Prävention durch den wachsenden Versorgungsbedarf in Heilung, Rehabilitation und Pflege immer wichtiger. Auch durch die steigenden Finanzierungsprobleme in der Versorgung und die damit verbundenen Finanzierungsprobleme bei den Krankenversicherungen ist anzunehmen, dass sich Maßnahmen zur Prävention in den nächsten Jahren weiter steigern werden.

Immerhin gibt es zögerliche Entwicklungen zum Positiven. Im Herbst 2003 wurde die Prävention in die ärztliche Approbationsordnung für Studierende hineingenommen. Somit zeigen sich in der Ausbildung von Ärzten und Ärztinnen erste Anzeichen bezüglich der Verschiebung der gesundheitlichen Versorgung zu einer Verstärkung präventiver Maßnahmen. Prävention ist aber nicht nur in der medizinischen Ausbildung mit einer Konzentration auf Versorgung des Notfalls und Behandlung vorhandener Erkrankungen zu kurz gekommen, sondern auch historisch gesehen in unserem Gesundheitssystem.[17] Prävention ist erst seit Kurzem ein Bereich, der wenigstens teilweise von den gesetzlichen Krankenkassen getragen wird. Damit sind primärpräventive Maßnahmen gemeint – und nicht rehabilitative Leistungen (Sekundärprävention), die ebenso wie bestimmte Impfungen und Voruntersuchungen prinzipiell von den Krankenkassen bezahlt werden. Die primären Maßnahmen – also die Gesundheitsvorsorge – der gesetzlichen Krankenkassen umfassen mittlerweile vier Bereiche: Stress, Bewegung, Drogenkonsum (hauptsächlich Raucherentwöhnung) und Ernährung. Das sind alles alltägliche Verhaltensweisen, mit denen jeder Einzelne seine eigene gesundheitliche Verfassung beeinflusst. Für diese Bereiche gibt es spezielle, von Krankenkassen angebotene Kurse und auch Kurse von anderen Anbietern, wie z. B. von Volkshochschulen oder Sportvereinen, die von Krankenkassen bezuschusst oder erstattet werden können. Allerdings gibt es Limitierungen der Anzahl der Kurse pro Jahr, die ein Versicherter belegen kann, und dazu kommt auch, dass es nicht die gleiche Art eines Kurses sein darf (also z. B. keine zwei Abnehmprogramme). Außerdem wird bei den meisten Krankenkassen nicht die ganze Gebühr, sondern nur ein Teil erstattet (meistens ca. 80 %). Vielen Menschen, vor allem aus niedrigeren sozialen Schichten, ist schon diese Selbstbeteiligung ein Hindernis, solche Angebote in Anspruch zu nehmen.

Erfreulicherweise steigt sowohl das Interesse als auch die Umsetzung von gesundheitsfördernden Maßnahmen in Kindergärten und Schulen mit dem Ziel, ge-

---

16 Vgl. Priester, Klaus: Die Prävention stärken – Klarheit über Ziele, Wege und Finanzierung schaffen, in: Arbeit & Ökologie-Briefe, 2002, H. 09/10, S. 30–35.
17 Vgl. Windler, Eberhard/Zyriax, Birgit-Christiane/Beil, Frank U./Greten, Heiner: Primärprävention von Herz-Kreislauf-Erkrankungen, in: Internist 45, 2004, S. 173–181.

sundheitsrelevante Verhaltensweisen schon früh zu fördern. Doch eine Umstellung auf der Bevölkerungsebene wird dauern.

Gesundheitsökonomisch scheint Prävention langfristig gesehen für das Gesundheitssystem günstiger zu sein als die medizinische Behandlung nach Eintreten der Erkrankung. Diese Kosteneffektivität ist hauptsächlich auf die verringerten Folgekosten zurückzuführen. Allerdings ist die Kostenersparnis durchaus strittig, da zum Beispiel durch eine folgende höhere Lebenserwartung andere Kosten auf den Staat zukommen würden. Mehr als 10 Millionen Bürgerinnen und Bürger in Deutschland sind chronisch krank, obwohl viele von ihnen es nicht sein müssten, da mit gezielten Maßnahmen bestimmte Krankheiten wie Bluthochdruck, Diabetes mellitus Typ 2 oder koronare Herzerkrankungen zu vermeiden (Primärprävention) oder wieder zu beseitigen (Sekundärprävention) wären. Doch wird diese Erkenntnis kaum berücksichtigt. Dabei sind die Folgekosten von ernährungsassoziierten Krankheiten enorm.[18] Nichtoptimale Ernährung kann teuer werden, insbesondere werden die Kosten bei Folgeerkrankungen von Adipositas als sehr hoch eingestuft. Nun wird seit 2004 in Deutschland die Einführung eines Präventionsgesetzes zur Stärkung der Prävention und Gesundheitsförderung diskutiert. Bis heute liegt jedoch nur ein Gesetzesentwurf vor.

Ausblick

Schon die Prävention ist in der Medizin ein bisher vernachlässigter Bereich, noch weniger Bedeutsamkeit und Aufmerksamkeit erlangt das Gebiet der Ernährung in der präventiven Medizin. Dabei zeigte sich, wie vielschichtig und zahlreich die Aspekte der Ernährung in der Medizin auftauchen. Durch verschiedene gesamtpolitische, wirtschaftliche und auch soziale Veränderungen scheint sich diese Gegebenheit glücklicherweise langsam zu verändern. Immerhin ist inzwischen ein Gesetzentwurf zur Prävention und Gesundheit vorhanden, und die Prävention gewinnt an Stellenwert sowohl in der medizinischen Forschung als auch unter den Ärzteschaften. Im Jahr 2006 wurde zum Beispiel die Deutsche Gesellschaft für Präventive Medizin (DGpM e. V.) gegründet. Mit den veränderten Anforderungen an die Prävention haben sich auch die Handlungsfelder in der Prävention gewandelt. Die muss sich nun in der Qualifizierung von Ärztinnen und Ärzten abbilden. Es bedarf einer verstärkten ärztlichen Aus- und Weiterbildung hinsichtlich präventiver Maßnahmen.

Ernährungsmedizinische Maßnahmen, insbesondere auf Ernährung basierende präventive Maßnahmen, sollten zu den Grundsäulen der ärztlichen Versorgung gehören. Um Erfolge bei der Verhinderung der stetigen Zunahme von lebensstilbedingten Erkrankungen aufzeigen zu können, dürfen der Einfluss und das Wechselspiel von Ernährung und Gesundheit weder in der Forschung noch in der medizinischen Ausbildung außer Acht gelassen werden.

---

18   Vgl. den Beitrag von Reinhold et al. in diesem Band.

Literatur

Deutsche Gesellschaft für Ernährung e. V. (Hrsg.):
Ernährungsbericht 2000, Frankfurt a. M. 2000.

Deutsche Gesellschaft für Ernährung e. V. (Hrsg.):
Ernährung älterer Menschen in stationären Einrichtungen (ErnSTES). Ernährungsbericht 2008, Kapitel 3, Bonn 2008.

Diabetes Prevention Program Research Group:
Reduction in the incidence of type 2 diabetes with lifestyle intervention or metformin, in: New England Journal of Medicine 346, 2002, H. 6, S. 393–403.

Hagen, Lutz M./Donsbach, Wolfgang:
Prävention aus Bevölkerungssicht – Einstellungen und Wege zu ihrer Veränderung, in: Kirch, Wilhelm/Badura, Bernhard/Pfaff, Holger (Hrsg.): Prävention und Versorgungsforschung, Berlin/Heidelberg 2009, S. 341–357.

Helmert, Uwe/Mielck, Andreas/Shea, Steven:
Poverty, health and nutrition in Germany, in: Reviews on Environmental Health 12, 1997, H. 3, S. 159–170.

Key, Timothy J./Thorogood, Margaret/Appleby, Paul N. et al.:
Dietary habits and mortality in 1100 vegetarians and health conscious people: results of a 17 year follow up, in: British Medical Journal 313, 1996, S. 775–779.

Knoops, Kim T. B./de Groot, Lisette C./Kromhout, Daan et al.:
Mediterranean diet, lifestyle factors, and 10-year mortality in elderly European Men and Women: The HALE Project, in: Journal of the American Medical Association 292, 2004, H. 12, S. 1433–1439.

Mokdad Ali H./Marks, James S./Stroup, Donna F. et al.:
Actual causes of death in the United States, 2000, in: Journal of the American Medical Association 291, 2004, H. 19, S. 1238–1245.

Priester, Klaus:
Die Prävention stärken – Klarheit über Ziele, Wege und Finanzierung schaffen, in: Arbeit & Ökologie-Briefe, 2002, H. 09/10, S. 30–35.

Robert Koch-Institut:
Bundes-Gesundheitssurvey 1998. Erfahrungen, Ergebnisse, Perspektiven, in: Das Gesundheitswesen 61, 1999, S. 55f.

Schindlegger, Wolfgang:
Ursachen der Anorexie im Alter, in: Journal für Ernährungsmedizin 3, 2001, H. 3, S. 7–11.

Tuomilehto, Jaakko/Lindström, Jaana/Eriksson, Johan G. et al.:
Prevention of type 2 diabetes mellitus by changes in lifestyle among subjects with impaired glucose tolerance, in: New England Journal of Medicine 344, 2001, S. 1343–1350.

Van Dam, Rob M./Li, Tricia/Spiegelman, Donna et al.:
Combined impact of lifestyle factors on mortality: prospective cohort study in US women, in: British Medical Journal 337, 2008, S. a1440.

Williamson, Claire:
Functional foods: what are the benefits?, in: British Journal of Community Nursing 14, 2009, H. 6, S. 230–236.

Windler, Eberhard/Zyriax, Birgit-Christiane/Beil, Frank U./Greten, Heiner:
Primärprävention von Herz-Kreislauf-Erkrankungen, in: Internist 45, 2004, S. 173–181.

■ Präventionsatlas Berlin-Brandenburg

Marc Nocon/Jacqueline Müller-Nordhorn/Stefan N. Willich

Abstract

Der Präventionsatlas Berlin-Brandenburg bietet eine Zusammenstellung der wichtigsten Angebote der Gesundheitsförderung. Er enthält Kurse aus den Themenbereichen Ernährung, Bewegung, Stress und Rauchen. Neben der Qualität waren insbesondere die Kosten der Kurse ein wichtiges Auswahlkriterium. In der vorliegenden ersten Fassung des Atlas werden über 160 solcher Angebote aus Berlin und Brandenburg vorgestellt.

Einführung

Prävention und Gesundheitsförderung sind in den vergangenen Jahren zu einem beliebten Thema geworden. Dies wird teils mit dem demografischen Wandel oder den steigenden Kosten im deutschen Gesundheitssystem begründet, hängt aber auch mit der Vielzahl an Nachrichten zusammen, denen zufolge ein beträchtlicher Teil der deutschen Bevölkerung von einem gesunden Lebensstil weit entfernt ist. So liegt die Raucherquote in Deutschland trotz jahrelanger Aufklärungskampagnen immer noch bei etwa 30 %, jede zweite Frau und zwei von drei Männern sind übergewichtig oder adipös und fast 40 % aller Erwachsenen verzichten auf jedwede sportliche Betätigung.[1] Entsprechend bemüht sich eine Vielzahl von Akteuren, die Bevölkerung von den Vorteilen eines gesunden Lebensstils zu überzeugen. Die Bundesregierung hat im Sommer 2008 den Aktionsplan „IN FORM" auf den Weg gebracht, der bis zum Jahre 2020 insbesondere das Ernährungs- und Bewegungsverhalten verbessern soll (ohne sich auf jedoch auf klare Zielvorgaben festzulegen).[2] Die gesetzlichen Krankenkassen (GKV) sind nach Sozialgesetzbuch (SGB) V ohnehin zu Prävention und Gesundheitsförderung verpflichtet. Daneben gibt es eine Reihe weiterer Anbieter: niedergelassene Ärzte und Ärztinnen, Ambulanzen in

---

1 Vgl. Robert Koch-Institut (Hrsg.): Gesundheit in Deutschland. Gesundheitsberichterstattung des Bundes, Berlin: Robert Koch-Institut 2006; Max Rubner-Institut/Bundesforschungsinstitut für Ernährung und Lebensmittel (Hrsg.): Nationale Verzehrsstudie II. Ergebnisbericht Teil 1, Karlsruhe 2008; International Association for the Study of Obesity: Adult overweight and obesity in the European Union (EU 27), London 2008.

2 Vgl. IN FORM – Deutschlands Initiative für gesunde Ernährung und mehr Bewegung, URL: http://www.in-form.de/cln_099/DE/Home/homepage__node.html?__nnn=true.

Kliniken, Psycho- und Physiotherapeuten und -therapeutinnen, Ernährungsberater/-innen, Sportvereine und Fitnessstudios und viele andere mehr.

Ziele und Auswahlkriterien des Präventionsatlas

Es ist also nicht ganz leicht, den Überblick zu behalten: Welche Angebote gibt es, welche sind sinnvoll, wie hoch sind die Kosten? Die Länder Berlin und Brandenburg haben daher im Rahmen des gemeinsamen Masterplans „Gesundheitsregion" einen *Präventionsatlas* initiiert.[3] Der Präventionsatlas ist eine Zusammenstellung der wichtigsten Angebote der Gesundheitsförderung in der Region und soll eine Orientierungshilfe sein – sowohl für Multiplikatoren als auch für Endverbraucher. In der jetzt vorliegenden ersten Fassung liegt der Fokus auf der Primärprävention mit den Themenbereichen Ernährung, Bewegung, Stress und Rauchen.

Die Auswahl der Gesundheitskurse für den Präventionsatlas Berlin-Brandenburg erfolgte darüber hinaus anhand finanzieller und qualitativer Aspekte. Der Zugang zu Angeboten der Gesundheitsförderung sollte nicht an den Kosten scheitern. Dies ist umso wichtiger, da Gesundheitsrisiken ohnehin ungleich verteilt sind: Personen aus niedrigeren Sozialschichten haben im Durchschnitt eine geringere Lebenserwartung, sind häufiger krank und weisen mehr Risikofaktoren auf. Das SGB V berücksichtigt diese Ungleichverteilung, indem der Gesundheitsförderung von Menschen aus „prekären" Lebensverhältnissen besondere Aufmerksamkeit geschenkt wird. Für den Präventionsatlas wurden daher solche Angebote ausgewählt, die mit nur geringem oder keinem finanziellen Aufwand verbunden sind.

Neben den Kosten ist die Qualität das zentrale Auswahlkriterium. Es gibt allerdings derzeit leider keine einheitlichen Qualitätsmaßstäbe für Angebote der Gesundheitsförderung. Entsprechend findet sich auf diesem Markt eine Vielzahl von Angeboten mit eher zweifelhaftem Nutzen. Dies reicht von Yogaschulen mit Reinkarnationskursen, über Feng Shui und makrobiotische Kost bis zu öffentlichkeitswirksamen Gesundheitskampagnen großer Unternehmen, die eher der PR als der Prävention zuzuordnen sind.

Für den Präventionsatlas wurden daher Angebote berücksichtigt, die zumindest gewisse Mindeststandards erfüllen. So verlangt die GKV für Angebote der Gesundheitsförderung eine Zertifizierung von Kursen bzw. Kursanbietern. Ähnliche Anforderungen stellen die Volkshochschulen für Kurse, die von der GKV bezuschusst werden. Der Deutsche Sportbund hat in Kooperation mit der Bundesärztekammer das Qualitätssiegel „Sport pro Gesundheit" für Angebote zur Gesundheitsförderung entwickelt.

Aufgrund dieser Kriterien wurden über 160 Gesundheitskurse verschiedener Anbieter aus der Region Berlin-Brandenburg für den Präventionsatlas ausgewählt (Tabelle 1 zeigt die Kursangebote im Überblick). Die Kurse werden in Form von Einzel- oder Gruppensitzungen durchgeführt, teils auch als Internetkurse, bei denen die Betreuung der Teilnehmenden online erfolgt. Viele Kurse werden speziell für bestimmte Alters- oder andere Zielgruppen (z. B. Schwangere, Eltern) angeboten.

---

3   Vgl. Netzwerk Gesundheitswirtschaft (Hrsg.): Masterplan Gesundheitsregion Berlin-
     Brandenburg, Berlin 2007.

Der Fokus der Ernährungskurse liegt zum einen auf allgemeiner Ernährungsberatung, zum anderen auf der Gewichtsreduktion (ein Kurs bietet auch Ernährungsberatung für Untergewichtige). Die Ernährungspläne basieren meist auf den
Empfehlungen der Deutschen Gesellschaft für Ernährung, d. h. auf einer vollwertigen Mischkost.

Bei den Bewegungsangeboten finden sich Klassiker wie die präventive Rü-
ckenschule, Herz-Kreislauf-Training oder verschiedene Formen von Gymnastik,
aber auch modernere Angebote wie Nordic Walking oder Aqua Fitness. Diese Angebote richten sich vor allem an Einsteiger/-innen.

Zur Stressbewältigung werden Kurse zum Umgang mit Stress angeboten, be-
kannte Entspannungsverfahren wie Autogenes Training und die Progressive Mus-
kelrelaxation, sowie Kombinationen aus Bewegung und Entspannung wie Yoga
oder Tai Chi. Die Rauchentwöhnung basiert meist auf dem sechswöchigen Programm der Bundeszentrale für gesundheitliche Aufklärung und des Instituts für
Therapieforschung. Die Betriebskrankenkassen und die Knappschaft bieten auch
das sechsstündige Entwöhnungsprogramm nach Allen Carr an.[4]

Tabelle 1
Gesundheitskurse

Ernährung	Bewegung	Stressbewältigung	Rauchentwöhnung
Gesunde Ernährung	(Nordic) Walking,	Stressmanagement	Rauchfrei-
Gewichtsreduktion	Laufen	Entspannungs-	Programm
Online-Ernährungs-	Herz-Kreislauf-	verfahren,	Rauchentwöhnung
beratung	Programme	Autogenes Training,	nach Allen Carr
	Gymnastik,	Progressive	Online-
	Rückenschule	Muskelrelaxation	Rauchentwöhnung
	Pilates, Callanetics,	Yoga, Tai Chi,	
	Aerobic	Qi Gong	
	Aqua Fitness	Online-	
	Online-Trainings-	Stressbewältigung	
	pläne		

Individuelle Gesundheitsförderung:
Angebote, Teilnehmerstruktur, Qualität

Der Präventionsatlas Berlin-Brandenburg zeigt, dass es ein vielfältiges Angebot
bezahlbarer Kurse zur Gesundheitsförderung in den Bereichen Ernährung, Bewegung, Stressbewältigung und Rauchentwöhnung gibt. Allerdings nimmt nur eine
kleine Minderheit aller Versicherten an den individuellen Gesundheitskursen der

4   Allen Carr: Endlich Nichtraucher, München: Goldmann Verlag 1992.

GKV teil, 2 % im Jahr 2006.[5] Die Teilnehmer/-innen sind zudem zu 80 % weiblich und niedrige Sozialschichten sind deutlich unterrepräsentiert. Wünschenswert wäre also eine deutliche Erhöhung der Teilnehmerzahlen, insbesondere in den gesundheitlich besonders gefährdeten Bevölkerungsgruppen.[6] Ein erster Schritt hierzu ist die Information. Der Atlas sollte daher möglichst hohe Verbreitung finden. Wichtigste Multiplikatoren sind die niedergelassenen Ärztinnen und Ärzte, insbesondere die Hausärzte, denkbar ist aber auch eine Verteilung des Atlas in Arbeits- und Bürgerämtern, um die relevanten Zielgruppen zu erreichen.

Der niedrige Anteil von Männern und niedrigen Sozialschichten an den individuellen Gesundheitskursen könnte auch auf die Auswahl der Angebote zurückzuführen sein: Nordic Walking, Aqua Fitness und Qi Gong sprechen offensichtlich verstärkt Frauen der Mittelschicht an. Volkshochschulen und Sportvereine haben zwar eine Reihe anderer Kurse im Angebot, diese werden allerdings nicht von der GKV bezuschusst. Es ist jedoch keineswegs klar, ob Aqua Fitness fitter macht als Badminton oder Qi Gong eher Stress reduziert als Karate. Warum also nicht das Angebot deutlich ausweiten, um es attraktiver zu machen?

Problematisch bleibt die Einschätzung der Qualität der Gesundheitskurse. Zertifizierungen wie „Sport pro Gesundheit" stellen immerhin ein Minimum an Struktur- und Prozessqualität sicher und sollten nach Möglichkeit ausgeweitet werden. Offen bleibt aber in der Regel der entscheidende Punkt der Ergebnisqualität, d. h. es ist nicht klar, ob die Kurse tatsächlich ihre Ziele erreichen: Wie viele Teilnehmer/-innen bleiben dauerhaft körperlich aktiv, wie viele nehmen in relevantem Umfang an Gewicht ab, wie viele hören mit dem Rauchen auf oder erlernen effektive Techniken des Stressmanagements? Erfahrungsgemäß sind die Erfolgsquoten solcher Programme oftmals eher gering.[7] Aber verhältnispräventive Maßnahmen wie Zugangsbeschränkungen und Verbote bei Tabak oder Alkohol sind kaum auf Bereiche wie Ernährung und Bewegung übertragbar. Somit wird die individuelle Gesundheitsförderung auch weiterhin ein zentraler Baustein der Prävention bleiben. Umso wichtiger ist es, durch systematische Evaluationen effektive Maßnahmen zu identifizieren. Der Präventionsatlas Berlin-Brandenburg soll durch mehr Transparenz auch die Qualität der Angebote mittelfristig verbessern helfen. Zudem sollen künftige Auflagen über Berlin-Brandenburg hinaus weitere Regionen Deutschlands abdecken und andere wichtige Angebote der Gesundheitsförderung wie Impfungen, Alkohol und illegale Drogen, Sexualverhalten, Sicherheit im Straßenverkehr oder den gesamten Bereich der Sekundärprävention einbeziehen.

5   Medizinischer Dienst der Spitzenverbände der Krankenkassen e. V. (MDS) (Hrsg.): Tabellenband zum Präventionsbericht 2007, Essen 2008.
6   Ebd.
7   Vgl. Powell, Lynda H./Calvin, James E./Calvin, James E. Jr.: Effective obesity treatments, in: American Psychologist 62, 2007, H. 3, S. 234–246; Müller-Riemenschneider, Falk/Reinhold, Thomas/Nocon, Marc/Willich, Stefan N.: Long-term effectiveness of interventions promoting physical activity: A systematic review, in: Preventive Medicine 47, 2008, H. 4, S. 354–368.

Der Präventionsatlas ist kostenlos erhältlich über

HealthCapital Berlin-Brandenburg
Netzwerk Gesundheitswirtschaft c/o Akademiebibliothek
Unter den Linden 8
10117 Berlin

www.healthcapital.de

Literatur

Carr, Allen:
Endlich Nichtraucher, München: Goldmann Verlag 1992.

International Association for the Study of Obesity:
Adult overweight and obesity in the European Union (EU 27), London 2008.

Max Rubner-Institut/Bundesforschungsinstitut für Ernährung und Lebensmittel (Hrsg.):
Nationale Verzehrsstudie II, Ergebnisbericht Teil 1, Karlsruhe 2008,
URL: http://www.was-esse-ich.de/uploads/media/NVS_II_Abschlussbericht_Teil_1.pdf
[Stand 30.03.2010].

Medizinischer Dienst der Spitzenverbände der Krankenkassen e.V. (MDS):
Tabellenband zum Präventionsbericht 2007. Dokumentation von Leistungen der
gesetzlichen Krankenversicherung in der Primärprävention und betrieblichen Gesund-
heitsförderung, Berichtsjahr 2006, Essen 2008,
URL: http://www.mds-ev.de/media/pdf/Tabellenband_zum_Praeventionsbericht2007.pdf
[Stand 30.03.2010].

Müller-Riemenschneider, Falk/Reinhold, Thomas/Nocon, Marc/Willich, Stefan N.:
Long-term effectiveness of interventions promoting physical activity: A systematic
review, in: Preventive Medicine 47, 2008, H. 4, S. 354–368 (Abstract der Studie unter
URL: http://www.sciencedirect.com).

Netzwerk Gesundheitswirtschaft (Hrsg.):
Masterplan Gesundheitsregion Berlin-Brandenburg, Berlin 2007, URL: http://www.
healthcapital.de/fileadmin/download/2008/Masterplan_Gesundheitsregion_BB.pdf
[Stand 21.07.2010].

Powell, Lynda H./Calvin, James E./Calvin, Jr. James E.:
Effective obesity treatments, in: American Psychologist 62, 2007, H. 3, S. 234–246.

Robert Koch-Institut (Hrsg.):
Gesundheit in Deutschland. Gesundheitsberichterstattung des Bundes, Berlin: Robert
Koch-Institut 2006.

◼ Der Nationale Aktionsplan zur Prävention von Fehlernährung, Bewegungsmangel, Übergewicht und damit zusammenhängenden Krankheiten

Katharina Graffmann-Weschke

Abstract

Der vorliegende Beitrag stellt den Nationalen Aktionsplan „IN FORM – Deutschlands Initiative für gesunde Ernährung und mehr Bewegung" vor, der im Jahr 2008 der deutschen Öffentlichkeit präsentiert wurde. Mit dieser Initiative, die vom Bundesministerium für Ernährung, Landwirtschaft und Verbraucherschutz und dem Bundesministerium für Gesundheit gemeinsam getragen wird, will die Bundesregierung erreichen, „dass Kinder gesünder aufwachsen, Erwachsene gesünder leben und dass alle von einer höheren Lebensqualität und einer gesteigerten Leistungsfähigkeit profitieren. Krankheiten, die durch einen ungesunden Lebensstil mit einseitiger Ernährung und Bewegungsmangel mitverursacht werden, sollen deutlich zurückgehen." Dazu hat der Bund von 2008 bis 2010 jährlich 5 Mio. Euro in Maßnahmen investiert, die geeignet erscheinen, bis 2020 sichtbare Ergebnisse in dem Sinne zu erreichen, dass sich das Ernährungs- und Bewegungsverhalten der Bevölkerung positiv verändert und ernährungsmitbedingte Krankheiten zurückgegangen sind. Im Folgenden wird aufgezeigt, welche gesundheitswissenschaftlichen Erkenntnisse zu „IN FORM" geführt haben, mit welchen Maßnahmen die Bundesregierung die Ziele erreichen will und welche Projekte – insbesondere in Berlin und Brandenburg – auf Basis der IN FORM-Initiative entstanden sind.

Einleitung

Angesichts überdeutlicher Hinweise aus der Gesundheitsberichterstattung des Bundes, dem Bundesgesundheitssurvey 1998[1], des Kinder- und Jugendgesundheitssurveys (KiGGS) 2006[2] und der Nationalen Verzehrsstudie II 2007[3] wurde un-

---

1 Vgl. Gesundheitsberichterstattung des Bundes: Body Mass Index (BMI) der erwachsenen Bevölkerung nach Alter, Sozialschicht und Geschlecht, Deutschland, 1998, URL: http://www.gbe-bund.de/gbe10/abrechnung.prc_abr_test_logon?p_uid=gasts&p_aid=&p_knoten=FID&p_sprache=D&p_suchstring=8397::BMI [Stand 05.08.2010].

2 Vgl. Robert Koch-Institut: Erste Ergebnisse aus dem Kinder- und Jugendgesundheitssurvey des RKI (KiGGS): Zur Verbreitung von Adipositas bei Kindern und Jugendlichen, in: Epidemiologisches Bulletin Nr. 40, 6. Oktober 2006, S. 347, URL: http://www.kiggs.de/experten/downloads/dokumente/KiGGS_epibul_40_06.pdf [Stand 05.08.2010].

3 Vgl. Max Rubner-Institut/Bundesministerium für Ernährung, Landwirtschaft und Verbraucherschutz: Nationale Verzehrsstudie II – die bundesweite Erhebung zur Ernäh-

übersehbar, „dass in Deutschland unausgewogene Ernährung und unzureichende Bewegung bedeutende Probleme sind"[4], die mit einer zunehmenden Gefahr gesundheitlicher Beeinträchtigungen einhergehen. In Deutschland sind derzeit etwa 66 % der Männer und 51 % der Frauen zwischen 18 und 80 Jahren sowie 15 % der Kinder und Jugendlichen (0 bis 17 Jahre) übergewichtig oder adipös. Das Risiko, adipös zu werden, steigt mit zunehmendem Lebensalter. Besonders alarmierend ist die Tatsache, dass in den letzten zehn Jahren der Anteil der Übergewichtigen und Adipösen bei jungen Männern um etwa 8 % und bei jungen Frauen um etwa 7 % gestiegen ist.[5] Aber auch angesichts internationaler Verpflichtungen, die seitens der Bundesrepublik gegenüber der EU und der WHO bestehen, waren bundesweite Initiativen im Gesundheitsbereich überfällig. Ergebnis war zunächst 2007 ein gemeinsam vom Bundesministerium für Ernährung, Landwirtschaft und Verbraucherschutz (BMELV) und vom Bundesministerium für Gesundheit (BMG) vorgelegtes Eckpunktepapier „Gesunde Ernährung und Bewegung – Schlüssel für mehr Lebensqualität"[6], mit dem eine neue nationale gesundheitspolitische Strategie eingeleitet wurde. Diesem Papier folgte 2008 ein ausgearbeiteter Nationaler Aktionsplan „IN FORM – Deutschlands Initiative für gesunde Ernährung und mehr Bewegung"[7], mit dem bestehende Strukturen zu den Themen Ernährung und Bewegung aufgenommen, miteinander verbunden und neue Aktivitäten angestoßen werden sollten. Ende Juni 2008 wurde dieser Plan im Kabinett verabschiedet und verkündet, um dann – nach dem Wechsel von Bundesminister Horst Seehofer zu Bundesministerin Ilse Aigner – noch einmal verkündet zu werden; vermutlich um eine Kontinuität der nationalen Anstrengungen zur Prävention von Fehlernährung, Bewegungsmangel, Übergewicht und damit zusammenhängenden Krankheiten zu signalisieren. Im vorgelegten Aktionsplan haben das BMG und das BMELV konkrete Ziele formuliert, Handlungsfelder zusammengestellt und Maßnahmen festgelegt, um die Menschen in Deutschland in ihrem Bemühen um einen gesunden Lebensstil mit ausgewogener Ernährung und ausreichend Bewegung zu unterstützen.

---

rungssituation von Jugendlichen und Erwachsenen, URL: http://www.was-esse-ich.de/ [Stand 05.08.2010].

4   Vgl. IN FORM – Deutschlands Initiative für gesunde Ernährung und mehr Bewegung, URL: http://www.in-form.de/cln_099/nn_1329546/DE/Home/02InForm/021Allgemeines/ Ausgangslage.html.

5   Ebd.

6   Vgl. Bundesministerium für Ernährung, Landwirtschaft und Verbraucherschutz/Bundesministerium für Gesundheit: Eckpunktepapier Gesunde Ernährung und Bewegung – Schlüssel für mehr Lebensqualität, Berlin 2007, URL: http://www.move-europe. de/fileadmin/rs-dokumente/dateien/BMG_Gesunde_Ernaehrung_und_Bewegung.pdf [Stand 05.08.2010].

7   Vgl. Bundesministerium für Ernährung, Landwirtschaft und Verbraucherschutz/Bundesministerium für Gesundheit (Hrsg.): IN FORM – Deutschlands Initiative für gesunde Ernährung und mehr Bewegung. Nationaler Aktionsplan zur Prävention von Fehlernährung, Bewegungsmangel, Übergewicht und damit zusammenhängenden Krankheiten, Berlin 2008, URL: http://www.in-form.de/nn_1320822/SharedDocs/Downloads/Broschuere-NAP-IN-FORM,templateId=raw,property=publicationFile.pdf/Broschuere-NAP-IN-FORM. pdf [Stand 19.06.2010].

Der Nationale Aktionsplan „IN FORM"

Ziele

Erreicht werden soll, dass die Menschen allgemein gesünder leben, Kinder gesünder aufwachsen und von einer höheren Lebensqualität und einer gesteigerten Leistungsfähigkeit in Bildung, Beruf und Privatleben profitieren. Zudem sollen die Krankheiten zurückgehen, die durch einen ungesunden Lebensstil mit einseitiger Ernährung und Bewegungsmangel mit verursacht und bedingt sind. Zentrales Ziel des Aktionsplans ist die *nachhaltige* Verbesserung des Ernährungs- und Bewegungsverhaltens, die Verhinderung der Zunahme von Übergewicht bei Kindern sowie die Verringerung der Zahl übergewichtiger Menschen. Damit einhergehend sollen zudem das persönliche Wohlbefinden, die persönliche Lebensqualität verbessert und die Grundlagen für Leistungsfähigkeit gestärkt werden.

Um diese Ziele erreichen zu können, sollen
- Anstrengungen gebündelt und auf gemeinsame Ziele ausgerichtet werden, wobei die Realisierung der Ziele kontinuierlich zu überprüfen ist,
- Strategien entwickelt und Maßnahmen zur Umsetzung verstärkt werden, die das individuelle Verhalten einbeziehen sowie die regionale und nationale Ebene berücksichtigen,
- Rahmenbedingungen dauerhaft und nachhaltig geschaffen bzw. verbessert werden, die es Menschen ermöglichen, einen gesundheitsförderlichen Lebensstil zu führen.[8]

Der Nationale Aktionsplan zielt aber nicht nur auf die Stärkung von Individuen; Gesundheit ist zugleich ein wichtiger Wirtschafts- und Standortfaktor und Voraussetzung für die Stabilität des Generationenvertrags sowie als Beitrag zur Teilhabe an der Gesellschaft und der sozialen Gerechtigkeit zu verstehen.

Zielgruppen

Um alle Zielgruppen zu erreichen – und nicht nur die persönlich an Gesundheit interessierten – wird ein Schwerpunkt auf die *Aktivitäten in Lebenswelten* gesetzt. Bei heranwachsenden Kindern und Jugendlichen sind dies vor allem Familien, Kindertagesstätten, Schulen und der Freizeitbereich. In den verschiedenen Lebenswelten sollen geeignete Voraussetzungen geschaffen und bestehende Strukturen verbessert werden, damit sich jeder Einzelne gesünder ernähren und mehr bewegen kann. Mit Vorbildern und Anreizen sollen die Menschen dazu motiviert werden, mehr für die eigene Gesundheit zu tun. Auch soll es konkrete Angebote für Bevölkerungsgruppen geben, die bisher kaum Zugang zu gesundheitsförderlichen Angeboten hatten. Angestrebt wird, die oftmals erkennbare Lücke zwischen dem Wissen über einen gesunden Lebensstil und der Umsetzung in gesundheitsförderliches Verhalten zu erkennen und zu schließen. Dabei geht es insbesondere darum, verständliche und alltagstaugliche Informationen zu vermitteln. Ein wesentlicher Aspekt dabei ist die abgestimmte *Verbindung von individuum- oder*

---

8   Ebd., S. 8.

gruppenzentrierter Verhaltensprävention mit einer auf strukturelle Veränderungen in der Lebenswelt der Kinder abzielenden Verhältnisprävention, damit möglichst viele Menschen von strukturell besseren Gesundheitschancen profitieren können.

Konzept und Bestandteile

In Deutschland gibt es bereits eine Vielzahl unterschiedlicher Maßnahmen und Projekte von Bund, Ländern, Kommunen und Zivilgesellschaft, die zum Ziel haben, der Entstehung von Fehlernährung, Bewegungsmangel, Übergewicht und damit zusammenhängenden Krankheiten entgegenzuwirken. Bereits in dem vom Kabinett am 9. Mai 2007 verabschiedeten Eckpunktepapier „Gesunde Ernährung und Bewegung – Schlüssel für mehr Lebensqualität" hat die Bundesregierung die Notwendigkeit erklärt, diese vielfältigen Initiativen erstmals in einer nationalen Strategie zur Stärkung und Etablierung gesundheitsförderlicher Alltagsstrukturen in den Bereichen Ernährung und Bewegung zusammenzuführen und fortzuentwickeln. IN FORM baut dabei auf bereits bestehende Nationale Aktionspläne und Bundesprogramme auf, ergänzt und vertieft diese und fördert themen- und akteursübergreifende Synergieeffekte. Bestandteile sind z. B. der 2002 vorgelegte „Nationale Radverkehrsplan 2002–2012"[9] des Bundesministeriums für Verkehr, Bau und Stadtentwicklung, der Nationale Aktionsplan „Für ein kindergerechtes Deutschland 2005–2010"[10] des Bundesministeriums für Familie, Senioren, Frauen und Jugend sowie die am 27. Mai 2008 vom Bundeskabinett verabschiedete „Strategie zur Förderung der Kindergesundheit"[11]. All diese Pläne verfolgen das zentrale Ziel, Prävention und Gesundheitsförderung auszubauen und die gesundheitliche Chancengleichheit von Kindern und Jugendlichen zu fördern.

Internationale Einbindung

Die in Deutschland verabschiedete „Nationale Strategie zur Förderung von ausreichend Bewegung und ausgewogener Ernährung im Alltag" ist in internationale Initiativen eingebunden: In den Niederlanden wurde 2006 unter dem Titel „Our food, our health: Healthy diet and safe food in the Netherlands"[12] ein allgemein als hervorragend eingeschätzter Bericht zur Ernährungssituation vorgelegt, es

---

9   Vgl. Bundesministerium für Verkehr, Bau und Stadtentwicklung: Fahrradportal, URL: http://www.nationaler-radverkehrsplan.de/.
10 Vgl. Bundesministerium für Familie, Senioren, Frauen und Jugend: Nationaler Aktionsplan „Für ein kindergerechtes Deutschland 2005–2010" (NAP); URL: http://www.bmfsfj. de/BMFSFJ/kinder-und-jugend,did=31372.html.
11 Vgl. Bundesministerium für Gesundheit, URL: http://www.die-praevention.de/presse/ pressemitteilungen/dokumente/2008_2/pm_20080527_kindergesundheit.html.
12 National Institute for Public Health and the Environment (Hrsg.): Our food, our health: Healthy diet and safe food in the Netherlands, Bilthoven 2006, URL: http://www.ernaehrungsdenkwerkstatt.de/fileadmin/user_upload/EDWText/Text Elemente/PHN-Texte/Netherland_RIVM_Report_2006_OurFood_OurHealth.pdf   [Stand 05.08.2010].

gibt den „Aktionsplan Schweiz"[13] aus dem Jahr 2001, in Österreich wurde nach Vorlage des Ernährungsberichts 2008[14] die Aktion des Gesundheitsministeriums „Ernährung kann was" gestartet, bevor im Januar 2010 ein Konsultationsentwurf eines Nationalen Aktionsplanes Ernährung[15] der Öffentlichkeit präsentiert wurde; Schweden hat 2005 den Aktionsplan „Dietary Habits and Physical Activity"[16] vorgelegt; die USA realisieren seit 1971 regelmäßig den „National Health Nutrition and Examination Survey" (NHANES)[17]. Zu nennen sind ferner das 2007 von der Europäischen Union vorgelegte Weißbuch „Ernährung, Übergewicht und Adipositas: eine Strategie für Europa"[18] sowie der von der WHO koordinierte und 2003 vorgelegte Technical Report „Diet, Nutrition and the prevention of chronic diseases"[19]. Eine höchst interessante Zusammenstellung nationaler und internationaler Dokumente ist auf der Homepage der Ernährungswerkstatt zu finden.[20]

Maßnahmen und Kampagne

Das Fundament der nationalen Strategie in Deutschland bilden die Maßnahmen, die zur Erreichung der gemeinsamen Ziele initiiert werden. Bund, Länder und Kommunen sollen diese Ziele in Zusammenarbeit mit der Zivilgesellschaft durchführen, um strukturelle Verbesserungen zu bewirken, die für einen gesunden Lebensstil in Eigenverantwortung hilfreich sind. Dafür ist eine Orientierung an Qualität, Zielgruppen und dem Wert der Nachhaltigkeit notwendig. Eine bundesweite Kampagne wird die zahlreichen Aktivitäten zum Thema Ernährung und Bewegung bündeln, um für einen gesünderen Alltag zu werben und ihn praktisch zu fördern. Dabei wird insbesondere vermittelt, dass Essen und Bewegung auch Freu-

---

13 Vgl. Bundesamt für Gesundheit (Hrsg.): Aktionsplan Ernährung und Gesundheit. Eine Ernährungspolicy für die Schweiz, Bern 2001, URL: http://www.bag.admin.ch/themen/ ernaehrung_bewegung/05207/05215/index.html?lang=de&download=NHzLpZeg7t,lnp 6I0NTU042I2Z6ln1acy4Zn4Z2qZpnO2Yuq2Z6gpJCFeXx7fWym162epYbg2c_JjKbNoKS n6A-- [Stand 05.08.2010].

14 Vgl. Universität Wien, Institut für Ernährungswissenschaft/Bundesministerium für Gesundheit: Österreichischer Ernährungsbericht 2008, URL: http://www.bmg.gv.at/cms/site/ attachments/3/7/1/CH0857/CMS1081844270722/der_gesamte_ernaehrungsbericht.pdf [Stand 05.08.2010].

15 Vgl. Bundesministerium für Gesundheit (Hrsg.): Nationaler Aktionsplan Ernährung (Entwurf), Wien 2010, URL: http://www.bmg.gv.at/cms/site/attachments/5/0/3/CH0525/CMS 1264667132176/nape_final_26_01.pdf [05.08.2010].

16 Vgl. National Institute of Public Health (Hrsg.): Healthy dietary habits and increased physical activity – the basis for an action plan, Kopenhagen 2005, URL: http://www.fhi.se/Page Files/4175/healthydietaryhabitsphysicalactivitysummary0502.pdf [Stand 05.08.2010].

17 Vgl. Centers for Disease Control and Prevention: National Health and Nutrition Examination Survey, URL: http://www.cdc.gov/nchs/nhanes.htm.

18 Vgl. Europäische Kommission: Weißbuch Ernährung, Übergewicht, Adipositas: Eine Strategie für Europa, Brüssel, den 30.05.2007 (EU-KOM (2007) 279 endg.), URL: http://ec. europa.eu/health/ph_determinants/life_style/nutrition/documents/nutrition_wp_de. pdf [Stand 05.08.2010].

19 Vgl. WHO (Hrsg.): Diet, Nutrition and the prevention of chronic diseases, WHO Technical Report Series 916, Genf 2002, URL: http://www.ernaehrungsdenkwerkstatt.de/fileadmin/ user_upload/EDWText/TextElemente/PHN-Texte/WHO_FAO_Report/who_fao_expert_ report_2003_prevention_diet_lifestyle.pdf [Stand 05.08.2010].

20 Vgl. http://www.ernaehrungsdenkwerkstatt.de/.

de bedeuten, eng mit Entdecken und Lernen und vor allem auch mit Genuss und gemeinsamem Erleben verbunden sind.

Die fünf Handlungsfelder

Im Nationalen Aktionsplan werden fünf Handlungsfelder prioritär verfolgt, die bereits in den vorausgehenden Eckpunkten formuliert und veröffentlicht wurden:

1. *Vorbildfunktion der öffentlichen Hand*
   Dabei sollen auf verschiedenen Ebenen über politische Entscheidungen möglichst optimale Rahmenbedingungen geschaffen werden, die es den Bürgerinnen und Bürgern leichter und attraktiver machen, sich ausreichend zu bewegen und gesund zu ernähren. Hierzu gehören arbeitsrechtliche Maßnahmen ebenso wie Entscheidungen in der Verkehrsplanung, Hinweise auf Lebensmitteln, Anreize für die Produktion gesunder Nahrungsmittel, Aus- und Fortbildungsinitiativen für Berufsgruppen, wie z.B. Kindergärtner/-innen, Erzieher/-innen, Lehrer/-innen, die einen großen Einfluss auf das Ernährungs- und Bewegungsverhalten von Kindern und Jugendlichen haben, etc. Der Bund, die Länder und Kommunen möchten die Bürger/-innen darin unterstützen, gesunde Lebensstile zu entwickeln und sie möchten selbst dabei eine Vorbildfunktion wahrnehmen.

2. *Bedeutung von Bildung und Information über Ernährung, Bewegung und Gesundheit*
   Hier geht es vor allem darum, den Bürger/-innen der Bundesrepublik Deutschland Angebote zur Ernährungs- und Bewegungsbildung zu machen, die ihnen eine möglichst gesunde Lebensführung ermöglichen und das eigenverantwortliche Verhalten stärken können. Die Angebote sollen dabei an den Bedürfnissen und Lebenswelten der jeweiligen Zielgruppe orientiert sein. Zudem sollen verlässliche Empfehlungen zur Ernährung und Bewegung entwickelt werden, die überprüfbar, verständlich und leicht umsetzbar sein sollen. In pädagogischen, sozialen und Pflegeeinrichtungen ist es geplant, im Bereich Ernährung und Bewegung ausgebildete Wissensvermittler/-innen einzusetzen, die Qualifizierungsnachweise erwerben. Diese Zertifikate können auch dazu beitragen, Experten und Expertinnen als solche erkennbar zu machen.

3. *Rolle von mehr körperlicher Aktivität im Alltag*
   Einen besonderen Stellenwert haben Maßnahmen, die geeignet sind, der wachsenden Bewegungsarmut etwas entgegenzusetzen. Damit die Menschen verstärkt regelmäßig körperlich und sportlich aktiv werden können, sollen Lebenswelten geschaffen werden, die ausreichende Bewegungsanreize setzen. Dabei gilt es Bewegungsförderung überall dort zu etablieren, wo die Menschen sich im Alltag aufhalten, in Schulen, Betrieben oder in der Freizeit.

4. *Qualitätsverbesserung bei der Verpflegung außer Haus*
   Angesichts der Entwicklung, dass die Menschen sich zunehmend häufiger außer Haus verpflegen, kommt Gesundheits- und Qualitätsaspekten in der Gemeinschaftsverpflegung und in der Gastronomie eine besondere Bedeutung zu. Die Verpflegung in Kitas, Schulen, Betrieben und Gaststätten sollte eine ausgewogene, bedarfsgerechte Ernährung im Alltag darstellen.

5. *Impulse für die Forschung*

So einfach und sinnvoll das Ziel erscheint, den Menschen einen gesünderen Lebensstil zu ermöglichen, ist dennoch keineswegs klar, wie dieses Ziel erreicht werden kann. Bislang liegen – vor allem in Bezug auf Interventionsansätze, aber auch in Bezug auf Präventionsprogramme – nur wenige wissenschaftliche Belege über deren Effizienz und Nutzen vor. Daher sieht der Nationale Aktionsplan vor allem auf diesem Gebiet erheblichen *Forschungsbedarf*, damit aus „good practice-Modellen" möglichst „best practice-Modelle" werden können, die es erlauben, evidenzbasierte Handlungsempfehlungen und -strategien für verschiedene Zielgruppen, Settings und schwer erreichbare Zielgruppen zu entwickeln.

Umsetzung in den Ländern

Für den Nationalen Aktionsplan stehen in den Jahren 2008 bis 2010 jährlich jeweils 5 Mio. Euro zur Verfügung. Diese sollen anknüpfend an die bestehenden Vorhaben zur Etablierung flächendeckender Strukturen in den Ländern und Kommunen verwendet werden, um Gesundheitsförderung und Prävention nachhaltig anzustoßen und zu etablieren. Dabei sind inhaltliche Schwerpunktsetzungen mit entsprechenden Maßnahmen vorgesehen, die innerhalb der Prävention in den Bereichen Ernährung und Bewegung eine klare Querschnittsaufgabe unterschiedlicher Politikfelder und -ebenen ist. Es bedarf deshalb einer engen Kooperation, z. B. mit Verkehrs-, Umwelt-, Bildungs- und Verbraucherpolitik. Länder und Kommunen haben bereits mit verschiedenen Aktivitäten begonnen. Aufgrund ihrer Zuständigkeit für Bereiche, die für Ernährung und Bewegung von zentraler Bedeutung sind (z. B. für Schulen), sind sie in zahlreiche Maßnahmen miteinbezogen. Die Länder haben den Aktionsplan mit Beschluss der Gesundheitsministerkonferenz vom 5. Juli 2007 einstimmig (!) unterstützt. Auf Länderebene werden aber noch viele andere Akteure benötigt, um in gemeinsamer Anstrengung ein neues Bewusstsein in der Bevölkerung zu etablieren: So gilt es zum Beispiel, Krankenversicherungen, Sportorganisationen und Vereine, Industrie, Wissenschaft und Verbraucherschutzverbände und viele weitere Akteure für dieses Engagement zu gewinnen. Nur wenn die vielfältigsten Akteure ihr Wissen, ihre Erfahrungen und ihre Aktivitäten austauschen, bündeln und ergänzend ausbauen, können in allen fünf Handlungsfeldern Fortschritte erzielt werden.

Umsetzung in Berlin und Brandenburg

Das Bekanntwerden des Eckpunktepapiers 2007 hat für zahlreiche Akteure in Berlin und Brandenburg einen ein neuen Schub ermöglicht, um Abstimmungsprozesse zu forcieren, bestehende Projekte bekannt zu machen und auszuweiten. Einige Beispiele sollen das Ankommen der Maßnahmen in Berlin und Brandenburg veranschaulichen und auch die speziellen Wege aufzeigen, die in beiden Ländern bei der Umsetzung gewählt wurden.

–   Die *Vernetzungsstelle Schulverpflegung e. V.* ist in Berlin durch eine Kooperation mit der AOK Berlin ins Leben gerufen worden, um Standards in der Schulverpflegung zu formulieren und die Schulen bei der Umsetzung zu unterstützen. Aus diesem Projekt wurde im Rahmen der Förderung zum Aktionsplan IN FORM durch das Bundesministerium für Ernährung, Landwirtschaft und Verbraucherschutz eine Institution, die nun in allen Bundesländern eingerichtet werden soll, um die inzwischen veröffentlichten Standards der DGE (Deutsche Gesellschaft für Ernährung e. V.) für die Schulverpflegung bundesweit umzusetzen.

- Die Einrichtung von *Zentren für Bewegungsförderung* wird in allen Ländern durch das Bundesministerium für Gesundheit initiiert und gefördert. Abhängig von den individuellen Bedürfnissen der Länder werden die konkreten Aufgaben formuliert. In Brandenburg steht die Ausweitung von Projekten in die Fläche im Vordergrund, in Berlin geht es vorrangig um die Koordination, Vernetzung und Bekanntmachung der vielen vorhandenen Maßnahmen in den Quartieren der Stadt. In beiden Ländern werden diese Zentren unter Trägerschaft von Gesundheit Berlin e. V. geplant und in Zukunft umgesetzt.

- Die *Biobrotbox* wird seit mehreren Jahren in Kooperation zahlreicher Akteure aus der Biobranche, Politik, Zivilgesellschaft und verschiedenen Unternehmen aus der Region zum ersten Schultag der Schulanfänger/-innen gepackt. Ziel dieser Initiative ist es, Eltern und Kinder auf die Wichtigkeit und die Möglichkeiten von gesunder Ernährung, insbesondere der Pausenverpflegung hinzuweisen. Auch diese Aktion erhält unter IN FORM ein neues Dach. Aus dem Berliner Projekt wurde inzwischen eine bundesweit koordinierende GmbH. Die Anzahl der gepackten Boxen nimmt in Berlin und Brandenburg jährlich zu.

- Als Förderschwerpunkt des Bundesministeriums für Gesundheit werden in Berlin und Brandenburg *„Aktionsbündnisse für gesunde Lebensstile und Lebenswelten"* gefördert. Durch diese Vernetzung können neue Akzente – vor allem in der Bewegungsförderung – gesetzt werden.

- Wichtig ist z. B. die *Evaluation von bewegungsfördernden Angeboten in Kindertagesstätten*, die in Brandenburg bereits vom Regionalen Knoten Brandenburg übernommen wurde. Eine entsprechende Evaluation wird in Berlin nun durch die Freie Universität durchgeführt. Eine systematische Evaluation bietet beiden Ländern die Grundlage für gezielte Maßnahmen in der Lebenswelt Kindertagesstätte.

- Die Ausrichtung des gesundheitspolitischen Handelns an *Gesundheitszielen* und die aktive Unterstützung von Gesundheitszielen sind zentrale Bestandteile des Nationalen Aktionsplans. Sowohl Berlin als auch Brandenburg haben Gesundheitsziele, die auf die Zielgruppe der Kinder ausgerichtet sind, basierend auf der lokalen Gesundheitsberichterstattung und versehen mit den entsprechenden Handlungsfeldern und Maßnahmen.

- *Gesundheitsberichterstattung* als eine wichtige Grundlage gezielten Handelns wird zunehmend ausgebaut und ihre Indikatoren werden immer mehr verfeinert. Die Weiterführung des KiGGS (Kinder- und Jugendgesundheitssurveys) des Robert Koch-Instituts (RKI) von 2006 wurde im Zusammenhang mit dem Nationalen Aktionsplan bestätigt und gesichert. Die Durchführung von weiteren Surveys mit anderen Zielgruppen wird langsam zur Selbstverständlichkeit.

Fazit

Der Nationale Aktionsplan hat die Möglichkeit eröffnet, neue Wege in der Prävention zu etablieren. Unverzichtbar ist dabei eine verstärkte Vernetzung der Akteure. Da die Gesamtmittel knapp sind, gilt in besonderer Weise die Notwendigkeit, vorhandene Ressourcen zu erfassen, zu bündeln und Erkenntnisse zu kommunizieren. Die Beteiligung verschiedener Akteure an gemeinsamen Veröffentlichungen – wie z. B. im Rahmen des vorliegenden zweiten Jahrbuches von HealthCapital, aber auch im Rahmen des Präventionsatlasses Berlin-Brandenburg[21] – verbessert die Chancen, sich zu orientieren, miteinander abzustimmen, voneinander zu lernen und ressourcenschonend länderübergreifend voneinander zu profitieren. Darüber hinaus wird es wichtig sein, das Interesse am Thema gesunde Ernährung und regelmäßiger Bewegung auch nach dem Auftakt zu einem Nationalen Aktionsplan zu erhalten. Vor dem Hintergrund der Erfahrungen der letzten Jahre können die vielfältigen Maßnahmen kontinuierlich weiterentwickelt werden, um gesundheitsfördernde Strukturen für Kinder und ältere Menschen ebenso wie für Menschen in sozial schwierigen Lebenslagen oder mit Migrationshintergrund zu schaffen. Letztgenannte Zielgruppen sollten am meisten von allen Aktivitäten profitieren. Letztlich ist es natürlich notwendig, in Deutschland ein Umfeld zu entwickeln, in dem ausgewogene Ernährung und ausreichende Bewegung im Bewusstsein aller Bevölkerungsgruppen und in allen Lebensbereichen fest verankert sind.

Das Gesundheitsnetzwerk HealthCapital eröffnet Chancen für ein enges Zusammenwirken von Politik, Gesundheitswesen, Zivilgesellschaft, Wirtschaft, Medien und vielen weiteren Akteuren aus dem gesellschaftlichen Raum, die als Protagonisten von IN FORM erforderlich sind. Somit werden vorhandene Strukturen effektiver genutzt, Parallelstrukturen abgebaut und neue Potenziale und Synergien geschaffen.

Der Nationale Aktionsplan zielt darauf, Transparenz, Vernetzung und Kooperation zu unterstützen. Die lokalen Akteure sind dafür verantwortlich, die verschiedenen Zielgruppen zu erreichen und alle vorhandenen Möglichkeiten auszuschöpfen, um die Einstellungen zu einem gesunden Lebensstil in Deutschland nachhaltig positiv zu beeinflussen.

Literatur

Bundesamt für Gesundheit (Hrsg.):
Aktionsplan Ernährung und Gesundheit. Eine Ernährungspolicy für die Schweiz, Bern 2001, URL: http://www.bag.admin.ch/themen/ernaehrung_bewegung/05207/05215/index.html?lang=de&download=NHzLpZeg7t,lnp6I0NTU04212Z6ln1acy4Zn4Z2qZpnO2Yuq2Z6gpJCFeXx7fWym162epYbg2c_JjKbNoKSn6A-- [Stand 05.08.2010].

Bundesministerium für Gesundheit/Universität Wien, Institut für Ernährungswissenschaft:
Österreichischer Ernährungsbericht 2008, URL: http://www.bmg.gv.at/cms/site/attachments/3/7/1/CH0857/CMS1081844270722/der_gesamte_ernaehrungsbericht.pdf [Stand 05.08.2010].

21 Vgl. Nocon/Müller/Willich in diesem Band.

Bundesministerium für Gesundheit (Hrsg.):
Nationaler Aktionsplan Ernährung (Entwurf), Wien 2010, URL: http://www.bmg.gv.at/cms/site/attachments/5/0/3/CH0525/CMS1264667132176/nape_final_26_01.pdf [Stand: 05.08.2010].

Bundesministerium für Ernährung, Landwirtschaft und Verbraucherschutz/Bundesministerium für Gesundheit (Hrsg.):
Eckpunktepapier Gesunde Ernährung und Bewegung – Schlüssel für mehr Lebensqualität, Berlin 2007, URL: http://www.move-europe.de/fileadmin/rs-dokumente/dateien/BMG_Gesunde_Ernaehrung_und_Bewegung.pdf [Stand 05.08.2010].

Bundesministerium für Ernährung, Landwirtschaft und Verbraucherschutz/Bundesministerium für Gesundheit (Hrsg.):
IN FORM – Deutschlands Initiative für gesunde Ernährung und mehr Bewegung. Nationaler Aktionsplan zur Prävention von Fehlernährung, Bewegungsmangel, Übergewicht und damit zusammenhängenden Krankheiten, Berlin 2008, URL: http://www.in-form.de/nn_1320822/SharedDocs/Downloads/Broschuere-NAP-IN-FORM,templateId=raw,property=publicationFile.pdf/Broschuere-NAP-IN-FORM.pdf [Stand 19.06.2010].

Europäische Kommission:
Weißbuch Ernährung, Übergewicht, Adipositas: Eine Strategie für Europa, Brüssel, den 30.05.2007 (EU-KOM (2007) 279 endg.), URL: http://ec.europa.eu/health/ph_determinants/life_style/nutrition/documents/nutrition_wp_de.pdf [Stand 05.08.2010].

Gesundheitsberichterstattung des Bundes:
Body Mass Index (BMI) der erwachsenen Bevölkerung nach Alter, Sozialschicht und Geschlecht, Deutschland, 1998, URL: http://www.gbe-bund.de/gbe10/abrechnung.prc_abr_test_logon?p_uid=gasts&p_aid=&p_knoten=FID&p_sprache=D&p_suchstring=8397::BMI [Stand 05.08.2010].

Max Rubner-Institut (Hrsg.):
Nationale Verzehrsstudie II – die bundesweite Erhebung zur Ernährungssituation von Jugendlichen und Erwachsenen, Karlsruhe 2008, URL: http://www.was-esse-ich.de/ [Stand 05.08.2010].

National Institute for Public Health and the Environment (Hrsg.):
Our food, our health: Healthy diet and safe food in the Netherlands, Bilthoven 2006, URL: http://www.ernaehrungsdenkwerkstatt.de/fileadmin/user_upload/EDWText/Text Elemente/PHN-Texte/Netherland_RIVM_Report_2006_OurFood_OurHealth.pdf [Stand 05.08.2010].

National Institute of Public Health (Hrsg.):
Healthy dietary habits and increased physical activity – the basis for an action plan, Kopenhagen 2005, URL: http://www.fhi.se/PageFiles/4175/healthydietaryhabitsphysical activitysummary0502.pdf [Stand 05.08.2010].

Robert Koch-Institut:
Erste Ergebnisse aus dem Kinder- und Jugendgesundheitssurvey des RKI (KiGGS): Zur Verbreitung von Adipositas bei Kindern und Jugendlichen, in: Epidemiologisches Bulletin Nr. 40, 6. Oktober 2006, S. 347, URL: http://www.kiggs.de/experten/downloads/dokumente/KiGGS_epibul_40_06.pdf [Stand 05.08.2010].

WHO (Hrsg.):
Diet, Nutrition and the prevention of chronic diseases, WHO Technical Report Series 916, Genf 2002, URL: http://www.ernaehrungsdenkwerkstatt.de/fileadmin/user_upload/EDWText/TextElemente/PHN-Texte/WHO_FAO_Report/who_fao_expert_report_2003_prevention_diet_lifestyle.pdf [Stand 05.08.2010].

Gesundheitsförderung und Prävention von Übergewicht und Adipositas bei Kindern und Jugendlichen: State of the Art

Dieter Kleiber/Rüya-Daniela Kocalevent

Abstract

Deutsche, aber auch internationale kontrollierte, evaluierte Studien belegen, dass Effekte kurativer Maßnahmen bei bereits bestehendem Übergewicht keine oder nur sehr geringe Wirksamkeit zeigen, insbesondere nach Erreichen des achten Lebensjahres. Zukünftig gilt es deshalb, mit Maßnahmen zur Prävention und Gesundheitsförderung früher zu beginnen. Das Setting Kita ist dafür ein hervorragender Ort, da in Deutschland mehr als 90 % der Kinder hier erreichbar sind. Da Kinder aus Migrantenfamilien bisher vergleichsweise seltener Kitas besuchen, sollten ihre Eltern über geeignete Strategien der Informationsvermittlung dazu motiviert werden, ihren Kindern die in Kitas gegebenen Entwicklungsoptionen zu eröffnen. Dann könnten diese, wie andere Kinder auch, von Programmen zur Vermeidung von Übergewicht und Adipositas profitieren, deren Nutzen unbestritten ist. Die Bundeszentrale für gesundheitliche Aufklärung hat Qualitätsraster zur Beurteilung von gesundheitsförderlichen Maßnahmen und adipositasbezogenen primärpräventiven Programmen entwickelt, die genutzt werden können, um Maßnahmen vor Ort zu bewerten bzw. sie unter Qualitätsgesichtspunkten auszuwählen.

Herausforderungen

Die Ergebnisse des ersten in der Bundesrepublik *repräsentativ* angelegten Surveys zur Kinder- und Jugendgesundheit[1] zeigen, dass hierzulande derzeit etwa 15 % aller 3- bis 17-jährigen Kinder und Jugendlichen übergewichtig oder gar adipös (6,3 %) sind.[2] Als Adipositas wird eine über das Normalmaß hinausgehende Vermehrung des Körperfetts bezeichnet, die bei Kindern definiert wird als Überschreiten des 97. Perzentils der alters- und geschlechtsspezifischen Verteilung des Body-Mass-Index (BMI, kg/m²). Übergewicht wird diagnostiziert, wenn der BMI oberhalb des 90. und unterhalb des 97. BMI-Perzentils liegt.

Die Prävalenz von Übergewicht und Adipositas steigt im Lebensverlauf: Waren in der bevölkerungsrepräsentativ angelegten KiGGS-Studie unter den 3- bis

---

1 Vgl. KiGGS, URL: http:www.kiggs.de.
2 Vgl. Kurth, B. M./Schaffrath-Rosario, A.: Die Verbreitung von Übergewicht und Adipositas bei Kindern und Jugendlichen in Deutschland. Ergebnisse des bundesweiten Kinder- und Jugendgesundheitssurveys (KiGGS), in: Bundesgesundheitsblatt – Gesundheitsforschung – Gesundheitsschutz 50, 2007, S. 736–743.

6-Jährigen 9 % übergewichtig, so waren es unter den 7- bis 10-Jährigen bereits 15 % und unter den 14- bis 17-Jährigen sogar 17 %. In der Erwachsenenbevölkerung gelten sogar ca. zwei Drittel der männlichen Bevölkerung und gut die Hälfte der weiblichen Bevölkerung als leicht bis stark übergewichtig.

Hinzu kommt, dass sich in den letzten Jahren die Raten der Übergewichtigen bzw. Adipösen in allen Altersklassen dramatisch erhöht haben. Rauh-Pfeiffer/Koletzko berichten seit 1976 von einem Anstieg der Prävalenz von Übergewicht und Adipositas um 50%.[3] Diese Tendenz wurde auch durch die KiGGS-Studie bestätigt, in der Referenzdaten aus den Jahren 1985 bis 1999 mit den aktuell erhobenen Daten verglichen wurden. Die Ergebnisse verweisen zudem auf den Einfluss sozialkultureller, lebensstil- und lebensweisenbezogener Determinanten des Übergewichts. In der KiGGS-Studie zeigten sich überraschenderweise keine Geschlechterdifferenzen und auch keine Ost-West-Differenzen. Überproportional hohe Raten von Übergewichtigen wurden jedoch in folgenden Bevölkerungsgruppen registriert:
–   Kinder aus sozial benachteiligten Schichten,
–   Migrantenkinder,
–   Kinder, die nach der Geburt nicht gestillt wurden,
–   Kinder übergewichtiger Eltern.

Damit sind besonders vulnerable Gruppen identifiziert, die wichtige Zielgruppen für selektive primärpräventive Aktivitäten sind. Ergebnisse aus den Berliner Einschulungsuntersuchungen (2008)[4] bestätigen die Ergebnisse der KIGGS-Studie für die Kinder in Berlin: 6,9 % der Kinder wurden als übergewichtig und weitere 4,5 % als adipös eingestuft. Erneut fand sich ein nach der sozialen Lage der Kinder stark differenzierender Gradient. Während von den Kindern aus der oberen sozialen Schicht 5,8 % als übergewichtig oder adipös einzustufen waren (4,1 % übergewichtig, 1,7 % adipös), waren die Raten bei Kindern aus der unteren sozialen Schicht 2,5- bis 4,5-mal so hoch: 17,3 % waren übergewichtig oder adipös (9,7 % übergewichtig, 7,6 % adipös). Noch größere Übergewichtsprobleme waren bei Migrantenkindern feststellbar und hier wiederum besonders bei Kindern türkischer Herkunft. Von diesen waren insgesamt 21,9 %, das heißt gut jedes fünfte Kind übergewichtig (davon 11,9 % übergewichtig, 10 % adipös).[5]

Auffällig war, dass bei längerer Dauer des Kindergartenbesuchs die Raten übergewichtiger Kinder niedriger waren (vgl. Tabelle 1). Dieses Ergebnis liefert einen wichtigen Hinweis auf präventive Potenziale.

3   Vgl. Rauh-Pfeiffer, A./Koletzko, B.: Übergewicht und Adipositas im Kindes- und Jugendalter, in: Monatsschrift Kinderheilkunde, 2007, S. 469–482. Vgl. auch Kurth/Schaffrath-Rosario, Die Verbreitung von Übergewicht; Böhler, T./Dziuk, M.: Adipositas bei Kindern und Jugendlichen – Bedeutung der Prävention und Rehabilitation, in: Gesundheitswesen 71, 2009, S. 41–51.
4   Vgl. Senatsverwaltung für Gesundheit, Umwelt und Verbraucherschutz, Referat Gesundheitsberichterstattung, Epidemiologie, Gemeinsames Krebsregister, Sozialstatistisches Berichtswesen, Gesundheits- und Sozialinformationssysteme: Grundauswertung der Einschulungsdaten in Berlin 2008, Berlin 2009.
5   Ebd.

Tabelle 1
Körpergewicht der Einschüler/-innen (Referenzsystem nach Kromeyer-Hauschild)
nach Kita-Besuchsdauer in Berlin 2008 – Angaben in %

Kita-Besuchsdauer**	n =	Gewichtskategorie*				
		deutlich unter-gewichtig (< 3. Perzentil)	untergewichtig (3. bis < 10. Perzentil)	normalgewichtig (10. bis 90. Perzentil)	übergewichtig (> 90. bis 97. Perzentil)	adipös (> 97. Perzentil)
kein Besuch	684	2,0	4,2	78,4	8,6	6,7
< ½ Jahr	218	1,9	4,6	79,8	6,0	7,8
½ Jahr bis 2 Jahre	2.567	1,8	4,8	79,1	8,5	5,9
> 2 Jahre	22.476	2,0	5,0	82,2	6,6	4,2
Insgesamt	25.945	2,0	5,0	81,7	6,9	4,4

* Seit 2007 erfolgt die Berechnung monatsgenau
** Fehlende Angaben zum Kitabesuch in 1,2 % der Fälle (n = 313)

Datenquelle Senatsverwaltung für Gesundheit, Umwelt und Verbraucherschutz
(SenGesUmV Berlin): Grundauswertung der Einschulungsdaten in Berlin 2008, Berlin 2009;
Berechnung und Darstellung: SenGesUmV - IA -

Mit diesen Risikokonstellationen, die bei der KiGGS-Studie und bei den Berliner Einschulungsuntersuchungen aufgefunden wurden, sind wichtige *Zielgruppen für Maßnahmen* zur *selektiven Prävention*, aber auch wesentliche Settings identifiziert, in denen mit Erfolg den Übergewichtsraten entgegengewirkt werden kann.

Mit Gesundheitsförderung und Prävention von Übergewicht und Adipositas möglichst früh und im Setting Kita beginnen

Generell gilt, dass mit Maßnahmen zur primären Prävention möglichst früh, d. h. regelmäßig *vor* Eintritt der zu vermeidenden Erkrankungen begonnen werden sollte. Für die Prävention von Übergewicht und Adipositas gilt dies in besonderer Weise. Die kritische Phase für die Entwicklung von persistierendem Übergewicht, so konnten Harrington et al. auf Basis der Daten des National Health and Nutrition Examination Survey aus dem Jahr 2007 zeigen, liegt nämlich bei einem großen Teil der Betroffenen in der (frühen) Kindheit.[6] Die Hälfte der als übergewichtig dia-

6 Vgl. Harrington, J. W./Nguyen, V. Q./Paulson, J. F./Garland, R./Pasquinelli, L./Lewis, D.: Identifying the „Tipping Point" Age for Overweight Pediatric Patients, in: Clinical Pediatrics 49, 2010, S. 638–643.

gnostizierten Kinder konnte bereits bis zum zweiten und die andere Hälfte bis zum zehnten Lebensjahr als zumeist irreversibel übergewichtig diagnostiziert werden. Angesichts dieser Tatsache bestehen die besten Chancen für die gesundheitliche Primärprävention, die auf die Vermeidung von Übergewicht und Adipositas ausgerichtet ist, in einem sehr frühen Lebensalter.

In Übereinstimmung mit der Weltgesundheitsorganisation (WHO)[7] unterstreicht dies auch der Sachverständigenrat zur Begutachtung der Entwicklung im Gesundheitswesen in seinem jüngsten Gutachten, wenn er betont, dass Strategien zur Verbesserung der Gesundheitschancen von Kindern und Jugendlichen „so früh wie möglich im Lebenslauf" ansetzen sollten, wobei nach seiner Einschätzung die Logik des „Je früher, desto besser" um die Maxime „Je breiter, desto wirksamer" ergänzt werden sollte.[8]

Generell gilt unter Public-Health-Gesichtspunkten, wie auch der Sachverständigenrat in einem früheren Gutachten betont hat,[9] dass Ansätze zur Primärprävention vor allem dann besonders gute Chancen haben, wenn folgende Bedingungen gegeben sind:
– wenn epidemiologisch relevante Krankheiten vermieden werden sollen: Übergewicht und Adipositas gelten in praktisch allen Industrienationen als epidemisch auftretende Probleme, die massive körperliche, psychische und soziale Folgeprobleme und zudem hohe Folgekosten verursachen;
– wenn Krankheiten chronische Verläufe haben: Die Chronizität von Adipositas sorgt dafür, dass adipöse Kinder mit sehr hoher Wahrscheinlichkeit auch im Erwachsenenalter adipös sind;[10]
– wenn kurative Maßnahmen keine oder nur geringe Erfolge haben: Beim derzeitigen Stand des Wissens sind die Erfolge kurativer Maßnahmen zur Behandlung von Adipositas nur äußerst begrenzt und zudem besteht ein großer Mangel an Wirksamkeitsnachweisen.[11] Deshalb ist die *Primärprävention* der einzig aussichtsreiche Weg zur Senkung der Inzidenz (Neuerkrankungsrate) von Adipositas, die ihrerseits bereits im Kindesalter als sehr schwer und nur wenig nachhaltig behandelbar gilt;[12]

---

7   Vgl. WHO (World Health Organization): Commission on Social Determinants of Health (CSDH): Closing the Gap in a Generation. Health Equity through Action on the Social Determinants of Health, Final Report, Geneva: WHO 2008.
8   Vgl. Sachverständigenrat zur Begutachtung der Entwicklung im Gesundheitswesen: Koordination und Integration – Gesundheitsversorgung in einer Gesellschaft des längeren Lebens, Gutachten 2009, Bundestags-Drucksache 16/13770 vom 02.07.2009, S. 138.
9   Vgl. Sachverständigenrat zur Begutachtung der Entwicklung im Gesundheitswesen: Bedarfsgerechtigkeit und Wirtschaftlichkeit – Band I bis III: Zur Steigerung von Effizienz und Effektivität der Arzneimittelversorgung in der gesetzlichen Krankenversicherung (GKV), Baden-Baden: Nomos Verlag 2002. Vgl. auch Rosenbrock, R./Michel, C.: Primäre Prävention. Bausteine für eine systematische Gesundheitssicherung, Berlin: Medizinisch Wissenschaftliche Verlagsgesellschaft 2007.
10 Vgl. Serdula, M. K./Ivery, D./Coates, R. J. et al.: Do obese children become obese adults?, in: Preventive Medicine 22, 1993, S. 167–177.
11 Vgl. Summerbell, C. D./Cameron, C./Glasziou, P. P.: Advice on low-fat diets for obesity, Cochrane Database of Systematic Reviews, 2008, Issue 3.
12 Vgl. van Wilfey, E. D./Tibbs, T. L./Buren, D. J. et al.: Lifestyle Interventions in the treatment of childhood overweight: a meta-analytic review of randomized controlled trials, in: Health Psychology 26, 2007, S. 521–532.

– wenn mit dem Auftreten des zu prävenierenden Problems relevante gesundheitliche Folgen verbunden sind: Frühmanifeste Adipositas ist unstrittig ein beträchtlicher Risikofaktor für später auftretende medizinische Folgestörungen, darunter Diabetes mellitus Typ 2 und Herz-Kreislauf-Erkrankungen.[13] Hinzu kommt, dass die Lebensqualität adipöser Kinder dadurch eingeschränkt wird, dass sie aufgrund ihres Aussehens häufig Opfer sozialer Diskriminierung und Stigmatisierung werden.[14]

Schließlich gelten auch die Folgekosten der Adipositas als erheblich.[15] Auch der in den letzten Jahrzehnten deutliche Anstieg der Prävalenz (Krankheitsrate) von Übergewicht und Adipositas bei Kindern und Jugendlichen und der mit zunehmendem Alter hohe Persistenzgrad lassen Präventionsprogramme dringend notwendig und sinnvoll erscheinen. Diese Einschätzung liegt auch den nationalen Gesundheitszielen zugrunde, bei denen gesunde Ernährung und ausreichend Bewegung als zwei von sechs prioritären Gesundheitszielen genannt werden: Senkung des Erkrankungsrisikos von Diabetes mellitus Typ 2 und „gesund aufwachsen".[16]

Für Gesundheitsförderung und Primärprävention im Setting Kita sprechen noch weitere Gründe, die Kitas insgesamt als wichtige Säule für zukünftige Anstrengungen im Bereich der Prävention und Gesundheitsförderung identifizieren:[17]

– Im Setting Kita können – bis auf Migrantenkinder – fast alle Kinder (85–95 %) und in den neuen Ländern sogar ein noch größerer Anteil der Kinder im Alter zwischen drei und sechs Jahren erreicht werden.

– Auch wenn der Ausschöpfungsgrad in Bezug auf den Kitabesuch der Migrantenkinder noch gesteigert werden könnte, gilt doch, dass Kitas grundsätzlich Teilgruppen der Bevölkerung erreichen können, die sonst nur schwer Zugang zu Leistungen des Gesundheits- und Bildungswesens finden: Migrantenkinder, Kinder aus sozial benachteiligten Schichten und aus bildungsfernen Familien.

– In Kitas bestehen besonders gute Chancen, positiv auf den Gesundheitszustand, das Wohlbefinden und die Lebensweise von Kindern einzuwirken, da sie zu gesünderer Ernährung beitragen und den Kindern Bewegungsmöglichkeiten, Anregungen und Zuwendung sowie Entwicklungsförderung zuteil werden lassen.[18]

---

13 Vgl. Hauner, H./Buchholz, G./Hamann, A./Husemann, B./Koletzko, B./Liebermeister, H./Wabitsch, M./Westehöfer, J./Wirth, A./Wolfram, G.: Evidenzbasierte Leitlinie. Prävention und Therapie der Adipositas, hrsg. v. Deutsche Adipositas-Gesellschaft, Deutsche Diabetes-Gesellschaft, Deutsche Gesellschaft für Ernährung, Deutsche Gesellschaft für Ernährungsmedizin, München u. a. 2007.

14 Vgl. Puhl, R./Brownell, K. D.: Bias, discrimination, and obesity, in: Obesity Review 9, 2001, S. 788–805.

15 Vgl. Stratmann, D./Wabitsch, M./Leidl, R.: Adipositas im Kindes- und Jugendalter, in: Monatsschrift Kinderheilkunde 148, 2000, S. 786–792.

16 Vgl. www.gesundheitsziele.de.

17 Vgl. Kliche, T. et al.: Prävention und Gesundheitsförderung in Kindertagesstätten: Eine Studie zu Determinanten, Verbreitung und Methoden für Kinder und Mitarbeiterinnen, Weinheim: Juventa-Verlag 2008; Kliche, T./Töppich, J./Koch-Gromus, U.: Leistungen und Bedarf von Kitas für Prävention und Gesundheitsförderung, in: Bitzer, E. M./Lingner, H./Schwartz, F. Wilhelm/Walter, U. (Hrsg.): Kindergesundheit stärken. Vorschläge zur Optimierung von Prävention und Versorgung, Berlin/Heidelberg: Springer 2009, S. 252–259.

18 Kliche et al., Prävention und Gesundheitsförderung, S. 15.

- Kitas können – insbesondere, wenn sie mit anderen Institutionen und Organisationen kooperieren und sich mit diesen vernetzen – wichtige Leistungen in der Gesundheitsförderung und Prävention erbringen (bereits nachgewiesen z. B. für den Bereich Zahnprophylaxe, beim Impfschutz, bei der Förderung sozial-emotionaler Kompetenzen, bei der Prävention von Aggression und Gewalt etc.). Neue Bereiche sollten hinzukommen.

Ziele der Prävention von Übergewicht und Adipositas im Kindes- und Jugendalter

Was die Ziele primärpräventiver Maßnahmen zur Reduktion von Übergewicht und Adipositas bei Kindern und Jugendlichen anbelangt, gilt unter Public-Health-Aspekten, dass sowohl eine Verminderung von empirisch identifizierten Risikofaktoren als auch eine Stärkung von Ressourcen (Invulnerabilitätsfaktoren) angestrebt werden sollte.

Risikofaktoren für frühmanifeste Adipositas:
- Übergewicht der Eltern
- Hohes Geburtsgewicht
- Niedriger sozialer Status
- Migrationshintergrund
- Geringe körperliche Aktivität
- Passives Freizeitverhalten (hoher Fernseh- und Computerspielekonsum)
- Negative Energiebilanz (Fehlernährung und Bewegungsmangel)
- Psychosoziale Faktoren (z. B. geringe Selbstwirksamkeit, geringe Selbstkontrolle)

Was schützt vor Übergewicht?
- Längere Stillzeit
- Einschränkung der Medienzeiten auf weniger als eine Stunde pro Tag
- Regelmäßige Bewegung (mehr als 90 Minuten pro Tag)
- Regelmäßige Mahlzeiten
- Verzicht auf kalorienhaltige Getränke
- Verzicht auf Fast Food
- Aktives soziales Umfeld
- Angebote zur sportlichen Aktivität
- Längerer Kitabesuch

Grundsätzlich wird zwischen universellen, selektiven und indizierten Ansätzen zur Primärprävention unterschieden. Maßnahmen zur universellen Prävention richten sich üblicherweise an alle Mitglieder einer Population bzw. Zielgruppe (z. B. bevölkerungsbezogene Strategien, Maßnahmen in Schulklassen oder Kindergärten) – unabhängig davon, ob für die einzelnen Mitglieder der jeweiligen Zielgruppen überhaupt ein Risiko für die Entwicklung von Übergewicht oder Adipositas besteht. Ziel universeller Prävention ist die Stabilisierung oder Senkung des mittleren BMI dieser Population/Zielgruppe. Maßnahmen zur selektiven Prävention richten sich spezifischer an Gruppen, für die ein identifiziertes Risiko besteht, übergewichtig oder adipös zu werden (z. B. Kinder adipöser Eltern, Kinder aus unteren Sozialschichten, Kinder mit Migrationshintergrund etc.). Maßnahmen der indizierten

Prävention richten sich noch spezifischer an Personengruppen, die zwar noch nicht als übergewichtig oder adipös diagnostiziert werden können, bei denen aber präsymptomatische Befunde vorliegen (z. B. Kinder mit BMI 20–24; 80. bis 89. Perzentil). Maßnahmen der *sekundären Prävention* richten sich dann an bereits übergewichtige oder adipöse Kinder und verfolgen in der Regel als zentrales Ziel, eine weitere Gewichtszunahme zu vermeiden (BMI, Perzentilrang). Für die jeweiligen Präventionsstrategien existieren teilweise unterschiedliche Zielgrößen.

Tabelle 2
Zielgrößen der verschiedenen Präventionsstrategien

universelle Prävention	selektive Prävention	indizierte Prävention	sekundäre Prävention
Senkung der Inzidenz von Übergewicht bzw. Adipositasraten in der Bevölkerung	Senkung der Inzidenz von Übergewicht bzw. Adipositasraten bei Risikopopulationen	Senkung der Inzidenz von Übergewicht bzw. Adipositasraten bei Präsymptomatischen	Früherkennung
Reduktion des mittleren BMI in der Bevölkerung bzw. unselegierten Zielgruppe	Geringes Ausmaß Gewichtszunahme	Anteil verbesserter Energiebilanz	Anteil, bei denen Gewichtsstabilisierung bzw. keine weitere Gewichtszunahme erreicht wurde
Verbesserung des relevanten Gesundheitsverhaltens in Bezug auf Ernährung, Bewegung und Stress in der Zielpopulation	Vermindertes Diätverhalten		Anteil verbesserter Energiebilanz
Verbesserung des Lebensstils	Verbesserter gesundheitsbezogener Lebensstil		Langfristige Lebensstiländerungen
Verbesserung gesundheitsbezogener Einstellungen, Kenntnisse und Fähigkeiten			Reduktion des Komorbiditätsrisikos (d. h. des Risikos von Begleiterkrankungen)
Verbesserung umweltbezogener Indices (mehr Radwege, Sportangebote etc.)			

State of the Art primärer Prävention in Deutschland

Bezüglich der Wirksamkeit von Maßnahmen zur Prävention von Übergewicht und Adipositas haben Müller/Plachta-Danielzik drei systematische Reviews ausgewertet, in denen der Stand des Wissens zusammenfassend dokumentiert wird:[19]

1. Im Rahmen eines Cochrane Reviews[20] wurden 22 Studien gesichtet, in denen der Einfluss verstärkter körperlicher Aktivität bzw. verringerter Inaktivität infolge geringeren Medienkonsums (Reduzierung passiven Freizeitverhaltens) und die Förderung ‚gesunderer' Ernährung untersucht wurde. Die verschiedenen Maßnahmen zeigten im Gruppenmittel zumeist leider nur *geringe oder gar keine Effekte* auf den Ernährungszustand. Verbessert werden konnten jedoch verschiedene gesundheitsrelevante Verhaltensweisen (weniger gesüßte Limonaden, mehr Obstverzehr, weniger Medien- und Fernsehkonsum). Outcomebezogene Erfolge waren vor allem dann möglich, wenn
    – die Interventionen den Teilnehmer/-innen Spaß gemacht hatten,
    – die Maßnahmen breit angelegt waren (so waren Maßnahmen zur Förderung „Gesunder Schulen" wirksamer als isolierte Einzelmaßnahmen in Klassenzimmern),
    – die Maßnahmen theoriebasiert entwickelt wurden und Bezug auf Risiko- und Schutzfaktoren nahmen,
    – das jeweilige Umfeld der Kinder (Familie, Schule, Kita, Kommune) einbezogen wurde.

2. Im Rahmen eines weiteren Projekts des National Institute for Health and Clinical Excellence[21] wurden zwei Übersichtsarbeiten und 32 Studien, die Maßnahmen zur Prävention von Übergewicht bei Kindern und Erwachsenen durchgeführt und einer Evaluation unterzogen hatten, ausgewertet.[22] Auch hier zeigte sich der Vorteil komplexer Interventionen z. B. zu „Gesunden Schulen".

3. Flynn et al. haben ein sog. Calgary Review vorgelegt, in dem sie nach einer Analyse von 36 Studien Best-Practice-Empfehlungen zur Reduktion von Übergewicht und übergewichtsassoziierten chronischen Erkrankungen abgeleitet haben.[23] Auch sie betonen die Notwendigkeit eines *multimethodalen und -dimensionalen Präventionsansatzes* und insbesondere die Notwendigkeit, Eltern aktiv einzubeziehen und Maßnahmen nachhaltig, d. h. über längere Zeiträume durchzuführen.

---

19 Vgl. Müller, M./Plachta-Danielzik, S.: Prävention der Adipositas, in: Herpertz, S./de Zwaan, M./Zipfel, S. (Hrsg.): Handbuch der Essstörungen und Adipositas, Berlin: Springer 2008, S. 312–316.
20 Vgl. Summerbell/Cameron/Glasziou, Advice on low-fat diets for obesity.
21 Vgl. NICE (National Collaborating Centre for Primary Care): Obesity: the prevention, identification, assessment and management of overweight and obesity in adults and children, London (UK): National Institute for Health and Clinical Excellence 2006.
22 Vgl. URL: http://guidance.nice.org.uk/CG43.
23 Vgl. Flynn, M. A./McNeil, D. A./Maloff, B./Ford, M./Tough, S. C.: Reducing obesity and related chronic disease risk in children and youth: a synthesis of evidence with „best practice" recommendations, in: Obesity Reviews 7 (Suppl. 1), 2006, S. 7–66.

Müller/Plachta-Danielzik schlussfolgern, dass „der Erfolg von Prävention ohne ein systematisches Vorgehen nur begrenzt ist."[24] Effektive Präventionsmaßnahmen hätten nur dann eine Chance, wenn sie auf der Basis einer Analyse aller individuellen, systemischen und settingbezogenen Determinanten entwickelt werden, wenn sie theoriebasiert und zugleich unter Berücksichtigung von Machbarkeitsgesichtspunkten ausgestaltet werden.

Ein weiteres „State of the Art"-Review, in dem die Evidenz aus Interventionsstudien zusammengefasst wurde, hat Suter in der Schweiz vorgelegt.[25] Er bezeichnet Übergewicht und Adipositas als *die* Pandemie des neuen Milleniums, der angesichts des frustranen Verlaufs von Strategien zur Gewichtsreduktion nur mittels einer konsequenten Prävention des Übergewichts beizukommen sei. Suter differenziert bei seiner Sichtung von Interventionsstudien zwischen solchen, die auf Individualebene und/oder bei kleineren Gruppen durchgeführt wurden und solchen, die auf Populationsebene (Community Based Studies) ansetzen.

Für erstere gilt, dass sie zumeist nur kurze Interventionszeiträume untersucht haben und daher über Langzeiteffekte in der Regel keine Aussagen möglich sind. In zwei Interventionsstudien zeigte sich jedoch, dass durch konsequent durchgeführte Lifestyle-Interventionen die Inzidenz einer Diabetes mellitus Typ 2 um 58 % und insgesamt besser gesenkt werden konnte als durch eine medikamentöse Therapie. Voraussetzung war allerdings eine engmaschig durchgeführte und aufwendige Betreuung und Therapie der Patienten, bei der eine hypokalorische fettreduzierte Ernährung, eine verbesserte körperliche Aktivität (mindestens 150 Minuten pro Woche), gesundheitserzieherische Maßnahmen sowie Meditation, Stresskontrolle und Psychohygiene im Mittelpunkt standen. Die Gewichtsreduktion war jedoch nur in seltenen Fällen dauerhaft. Für Interventionen zur Gewichtskontrolle auf Populationsebene zeigen sich – im Hinblick auf das Körpergewicht – ähnliche Resultate wie auf der Individualebene: Initial wurde durchaus eine zumeist moderate Gewichtsreduktion erreicht, doch fehlen Nachweise für eine bleibende Gewichtsreduktion (= Langzeiterfolge). Immerhin konnte im Rahmen des sogenannten Stanford-Five-City-Project[26], das die Förderung der kardiovaskulären Gesundheit zum Ziel hatte, gezeigt werden, dass mittels gemeindebezogener Interventionen zur Kontrolle des Gewichts (über Mailings, Radiowerbung, TV-Hinweise, Inserate, Reklame etc.) zwar keine Gewichtsreduktion, aber im Vergleich zu einer Kontrollgruppe über insgesamt sechs Jahre eine geringere Gewichtszunahme erreicht werden konnte. Dies wurde als Erfolg bewertet, da ja eine geringere Gewichtszunahme populationsbezogen mit einer geringeren Krankheitslast einhergeht.

Zur Erarbeitung einer Strategie gegen die Ausbreitung von Übergewicht und Adipositas in der Schweiz hat auch Schöpper ein Papier vorgelegt, das den Stand

---

24   Müller/Plachta-Danielzik, Prävention der Adipositas, S. 313.
25   Vgl. Suter, P. M. (Suisse Balance) (Hrsg.): State of the Art in Interventionen: 3.2 Normal- und Übergewichtige. Publikation von Suisse Balance – Die Ernährungsbewegung vom Bundesamt für Gesundheit und von Gesundheitsförderung Schweiz, Zürich 2004.
26   Farquhar, J. W./Fortmann, S. P./Maccoby, N./Haskell, W. L./Williams, P. T./Flora, J. A./Taylor, C. B./Brown, B. W./Solomon, D. S./Hulley, S. B.: The Stanford Five-City Project: design and methods, in: American Journal of Epidemiology 122, 1985, S. 323–334; Taylor, C. B./Fortmann, S. P./Flora, J./Kayman, S./Barrett, D. C./Jatulis, D./Farquhar, J. W.: Effect of Long-term Community Health Education on Body Mass Index: The Stanford Five-City Project, in: American Journal of Epidemiology 134, 1991, H. 3, S. 235–249.

der wissenschaftlichen Erkenntnisse zusammenfasst.[27] Im Bereich der Strategien zur Prävention des Übergewichts bei Kindern und Jugendlichen sichtet sie neben einem Cochrane Review von Campbell et al.[28] ein Review der IASO (International Obesitys Task Force)[29] sowie eine vom NHS Centre for Reviews and Dissemination 2002 vorgelegte Metaanalyse von 35 RCT-Studies[30], in denen acht schulbezogene Interventionen, neun familienbezogene, 17 verhaltensbeeinflussende und eine pharmakologische Intervention analysiert wurden.[31] Dabei zeigten sich trotz regelhaft identifizierter massiver (methodischer) Probleme der Studien (zu geringe Stichprobengrößen, zu hohe Drop-out-Raten, nicht auf den europäischen Kontext übertragbare Ergebnisse) immerhin, dass *diverzifizierte* Schulprogramme, die zugleich Bewegungsförderung, eine Veränderung der Ernährungsgewohnheiten und eine Vermeidung sitzender Tätigkeiten in den Mittelpunkt stellten, die relativ größte Wirksamkeit hatten; auch Familienprogramme scheinen eine gewisse Wirksamkeit zu haben.

Analoge Schlussfolgerungen wurden auch im Rahmen einer von Mulvihill/ Quigley vorgelegten Metaanalyse über Reviews zum Management von Übergewicht und Adipositas bei Kindern gezogen.[32] Demnach spricht vieles für den Einsatz multimethodaler (diversifizierter) Interventionen im schulischen Umfeld (insbesondere für Mädchen), die Ernährungsschulung, Bewegungsförderung, die Reduktion sitzender Tätigkeiten, verhaltenstherapeutische Interventionen, Lehrerfortbildung, Lehrmittelbereitstellung sowie eine Optimierung von Schulmahlzeiten in den Blick nehmen. Eine Wirksamkeit von isolierten schulischen Bewegungsförderungsprogrammen oder von Gesundheitsförderungsmaßnahmen für Familien konnte nicht bewiesen werden. Dies mag möglicherweise mit der Tatsache zusammenhängen, dass die Interventionen faktisch zu spät erfolgten und damit ihre Wirksamkeit begrenzt blieb. Überhaupt fällt auf, dass RCT-Studien im Setting Kita bisher noch nicht durchgeführt wurden. Hier ist aus unserer Sicht eine bedeutsame Leerstelle der internationalen Forschung auszumachen, die zu schließen eine besondere Herausforderung wäre.

Erwähnt werden soll noch, dass über die Einschränkung des kindlichen TV-Konsums eine günstige Wirkung erzielt werden konnte.[33] Eines der wichtigen Ziele der sogenannten Planet-Health-Intervention war deshalb, die Zeit vor dem

27 Vgl. Schöpper, D.: Gesundes Körpergewicht: Wie können wir der Übergewichtsepidemie entgegenwirken? Wissenschaftliche Grundlagen zur Erarbeitung einer Strategie für die Schweiz, Bern und Lausanne: Gesundheitsförderung Schweiz 2005.

28 Vgl. Campbell, K./Waters, E./O'Meara, S./Kelly, S./Summerbell, C.: Interventions for preventing obesity in children (Review), The Cochrane Database of Systematic Reviews, 2002, H. 2 (Art. No.: CD001871), S. 1–32.

29 Vgl. Lobstein, T./Baur, L., for the IASO International Obesity Task Force: Obesity in children and young people: a crisis in public health. The International Association for the Study of Obesity, in: Obesity Reviews 5 (Suppl. 1), 2004, S. 4–85.

30 RCT-Studie: randomized controlled trial (dt.: randomisierte, kontrollierte Studie).

31 Vgl. NHS centre for reviews and dissemination, The University of York: The prevention and treatment of childhood obesity, in: Effective Health Care 7, 2002, H. 6, S. 1–12.

32 Vgl. Mulvihill, C./Quigley, R.: The management of obesity and overweight. An analysis of reviews of diet, physical activity and behavioural approaches. Evidence briefing,1st edition, London: Health Development Agency 2003.

33 Vgl. Robinson, T. N: Reducing children's television viewing to prevent obesity: a randomized controlled trial, in: Journal of the American Medical Association 282, 1999, S. 1561–1567.

Fernseher zu reduzieren und durch körperliche Aktivität zu ersetzen. Bei Mädchen korrelierte die Reduktion des Fernsehkonsums unmittelbar mit einer Reduktion der Prävalenz der Adipositas.[34]

Ein metaanalytisch angelegtes Review existierender Programme zur Primärprävention von Übergewicht (Obesity Prevention Programs), die sich an Kinder und Jugendliche richten, haben Stice/Shaw/Marti im „Psychological Bulletin" veröffentlicht.[35] Sie analysieren 46 aus ursprünglich 147 identifizierten Studien, in denen 64 einschlägige Programme untersucht wurden. Die Autoren kommen zu dem Ergebnis, dass derzeit insgesamt nur dünne Belege für die Wirksamkeit präventiver Interventionen vorliegen. Bei nur 21 % der Programme (13 Interventionen) wurden signifikante (zumeist aber leider nur Pre-post-)Effekte erzielt. Die Mehrzahl der Präventionsprogramme (84 %) wurde schulbasiert durchgeführt. Die mittlere Effektstärke war über alle Studien hinweg mit r = .04 sehr gering, aber immerhin größer als Null und variierte zwischen r = −.24 und .50. Die durchschnittliche Effektstärke der Programme, die signifikante Effekte erzielt haben, lag bei r = .22, was einem mittleren Effekt entspricht, der durchaus klinisch relevant ist. Positive Effekte wurden mit Programmen erzielt, die relativ intensiv waren (durchschnittlich 40 Stunden Interventionszeit); wider Erwarten hatten nicht wirksame Programme im Durchschnitt sogar eine größere Intensität (durchschnittlich 46 Stunden Interventionszeit). Auch bezüglich der Dauer (in Wochen) zeigten sich überraschende Ergebnisse, weil Interventionen mit kürzerer Interventionsdauer aufgrund niedriger Drop-out-Raten durchschnittlich größere Effekte als solche mit längerer Interventionsdauer erbrachten: Unter Kosten-Nutzen-Gesichtspunkten schnitten mithin kürzere Interventionen besser ab. Erstaunlich war auch, dass nur zwei von 13 Programmen, die signifikante Gewichtsreduktionseffekte erzielt haben, wirklich als Übergewichtspräventionsprogramme entwickelt worden waren; die meisten hatten generelle Gesundheitserziehung, Herz-Kreislauf-Prävention, Bewegungsförderung oder die Prävention von Essstörungen zum Ziel. Dies indiziert, dass offenbar „verschiedene Wege nach Rom führen" und dass Adipositas-Prävention in Programme zur allgemeinen Gesundheitsförderung integriert werden kann. Bedauerlich war, dass nur 5 % der wirksamen Programme Präventionseffekte erzielt haben, die über einen längeren Zeitraum erhalten blieben. Dies hängt auch damit zusammen, dass nur sehr wenige Programmevaluationen hinreichend lange Follow-up-Zeiträume untersucht haben. Deshalb sollten zukünftige Programmevaluationen über einen längeren Zeitraum (mehr als drei Jahre nach Programmende) Follow-up-Daten erheben. Schließlich beklagen Stice/Shaw/Marti den Mangel an Replikationsstudien (Wiederholungsstudien mit anderen Populationen/Stichproben).[36]

Auch in der gerade dargestellten Metaanalyse fällt auf, dass es an Interventionen im Setting Kita mangelt, die zu einem Zeitpunkt Wirkung entfalten konnten, zu dem die Mehrzahl der Kinder noch keine Adipositas ausgebildet hatte und Ernährungsgewohnheiten erst ausgebildet werden. Auf den ersten Blick erscheint es

---

34 Vgl. Gortmaker, S. L/Peterson, K. E./Wiecha, J. et al.: Reducing obesity via a scholl-based interdisciplinary intervention among youth: Planet Health, in: Archives Pediatrics & Adolescent Medicine 150, 1999, S. 409–418.

35 Vgl. Stice, E./Shaw, H./Marti, C.: A meta-analytic review of obesity prevention programs for children and adolescents: The skinny on interventions that work, in: Psychological Bulletin 132, 2006, H. 5, S. 667–691.

36 Ebd.

wenig nachvollziehbar, warum die Chancen früher Prävention bisher so wenig genutzt werden.

In Bezug auf kontrollierte, evaluierte Studien zu Übergewicht und Adipositas bei Kindern und Jugendlichen in Europa hat die WHO den Stand des Wissens zusammengetragen, der in der nachfolgenden Tabelle dargestellt ist.[37]

Tabelle 3
Ausgewählte Beispiele kontrollierter, evaluierter Studien nach WHO Europe 2007

Land und Interventionsart	Ergebnisse
– Österreich PRESTO: multimodale Intervention im Setting Schule, Pilot-Studie, Alter der Kinder 10–12 Jahre[38]	Verbesserung des Ernährungswissens, insbesondere bei Schülern mit guten bis sehr guten schulischen Leistungen; keine Veränderungen im BMI
– Kreta, Griechenland schulbasierte Gesundheitserziehung, prospektive Studie, Alter 6–12 Jahre[39]	Senkung der BMI-Raten im Vergleich zur Interventions- und Kontrollgruppe; Ergebnisse waren nicht zeitstabil
– Dänemark 2-jährige Intervention, Familienberatung, Einkaufstipps, Hilfe bei Planung der Mahlzeiten[40]	Reduktion des Körpergewichts
– Deutschland KOPS: 8-jährige schulbasierte Intervention, Alter 5–7 Jahre bei Beginn[41]	Verbesserung des Ernährungswissens und der körperlichen Aktivität, Reduktion des TV-Konsums und der Adipositas-Indizes (Hautfaltendichte, prozentuale Fettmasse) im Vergleich zur Kontrollgruppe

37 WHO Europe: The challenge of obesity in the WHO European Region and the strategies for response. Summary, hrsg. v. Branca, F./Nikogosian, H./Lobstein, T., Copenhagen (Denmark) 2007.
38 Vgl. Dämon, S./Dietrich, S./Widhalm, K.: PRESTO: Prevention Study of Obesity – a project to prevent obesity during childhood and adolescence, in: Acta Paediatrica 94, 2005, S. 47–48.
39 Vgl. Mamalakis, G./Kafatos, A./Manios, Y./Anagnostopoulou, T./Apostolaki, I.: Obesity indices in a cohort of primary school children in Crete: a six year prospective study, in: International Journal of Obesity and Relates Metabolic Disorders 24, 2000, S. 765–771.
40 Vgl. Nielsen, J./Gerlow, J.: Evaluering af projekt for familier med overvoegtige born (Evaluation of a project for families with overweight children), hrsg. v. Udviklings- og Formidlingscenter for Born og Unge, Copenhagen 2004.
41 Vgl. Czerwinski-Mast, M./Danielzik, S./Asbeck, I./Langnäse, K./Spethmann, C./Müller, M. J.: Kieler Adipositaspräventionsstudie (KOPS), in: Bundesgesundheitsblatt – Gesundheitsforschung – Gesundheitsschutz 46, 2003, S. 727–731.

Land und Interventionsart	Ergebnisse
– *Deutschland* StEP TWO: schulbasierte Intervention bei Kindern, Alter 7–9 Jahre[42]	Reduktion der Anstiegsraten im BMI und der systolischen Blutdrücke
– *Israel* kombinierte, strukturierte multimodale Intervention mit Kindern und Jugend-lichen[43]	Reduktion des Körpergewichts und des BMI; Verbesserung der Fitness, insbesondere, wenn die Eltern selbst nicht überge-wichtig waren
– *England* „Be Smart": schulbasierte und Familien-intervention, Alter 5–7 Jahre[44]	Verbesserung des Ernährungswissens und vermehrte Nahrungsaufnahme von frischem Obst und Gemüse; keine signifikanten Verbesserungen in den Übergewichtsraten
– *England* „MAGIC": 12-Wochen-Programm (Pilotstudie) zur Verbesserung der körperlichen Aktivität bei Vorschulkindern, Alter 3–4 Jahre[45]	Steigerung der körperlichen Aktivität um bis zu 40 %; keine Veränderungen in den Adipositasraten
– *England* „APPLES": schulbasierte Intervention mit Kindern, Alter 7–11 Jahre[46]	Verbesserungen in den Ernährungsprofi-len; keine Veränderungen im Bewegungs-verhalten oder BMI

Fragt man nach Gründen, warum die Effekte primärer Prävention so bescheiden ausfallen, so zeigt sich, dass die meisten Maßnahmen *individuen- oder gruppenbezogene Verhaltensinterventionen* darstellen, von denen aus der Präventionsforschung bekannt ist, dass diese im Vergleich zu *verhältnispräventiven* Maßnahmen in der Regel geringer ausfallen. Entsprechend ist es nur konsequent, dass in jüngerer Zeit immer stärker Public-Health-bezogene Antworten auf den Anstieg von Übergewicht und Adipositas gesucht werden. Müller/Kurth folgern aus einer Ana-

42 Vgl. Graf, C./Rost, S./Koch, B./Heinen, S./Falkowski, G./Dordel, S.: Data from the StEP TWO programme showing the effect on blood pressure and different parameters for obesity in overweight and obese primary school children, in: Cardiology in the Young 15, 2005, S. 291–298.

43 Vgl. Eliakim, A./Kaven, G./Berger, I./Friedland, O./Wolach, B./Nemet, D.: The effect of a combined intervention on body mass index and fitness in obese children and adolescents – a clinical experience, in: European Journal of Pediatrics 161, 2002, S. 449–454.

44 Vgl. Warren, J. M./Henry, C. J./Lightowler, H. J./Bradshaw, S. M./Perwaiz, S.: Evaluation of a pilot school programme aimed at the prevention of obesity in children, in: Health Promotion International 18, 2003, S. 287–296.

45 Vgl. Reilly, J. J./McDowell, Z. C.: Physical activity interventions in the prevention and treatment of paediatric obesity: systematic review and critical appraisal, in: Proceedings of the Nutrition Society 62, 2003, S. 611–619.

46 Vgl. Sahota, P./Rudolf, M. C./Dixey, R./Hill, A. J./Barth, J. H./Cade, J.: Evaluation of implementation and effect of primary school based intervention to reduce risk factors for obesity, in: British Medical Journal 323, 2001, S. 1029–1032.

lyse der epidemiologischen Datenlage, dass die vom individuellen Verhalten abhängigen Ursachen des Übergewichts (Ernährung, Aktivität, Inaktivität bzw. Energiebilanz) aufgrund des geringen Varianzanteils, den sie etwa im Vergleich zum sozioökonomischen Status haben, offensichtlich nicht ausreichen, um die Adipositasepidemie zu erklären.[47] Ein vergleichsweise besseres Verständnis sollte über eine individualmedizinische Perspektive hinausgehen und eine Public-Health-Perspektive entwickeln, bei denen kumulativ wirksame Risikokonstellationen in den Blick genommen werden, die aus dem Zusammenwirken von Faktoren wie sozioökonomischer Status, Geschlecht und Umweltfaktoren entstehen. Müller/Kurth folgen der Einschätzung von Ford/Tough, die aufgrund ihres Cochrane Reviews 2006 nach den Best-Practice-Faktoren für die Prävention von Übergewicht und Adipositas bei Kindern und Jugendlichen gesucht haben und zu der Überzeugung kamen, dass „kommunale Prävention" vermutlich wirksamer sei als ‚isolierte' verhaltensbezogene Interventionen.[48] Müller/Kurth nennen als Beispiel einer wirksamen Strategie die Kieler Adipositas-Studie (s. u.) und empfehlen, aufgrund der Abhängigkeit des Übergewichtsproblems von der sozialen Schicht verstärkt selektive Strategien anzuwenden, vor allem aber eine veränderte Rolle der sog. Keyplayer:

– Mediziner, Gesundheitsexperten und Wissenschaftler,
– Politiker, Akteure der zuständigen Ministerien (Gesundheit, Ernährung/Verbraucherschutz, Bildung, Familie, Wirtschaft, Inneres und Umwelt),
– Industrie (z. B. Lebensmittelindustrie, Autoindustrie),
– sowie Medien und Meinungsbildner.[49]

Mediziner, Gesundheitsexperten und Wissenschaftler haben zwar einen Versorgungsauftrag, kommen diesem nach Auffassung von Müller/Kurth derzeit jedoch nur sehr rudimentär nach. In Studien aus Allgemeinmedizinischen Praxen konnte z. B. der Nachweis darüber erbracht werden, dass nur 30 % der Fälle von Übergewicht/Adipositas überhaupt dokumentiert werden. Besteht gleichzeitig eine Diabetes mellitus Typ 2, erhöht sich die Rate gerade einmal auf 50 % – trotz der in den letzten Jahren verbesserten ernährungsmedizinischen Ausbildung der Ärzte.[50] Es scheint an Einsicht hinsichtlich der Public-Health-Relevanz von Übergewicht und Adipositas zu mangeln, woran auch die internationale Public-Health-Forschung selbst nicht unschuldig sein könnte. In einem Editorial-Beitrag der international führenden Zeitschrift „The Lancet" wurde dieser Forschungsrichtung angesichts der wachsenden Gesundheitsprobleme, die Übergewicht und Adipositas bedingen, „katastrophales Versagen" vorgeworfen.[51]

---

47 Vgl. Müller, K. J./Kurth, B.-M.: Prävention von Übergewicht bei Kindern und Jugendlichen. Welche Antworten haben Medizin und Public Health?, in: Prävention und Gesundheitsförderung 4, 2007, S. 240–248.
48 Vgl. Ford, M./Tough, S. C.: Reducing obesity and related chronic disease risk in children and youth: a synthesis of evidence with ‚best practice' recommendations, in: Obesity Records 7, 2006, S. 7–66.
49 Vgl. Müller/Kurth, Prävention von Übergewicht.
50 Vgl. Bramlage, P./Wittchen, H. U./Pittrow, D. et al.: Recognition and management of overweight and obesity in primary care in Germany, in: International Journal of Obesity 24, 2004, S. 1299–1308.
51 Vgl. Ebbeling, C. B./Pawlak, D. B./Ludwig, D. S.: Childhood obesity: public health crisis, common sense cure, in: Lancet 360, 2002, S. 473–482.

Nicht besser sei die Situation bei Politiker/-innen und Akteuren der zuständigen Ministerien, die erst in jüngster Zeit den Problemen Übergewicht und Adipositas mit verschiedenen Programmaktivitäten begegnen und dabei immer Gefahr laufen, diese gesundheitlich relevanten Probleme in Abwägung mit anderen anstehenden Aufgaben und Problemen – z.B. arbeitsmarktpolitischen und ökonomischen Problemen – nach- bzw. unterzuordnen. Besonders kritisch bewerten Müller/Kurth das vorläufige Scheitern des Präventionsgesetzes.[52]

Im Hinblick auf die Industrie stellen die Autoren fest, dass die Durchsetzung der eigentlich zentralen Botschaft „weniger essen" gar nicht den Interessen der Lebensmittelindustrie entspräche und wohl deshalb – trotz z.T. verantwortungsbewusster Positionen und Initiativen – bisher kein aussichtsreiches Konzept zur Lösung des Adipositasproblems bei Kindern und Jugendlichen vorgelegt wurde; weitere Player, wie die Medien- oder Autoindustrie, hätten noch gar kein Problembewusstsein erkennen lassen und auch die Versicherungsträger werden von Müller/Kurth kritisiert: Diese würden sich immer noch zu sehr mit der Diversifikation von verhaltenspräventiven Programmen beschäftigen, statt ihre Kompetenz im Bereich der Prävention deutlich auszubauen. Insgesamt schlussfolgern die Autoren, dass wir uns in der Vergangenheit – sofern Übergewichtsprobleme überhaupt wahrgenommen wurden [D.K.] – „sehr viel um den übergewichtigen Patienten und sein Verhalten, aber viel zu wenig um die Verhältnisse, unter denen er und wir alle leben, gekümmert" haben.[53] Verstärkte Public Health-Maßnahmen fordern in gleicher Weise auch Müller et al. sowie Müller/Plachta-Danielzik.[54]

Angesichts der ausgezeichneten Erfolge der Präventionsanstrengungen gegen die Ausbreitung von HIV etwa in der Schweiz und in der Bundesrepublik sowie der Präventionserfolge beim Rauchen fragt Schutz zurecht, ob die dort gewonnenen Public-Health-Erkenntnisse nicht auf das Gebiet der Prävention von Übergewicht/Adipositas übertragbar wären.[55]

Dies würde bedeuten
(1) ein bevölkerungsweit akzeptiertes Verständnis über die Notwendigkeit von Präventionsmaßnahmen zu erzielen,
(2) eine hervorragende, wirkungsvolle und professionell organisierte Kommunikation an die Bevölkerung in Gang zu setzen,
(3) ähnliche Budgets wie in der Frühphase der HIV-Epidemie für die Prävention von Übergewicht und Adipositas bei Kindern und Jugendlichen bereitzustellen,
(4) volle Unterstützung durch die Politik zu garantieren,
(5) eine aktive Einbeziehung (Partizipation) und Unterstützung aller von Übergewicht Betroffenen zu ermöglichen,

---

52 Vgl. Dokumentation unter URL: http://www.gesundheitberlin.de/index.php4?request=themen&topic_id=350.
53 Vgl. Müller/Kurth, Prävention von Übergewicht, S. 246.
54 Vgl. Müller, M./Danielzik, S./Spethmann, C./Dilba, B./Czerwinski-Mast, M.: Prävention von Übergewicht bei Kindern und Jugendlichen, in: Wabitsch, M./ Hebebrand, J./Kiess, J./ Zwiauer, K. (Hrsg.): Adipositas bei Kindern und Jugendlichen. Grundlagen und Klinik. Berlin: Springer 2005, S. 375–387; Müller/Plachta-Danielzik, Prävention der Adipositas.
55 Vgl. Schutz, Y. (Suisse Balance) (Hrsg.): Fettleibigkeit bei Kindern und Jugendlichen: ein Überblick. Publikation von Suisse Balance – Die Ernährungsbewegung vom Bundesamt für Gesundheit und von Gesundheitsförderung Schweiz, Bern/Lausanne 2004.

(6) die Solidarität mit Betroffenen zu fördern und
(7) keine Toleranz gegenüber der Stigmatisierung von Betroffenen durchzusetzen,
(8) einen landesweiten Konsens über eine Präventionsstrategie zu erreichen,
(9) gezielte Aus- und Fortbildung aller betroffenen Fachkräfte und
(10) eine umfassende Forschungsförderung (kein aussichtsreiches Projekt sollte an unzureichender Förderung scheitern) zu ermöglichen.

Best Practice: Primärpräventive Studien

Fragt man vor dem Hintergrund der bisherigen Ausführungen nach Best-Practice-Ansätzen, so ist vor allem festzuhalten, dass es derzeit noch an einem kongruenten Ansatz zur Primärprävention von Übergewicht und Adipositas mangelt, der die wesentlichen Public-Health-Kriterien erfüllt. Vor allem mangelt es auch an Maßnahmen, die Kriterien wissenschaftlicher Praxis insofern erfüllen, als aus ihnen Evidenz für zukünftige Praxis ermittelt werden könnte. Trotz zahlreich vorliegender Studien sind die Ergebnisse widersprüchlich und der Erkenntnisgewinn meist gering, da auch bei den international besten Studien meist nur Pre-Post-Messungen und ganz selten hinreichend lange Follow-up-Messungen vorgenommen wurden. Solche Messungen wären aber die Voraussetzung dafür, etwaige Langzeiterfolge von Maßnahmen wirklich abschätzen zu können. Entsprechend muss auch für die Bundesrepublik konstatiert werden, dass wir es bis dato mit einem Flickenteppich von – erfreulicherweise zunehmend Public-Health-Kriterien berücksichtigenden – Projektaktivitäten zu tun haben, von denen aber nur ein kleiner Teil den Ansprüchen an wissenschaftliche Evidenzbildung genügt. Nichtsdestotrotz soll gewürdigt werden, dass es bereits zahlreiche Programme zur Primärprävention verschiedener Probleme bei Kindern und Jugendlichen gibt – auch wenn diese oftmals reine Praxisansätze sind, die weder theoriebasiert entwickelt wurden noch wirklich evaluiert werden. Der Sachverständigenrat zur Begutachtung der Fortentwicklung im Gesundheitswesen hat sich in seinem jüngsten Gutachten 2009 mit Fragen der „Koordination und Integration – Gesundheitsversorgung in einer Gesellschaft des längeren Lebens" befasst und dabei speziellen „Versorgungsanforderungen bei Kindern und Jugendlichen" und „speziellen Versorgungsanforderungen im Übergang vom Jugend- ins Erwachsenenalter (transitional care)" besondere Bedeutung geschenkt. Das Gutachten fragt in diesen Kapiteln nach fördernden und hemmenden Bedingungen der Gesundheit von Kindern und Jugendlichen und entwirft – wie übrigens auch der neueste, 13. Kinder- und Jugendbericht[56] – eine Perspektive der Gesundheitsförderung und Prävention zur Bewältigung der aktuellen Gesundheitsprobleme von Kindern und Jugendlichen. Im Kontext der Erstellung des Gutachtens wurde unter anderem eine Befragung durchgeführt, die Aufschluss über die derzeit verfügbaren Programme zur Primärprävention bei Kindern und Jugendlichen geben sollte. Angeschrieben wurden dazu das Bundesministerium für Gesundheit (BMG), das Bundesministerium für Ernährung, Landwirtschaft und Verbraucherschutz (BMELV), das Bundesministerium für Familie, Senioren, Frauen und Jugend (BMFSJ), das Bundesministerium für

---

56 Vgl. Bundesministerium für Familie, Senioren, Frauen und Jugend (Hrsg.): 13. Kinder-und Jugendbericht, 2. Aufl., Berlin 2009.

Bildung und Forschung (BMBF) und die Bundeszentrale für gesundheitliche Aufklärung (BZgA), sowie die Sozial-, Kultus- und Landwirtschaftsministerien aller
Länder, die sechs Spitzenverbände der gesetzlichen Krankenkassen, der Verband
der privaten Krankenversicherung, die Landesvereinigungen für Gesundheit, die
Bundesvereinigung Prävention und acht Praxisbüros „Gesunde Schule". An dieser
Befragung, die insgesamt 69 präventionspolitisch relevante Akteure einbezog, beteiligten sich 36 Akteure (52 %). Identifiziert wurden insgesamt 419 Programme,
die überwiegend zeitlich befristet sind und nur zum Teil wissenschaftlich begleite-
te Aktivitäten im Bereich der Gesundheitsförderung und Prävention bei Kindern
und Jugendlichen realisieren: davon 72 Programme bei den Bundesministerien,
157 bei den Landesministerien, 114 bei den gesetzlichen Krankenkassen, eins beim
Verband der privaten Krankenversicherung und 75 bei den Landesvereinigungen
für Gesundheit. Oftmals handelt es sich um kleinere Programme, die entweder
intern oder gar nicht evaluiert werden. Meist verfehlen sie die von der BZgA veröffentlichten „Qualitätskriterien für Programme zur Prävention und Therapie
(von Übergewicht und Adipositas) bei Kindern und Jugendlichen", die nachfolgend in von uns leicht abgewandelter Form dokumentiert werden.

Tabelle 4
Qualitätskriterien für primärpräventive adipositasbezogene Maßnahmen (modifiziert nach Goldapp/Mann/Shaw)[57]

Konzeptqualität	
Berücksichtigung zentraler inhaltlicher Bausteine	D. h. Ausrichtung an expliziten wissenschaftlich fundierten Inhalten; Beeinflussung von Ess- und Bewegungsverhalten sowie Reduktion von Inaktivität mit Hilfe verhältnis- und verhaltenspräventiver Mittel (Setting- und Individuuman-teile); Sicherung dauerhafter Implementation durch strukturelle Einbettung
Ausschluss definierter Maßnahmen	Z. B. zur Stigmatisierung Übergewichtiger führende Maßnahmen; Ausschluss von Produktwerbung
Zielgruppenspezifische Konzeption	Universale Zielgruppe, dennoch Berücksichtigung von Risikogruppen (Soziallagenbezug, Migrantinnen und Migranten) positiv; vorangehende Problemanalyse und flexible Anwendbarkeit sowie Anpassung nach Zielgruppe (Alter, Gender) positiv

57 Vgl. Goldapp, C./Mann, R./Shaw, R.: Qualitätsraster für Präventionsmaßnahmen für
übergewichtige und adipöse Kinder und Jugendliche, in: Bundeszentrale für gesundheitliche Aufklärung (BZgA) (Hrsg.): Qualitätskriterien für Programme zur Prävention
und Therapie von Übergewicht und Adipositas, Köln: BZgA 2005.

Prozessqualität	
Einbezug der Eltern	
Konkrete Zielkriterien	Inzidenzsenkung; verbessertes Ernährungs- und Bewegungsverhalten; Berücksichtigung unerwünschter Nebenwirkungen (Diäten etc.) wünschenswert
Qualitätsgesicherter Programmablauf	D. h. Curriculum liegt vor; flexible Anwendbarkeit je nach Erfordernissen der Gruppe; Intervention über längeren Zeitraum

Strukturqualität	
Anbieterqualifikation	Fachkräfte oder Fortbildung von Multiplikator/-innen
Interdisziplinäre Ausrichtung	Da Anwendung durch verschiedenste Berufsgruppen denkbar, interdisziplinäre Ausrichtung und Anwendbarkeit besonders wichtig
Angemessene Räume und Ausstattung	
Manuale/Materialien	Besonders hohe Anforderungen an Materialien bei Durchführung durch Multiplikator/-innen

Ergebnisqualität	
Dokumentation relevanter Daten	Zielvariablen: BMI (zumindest stichprobenweise objektiv), Einstellungen, Lebensstil vorher und nachher und langfristig
Evaluation	Durchführung von Prozessevaluation und Ergebnisevaluation hinsichtlich der Zielkriterien; Kontrolle, ob diese von Subgruppen (Schicht, Geschlecht, Alter, Migration, Übergewichtsrisiko) vergleichbar erreicht werden

Besonders herausgehoben werden sollen an dieser Stelle die Projektvorhaben und -strukturen, die durch „IN FORM – Deutschlands Initiative für gesunde Ernährung und mehr Bewegung" im Rahmen des Nationalen Aktionsplans zur Prävention von Fehlernährung, Bewegungsmangel, Übergewicht und damit zusammenhängenden Krankheiten mit insgesamt 30 Mio. Euro seit 2008 bis (vermutlich) 2020 je zur Hälfte vom BMG und BMELV gefördert werden.[58] Im Rahmen von IN FORM wurden vom BMELV gemeinsam mit den Ländern „Vernetzungsstellen für die Schulverpflegung" eingerichtet, die zwischenzeitlich bundesweit Schulen, in einigen Ländern auch Kitas, bei der Entwicklung und Qualitätsverbesserung eines ausgewogenen Verpflegungsangebotes unterstützen und dabei die Standards der Deutschen Gesellschaft für Ernährung umsetzen. Zusätzlich werden in den Län-

---

58 Vgl. die Website www.inform.de sowie der Beitrag von Graffmann-Weschke in diesem Band.

dern verschiedene Einzelprojekte gefördert, die die Ziele und Programmatik des Nationalen Aktionsplanes umsetzen wollen. In Berlin und Brandenburg werden unter dem Dach von IN FORM verschiedene Programmaktivitäten realisiert.[59] Beide Länder haben Vernetzungsstellen für Schulverpflegung eingerichtet.[60] Zudem realisieren beide Länder mit Unterstützung des BMELV unter Leitung der Deutschen Gesellschaft für Ernährung e.V. das Projekt „FIT KID", das sich für eine bessere Verpflegung in Kindertagesstätten einsetzt. FIT KID steht allen Mitarbeiter/-innen in Kindertagesstätten, Eltern und allen Interessierten zur Verfügung, die mit dem Thema Kinderernährung zu tun haben und unterstützt sie dabei, ein ernährungsphysiologisch ausgewogenes Angebot in allen Lebenswelten von Kindern zu etablieren.

Zudem fördert das BMELV 24 aus einem Wettbewerb hervorgegangene Modellprojekte aus ganz Deutschland, die sogenannte KINDERLEICHT-REGIONEN schaffen wollen. Folgende Fragen stehen dabei im Zentrum: Was macht ein Projekt erfolgreich? Mit welchen Methoden, über welche Zugangswege und mit welchen Partnern lässt sich Übergewicht bei Kindern frühzeitig und dauerhaft verhindern? Nach erfolgreichem Abschluss einer ersten Förderphase von 2005 bis 2009 zeigte sich bei 16 der ursprünglich 24 KINDERLEICHT-REGIONEN der Bedarf nach einer weiteren Förderung, die in deutlich geringerem Umfang nun bis Ende 2011 ermöglicht wurde. Seit 2006 erproben die ausgewählten, regionalen Netzwerke verschiedene Praxisansätze, mittels derer das Ernährungs- und Bewegungsverhalten und die Lebenswelt von Kindern gesundheitsförderlich verändert werden sollen. Ziel der KINDERLEICHT-REGIONEN ist es, „Anreize zu schaffen, um neue lokale, regionale und sozialraumbezogene Initiativen zu entwickeln und bestehende Strukturen zu vernetzen, die sich für gesunde Ernährung und reichliche Bewegung einsetzen. Die unterschiedlichen Maßnahmen richten sich an Kinder ab der Geburt bis zum Ende der Grundschulzeit. Damit sollen nachhaltige Strukturen geschaffen werden, die auch nach Beendigung der Förderung bestehen bleiben. Kindertageseinrichtungen, Schule, Vereine und Familie sollen dabei als Team zusammenarbeiten. Die Eltern und Familien werden in das Konzept eingebunden, denn auch sie müssen die Bedeutung von ausgewogener Ernährung und körperlicher Aktivität erkennen und bereit sein, einen Eigenbeitrag für die Gesundheit ihrer Kinder zu leisten."[61] In Berlin wird beispielsweise von ZAAG, dem Zentrum für angewandte Gesundheitsförderung und Gesundheitswissenschaften, das Projekt „Gesund sind wir stark! – Sa˘gllklldahagüçlüyüz!" realisiert, mit dem Eltern und werdende Eltern mit Migrationshintergrund für eine gesunde Ernährung und mehr Bewegung sensibilisiert und zu Gesundheitsmentor/-innen über spezielle Kurse ausgebildet werden sollen. Alle 24 Modellprojekte werden über den gesamten Förderzeitraum hinweg vom Max Rubner-Institut und einem dort angesiedelten interdisziplinären Team wissenschaftlich begleitet und evaluiert. Auf der Basis von vorab durch die Modellprojekte formulierter Ziele werden in der Begleitforschung

---

59 Vgl. http://www.in-form.de/DE/Home/ProjektDatenbank/InFormProjektKarte/Berlin/Berlin__hidden__node.html. sowie http://www.in-form.de/DE/Home/ProjektDatenbank/InFormProjektKarte/Brandenburg/Brandenburg__hidden__node.html.

60 Vgl. www.vernetzungsstelle-berlin.de/ sowie URL: http://bildungsserver.berlin-brandenburg.de/schulverpflegung_brandenburg.html.

61 Vgl. http://www.in-form.de/cln_090/nn_1765402/DE/Home/ProjektDatenbank/InForm ProjektListe/KINDERLEICHT-REGIONEN.html.

Elemente untersucht, die der Prozessevaluation zuzurechnen sind. Zugleich soll versucht werden, in einer sogenannten Effektevaluation der Frage nachzugehen, ob die erhofften Veränderungen bei den Zielgruppen und in der Lebenswelt der Kinder durch die Maßnahmen tatsächlich eingetreten sind. Da keine Kontrollregionen ausgewählt wurden, dürfte die Beantwortung dieser Frage aber nicht wirklich möglich sein. Zur Qualitätssicherung der Evaluation soll zudem ein Wissenschaftsnetzwerk gebildet werden, das themenbezogene Expertenrunden mit Wissenschaftler/-innen aus entsprechenden Fachdisziplinen veranstaltet und das Evaluationsteam in speziellen Fragen berät.

Darüber hinaus werden durch IN FORM noch zahlreiche weitere Projekte gefördert, mit denen z.B. unter der Überschrift „Bio kann jeder" der Anteil von Bioprodukten in der Außer-Haus-Verpflegung von Kindern und Jugendlichen angehoben werden soll, oder die darauf zielen, bei alten Menschen eine vollwertige Ernährung und altersgemäße Bewegung zu fördern. „Fit im Alter" will das Ernährungswissen und die Verpflegung älterer Menschen verbessern.

Einen unter Aspekten des Erkenntnisgewinns besonderen Stellenwert dürften in Deutschland zwei Studien haben: die sogenannte Kieler Adipositas-Studie und die in Bremen koordinierte Acht-Länder-Studie IDEFICS, die nachfolgend dargestellt werden sollen.

Kieler Adipositas Präventionsstudie

Die Kieler Adipositas Präventionsstudie (KOPS, Kiel Obesity Prevention Study) hat zum Ziel, zentrale Determinanten der frühmanifesten Adipositas zu untersuchen und die langfristigen Auswirkungen einer hauptsächlich schulbasierten Präventionsmaßnahme zu analysieren. Im Rahmen von KOPS konnten 45 % aller Kieler Einschulungspflichtigen (repräsentativ) bei den jährlichen schulärztlichen Eingangsuntersuchungen erfasst werden, deren Eltern durch Rundschreiben, Lokalpresse und persönliches Gespräch informiert wurden. So wurden zwischen 1996 und 2001 bei 4.997 fünf- bis siebenjährigen Kindern Daten zur Ernährung, zum Ernährungszustand, zur körperlichen Aktivität sowie soziale und anamnestische Parameter erhoben. In dieser ersten Querschnittsuntersuchung zeigte sich eine Übergewichtsprävalenz von 12,4 %.[62] Dies bestätigt die Konzeption der Studieninterventionen als primäre *und* sekundäre Prävention, da somit neben normalgewichtigen Kindern auch bereits übergewichtige Kinder als Zielgruppe angesprochen werden.

Als universale Prävention wurde jedes Jahr an drei Modellgrundschulen eine Intervention für Eltern, Kinder und Lehrer/-innen durchgeführt. Die Kinder erhielten im zweiten Schulhalbjahr eine sechs- bis achtstündige Einheit „Ernährung und Gesundheit" und wurden zu „Bewegten Pausen" mit Bewegungsspielen animiert. Diese erfolgten in den großen Schulpausen täglich in den Wochen des Ernährungsunterrichts. Der Einbezug der Eltern erfolgte mit Hilfe eines Infoabends „Kinderlebensmittel – sinnvoll oder überflüssig?", während die Lehrer/-innen eine Fortbildung „Ernährung – Gesundes Leben" erhielten.[63] Die wesentlichen Inhalte der Maßnahme lassen sich auf folgende vier Kernbotschaften reduzieren: „1. Esst

---

62 Vgl. Czerwinski-Mast et al., Kieler Adipositaspräventionsstudie.
63 Ebd.

jeden Tag Obst und Gemüse; 2. Vermindert die Fettaufnahme; 3. Bewegt euch regelmäßig (mehr als 1 Std. pro Tag) und 4. Vermindert die Inaktivität (weniger als 1 Std. Medienkonsum pro Tag)."[64]

Als selektive Präventionsmaßnahme richtet sich eine verhaltensorientierte Intervention an Familien mit übergewichtigen Kindern und mindestens einem übergewichtigen Elternteil (BMI > 30). Die Familienintervention beinhaltet drei bis fünf Beratungsgespräche im Haus der Familie zu Ernährung, Bewegung und Essverhalten sowie das Angebot von Kochkursen mit praktischen Übungen zur fettarmen Zubereitung von Nahrung für Eltern von übergewichtigen Kindern. Darüber hinaus wird übergewichtigen und adipösen Kindern ein sechsmonatiges Sportprogramm angeboten.[65]

Hinsichtlich der Ergebnisse der Intervention wurden die KOPS-Kohorten von 1996, 1997 und 1998 nach vier (!) Jahren nachuntersucht. 138 teilnehmende Kinder wurden mit nichtteilnehmenden Kindern gematcht (nach Geschlecht, Hautfaltendicke, BMI, sozioökonomischem Status, Ernährungszustand der Mutter). Hierbei zeigte sich, dass die Interventionskinder eine geringere Zunahme der Fettmasse aufwiesen und auch eine Inzidenzsenkung erreicht werden konnte: Sie lag in der Interventionsgruppe bei 29 % (Kontrollgruppe 39 %). An der Familienintervention nahmen 28 Familien von 90 infrage kommenden Kindern teil. Einjahresnachuntersuchungen bei 26 Familien erbrachten folgende Ergebnisse: geringere Körperfettmasse der Kinder, abnehmendes Übergewicht, eine bessere Ernährung und etwas weniger TV-Konsum. Die an der Sportintervention teilnehmenden Kinder zeigten eine deutliche Abnahme der Fettmasse und Zunahme der fettfreien Masse, es handelte sich dabei jedoch nur um 17 Kinder.[66]

Da die erfassten Kinder im vierten sowie im achten Schuljahr nachuntersucht werden sollen, kann die Kieler Adipositas Präventionsstudie noch keine abschließenden Ergebnisse präsentieren. Dennoch zeigen die ersten Ergebnisse, dass Prävention von Adipositas möglich ist, wobei aber auch ihre Grenzen deutlich wurden: So zeigten sich nur eingeschränkte Erfolge bei *Jungen* und bei Kindern aus *niedrigeren sozialen Schichten*.[67] In diesem Zusammenhang weisen die Autor/-innen auf die Bedeutung gesellschaftlicher und umgebungsbedingter Risikofaktoren hin, denen durch Maßnahmen, die an der *individuellen* Verantwortung ansetzen, nicht beigekommen werden kann.

Dies deutet bereits die Schwäche an, die dieses Programm hinsichtlich des oben angeführten Kriterienkataloges aufweist: den mangelnden Einbezug verhältnispräventiver Maßnahmen. Inwiefern eine über die Studie hinausgehende dauerhafte Implementation sichergestellt wird, kann an dieser Stelle nicht beurteilt werden, jedoch sind die Erfordernisse zur Konzeptqualität ansonsten erfüllt. Besondere Stärken liegen durch das Studiendesign sicher in der Dokumentation der Zielkriterien und der umfangreichen Dokumentation, auch wenn fraglich ist, inwieweit solche Standards in einem nicht primär wissenschaftlich orientierten Rahmen gehalten werden könnten.

---

64 Vgl. Müller/Danielzik et al., Prävention von Übergewicht.
65 Ebd.
66 Vgl. Czerwinski-Mast et al., Kieler Adipositaspräventionsstudie.
67 Vgl. Danielzik, S./Pust, S./Landsberg, B./Müller, M.: First lessons from the Kiel Obesity Prevention Study (KOPS), in: International Journal of Obesity (Suppl. 2) 29, 2005, S. 78–83.

IDEFICS-Studie

Einen besonderen Stellenwert für die Evidenzbasierung von Maßnahmen zur Prävention von Übergewicht und Adipositas bei Kindern und Jugendlichen dürfte die sog. IDEFICS-Studie (Identification and prevention of Dietary- and lifestyle-induced health EFfects in Children and infants, dt.: Identifikation und Prävention von ernährungs- und lebensstilbedingten Gesundheitsfaktoren bei Kindern und Kleinkindern) bekommen.[68] Sie wird seit September 2006 (Untersuchungsstart) mit insgesamt 13 Mio. Euro aus Mitteln des 6. EU-Rahmenprogrammes über fünf Jahre als „Integrated Project" in acht europäischen Ländern realisiert (Belgien, Deutschland, Estland, Italien, Schweden, Spanien, Ungarn, Zypern). Koordiniert und geleitet wird die IDEFICS-Studie vom Institut für Präventionsforschung und Sozialmedizin der Universität Bremen. Aus der über Literaturanalysen gewonnenen Erkenntnis einer geringen und wenig nachhaltigen Sekundärprävention und der Erkenntnis, dass im Kindes- und Jugendalter auftretendes Übergewicht sich zumeist ins Erwachsenenalter fortsetzt, hat die Planungsgruppe von IDEFICS den Schluss gezogen, mit Programmen zur Prävention von Übergewicht in frühen Lebensphasen anzusetzen und hierbei zu berücksichtigen, dass Familien mit geringem sozioökonomischen Status oder mit Migrationshintergrund besonders stark betroffen sind. Entsprechend war das Ziel, insgesamt 15.000 bis 16.000 Kinder im Alter von zwei bis zehn Jahren über Kindergärten und Schulen zu rekrutieren. Die IDEFICS-Studie arbeitet mit einem Referenzdesign, bei dem pro Land eine Interventionsgruppe, die an zweieinhalbjährigen Interventionen teilnimmt, und eine vergleichbare Kontrollgruppe hinsichtlich verschiedener abhängiger Variablen (Zielgrößen) miteinander verglichen werden. Ein solcher Vergleich muss natürlich sowohl vor den Interventionen (Prä-Erhebung), als auch nach der Interventionszeit (und in Follow-up-Erhebungen) erfolgen. IDEFICS sieht zunächst drei Erhebungswellen vor. Wünschenswert wäre sicherlich zumindest ein weiterer Erhebungszeitpunkt, um die Langfristeffekte der Maßnahmen wissenschaftlich gesichert einschätzen zu können. In Deutschland wurden mehr als 2.000 Kinder in Delmenhorst und Wilhelmshaven in die Studie eingebunden. Sämtliche an der Studie teilnehmenden Kinder wurden vorab medizinisch untersucht, wobei Daten wie Alter, Geschlecht, Größe, Gewicht (BMI), Bauchumfang, Hautfaltendicke an verschiedenen Stellen sowie die bioelektrische Impedanz gemessen wurden, um den Körperfettanteil ermitteln zu können. Die körperliche Aktivität der Kinder wurde mit sogenannten Akzelerometern erfasst, die jedes Kind mindestens drei Tage tragen musste. Zusätzlich wurden Ernährungsgewohnheiten, Lebensstilparameter (z.B. Fernsehkonsum, Spielen am Computer), Fähigkeiten zum Umgang mit Stress sowie biomedizinische und psychosoziale Parameter erfasst. Nach der Basiserhebung, die im September 2007 begonnen hat, wurden in allen Teilnehmerländern für etwa die Hälfte der Beteiligten ein Interventionsprogramm durchgeführt, bei dem gesunde Ernährung, körperliche Aktivität und Stressabbau im Mittelpunkt standen. Gegen Ende der Studie werden Interventions- und Vergleichsgruppe den gleichen Untersuchungen wie am Anfang der Studie unterzogen. Über einen Vergleich von Interventions- und Kontrollgruppe wird sich zeigen, welche Maßnahmen langfristige positive Effekte auf die Gesundheit der Kinder haben. Zudem wird es möglich sein, den Einfluss sozioökonomischer, bildungsbezogener und kultureller

---

68   Vgl. URL: http://www.ideficsstudy.eu/Idefics/language?lan=De.

Faktoren abzuschätzen. IDEFICS stellt drei Interventionsbereiche (Ernährung, körperliche Aktivität und Stress) in den Mittelpunkt und realisiert theoriebasiert zugleich partizipativ entwickelte Interventionen bei Kindern, deren Familien, in Kindergärten und Schulen sowie auf Gemeindeebene. Wenngleich die Studie als wissenschaftliche Interventionsstudie realisiert wird, wird großer Wert darauf gelegt, die (Zwischen-)Ergebnisse möglichst unmittelbar an die Zielgruppen (Kinder, Eltern, Kindergärtner/-innen, Lehrer/-innen) und an die allgemeine Öffentlichkeit zu kommunizieren. Dafür wurde eigens ein Kommunikationswissenschaftler engagiert, der zudem in den Interventionsregionen eine Public-Relations-Strategie entwickelt und umsetzt, um einen schnellen Praxistransfer zu ermöglichen.

Ausblick

Bezüglich der Bewältigung der mit Übergewicht und Adipositas einhergehenden medizinischen und psychosozialen Probleme stehen wir erst am Anfang. Es ist zwar erfreulich, dass inzwischen ein Nationaler Aktionsplan zur Prävention von Fehlernährung, Bewegungsmangel, Übergewicht und damit zusammenhängenden Krankheiten vorliegt, über den mit erklecklichen Summen Einzelmaßnahmen finanziert werden, und dass auch andere Akteure, wie Krankenkassen, Wissenschaftler/-innen, Ärzte und Ärztinnen etc., zunehmend die mit Übergewicht und Adipositas verbundenen Probleme erkennen. Dennoch sind wir derzeit noch weit von einer kohärenten Public-Health-Strategie zur Prävention von Übergewicht und Adipositas entfernt, die in etwa vergleichbare Resultate zu erzielen verspricht, wie sie beispielsweise in der HIV-Prävention oder in der Raucherprävention bereits erreicht worden sind. Es bleibt also noch viel zu tun – für Public Health, Gesundheitspolitik, Wissenschaft und Praxis.

Literatur

Böhler, T./Dziuk, M.:
  Adipositas bei Kindern und Jugendlichen – Bedeutung der Prävention und Rehabilitation, in: Gesundheitswesen 71, 2009, S. 41–51.
Bramlage, P./Wittchen, H. U./Pittrow, D. et al.:
  Recognition and management of overweight and obesity in primary care in Germany, in: International Journal of Obesity 24, 2004, S. 1299–1308.
Bundesministerium für Familie, Senioren, Frauen und Jugend (Hrsg.):
  13. Kinder- und Jugendbericht, 2. Aufl., Berlin 2009, URL: http://www.bmfsfj.de/
  RedaktionBMFSFJ/Broschuerenstelle/Pdf-Anlagen/13-kinder-jugendbericht,
  property=pdf,bereich=bmfsfj,sprache=de,rwb=true.pdf [Stand 02.08.2010].
Campbell, K./Waters, E./O'Meara, S./Kelly, S./Summerbell, C.:
  Interventions for preventing obesity in children (Review), in: The Cochrane Database of Systematic Reviews 2002, H. 2, S. 1–32.
Czerwinski-Mast, M./Danielzik, S./Asbeck, I./Langnäse, K./Spethmann, C./Müller, M. J.:
  Kieler Adipositaspräventionsstudie (KOPS), in: Bundesgesundheitsblatt – Gesundheitsforschung – Gesundheitsschutz 46, 2003, S. 727–731.

Dämon, S./Dietrich, S./Widhalm, K.:
PRESTO: Prevention Study of Obesity – a project to prevent obesity during childhood and adolescence, in: Acta Paediatrica 94, 2005, S. 47–48.

Danielzik, S./Pust, S./Landsberg, B./Müller, M.:
First lessons from the Kiel Obesity Prevention Study (KOPS), in: International Journal of Obesity 29, 2005, Suppl. 2, S. 78–83.

Ebbeling, C. B./Pawlak, D. B./Ludwig, D. S.:
Childhood obesity: public health crisis, common sense cure, in: Lancet 360, 2002, S. 473–482.

Eliakim, A./Kaven, G./Berger, I./Friedland, O./Wolach, B./Nemet, D.:
The effect of a combined intervention on body mass index and fitness in obese children and adolescents – a clinical experience, in: European Journal of Pediatrics 161, 2002, S. 449–454.

Farquhar, J. W./Fortmann, S. P./Maccoby, N./Haskell, W. L./Williams, P. T./Flora, J. A./ Taylor, C. B./Brown, B. W./Solomon, D. S./Hulley, S. B.:
The Stanford Five-City Project: design and methods, in: American Journal of Epidemiology 122, 1985, S. 323–334.

Flynn, M. A./McNeil, D. A./Maloff, B./Ford, M./Tough, S. C.:
Reducing obesity and related chronic disease risk in children and youth: a synthesis of evidence with „best practice" recommendations, in: Obesity Reviews 7, 2006, Suppl. 1, S. 7–66.

Ford, M./Tough, S. C.:
Reducing obesity and related chronic disease risk in children and youth: a synthesis of evidence with ‚best practice' recommendations, in: Obesity Records 7, 2006, S. 7–66.

Goldapp, C./Mann, R.:
Zur Datenlage von Übergewicht und Adipositas bei Kindern und Jugendlichen, in: Prävention 27, 2004, S. 12–17, URL: http://commonweb.unifr.ch/artsdean/pub/ gestens/f/as/files/4655/12539_125734.pdf [Stand 26.07.2010].

Goldapp, C./Mann, R./Shaw, R.:
Qualitätsraster für Präventionsmaßnahmen für übergewichtige und adipöse Kinder und Jugendliche, in: Bundeszentrale für gesundheitliche Aufklärung (BZgA) (Hrsg.): Qualitätskriterien für Programme zur Prävention und Therapie von Übergewicht und Adipositas, Köln: BZgA 2005.

Gortmaker, S. L./Peterson, K. E./Wiecha, J. et al.:
Reducing obesity via a scholl-based interdisciplinary intervention among youth: Planet Health, in: Archives of Pediatrics & Adolescent Medicine 150, 1999, S. 409–418.

Graf, C./Rost, S./Koch, B./Heinen, S./Falkowski, G./Dordel, S.:
Data from the StEP TWO programme showing the effect on blood pressure and different parameters for obesity in overweight and obese primary school children, in: Cardiology in the Young 15, 2005, S. 291–298.

Harrington, J. W./Nguyen, V. Q./Paulson, J. F./Garland, R./Pasquinelli, L./Lewis, D.:
Identifying the „Tipping Point" Age for Overweight Pediatric Patients, in: Clinical Pediatrics 49, 2010, S. 638–643.

Hauner, H./Buchholz, G./Hamann, A./Husemann, B./Koletzko, B./Liebermeister, H./Wabitsch, M./Westehöfer, J./Wirth, A./Wolfram, G.:
Evidenzbasierte Leitlinie. Prävention und Therapie der Adipositas, hrsg. v. Deutsche Adipositas-Gesellschaft, Deutsche Diabetes-Gesellschaft, Deutsche Gesellschaft für Ernährung, Deutsche Gesellschaft für Ernährungsmedizin, 2007, URL: http://www.adipositas-gesellschaft.de/daten/Adipositas-Leitlinie-2007.pdf [Stand: 21.07.2010].

Kliche, T. et al.:
Prävention und Gesundheitsförderung in Kindertagesstätten: Eine Studie zu Determinanten, Verbreitung und Methoden für Kinder und Mitarbeiterinnen, Weinheim: Juventa-Verlag 2008.

Kliche, T./Töppich, J./Koch-Gromus, U.:
Leistungen und Bedarf von Kitas für Prävention und Gesundheitsförderung, in: Bitzer, E. M./Lingner, H./Schwartz, F. Wilhelm/Walter, U. (Hrsg.): Kindergesundheit stärken. Vorschläge zur Optimierung von Prävention und Versorgung, Berlin/Heidelberg: Springer 2009, S. 252–259.

Kurth, B. M./Schaffrath-Rosario, A.:
Die Verbreitung von Übergewicht und Adipositas bei Kindern und Jugendlichen in Deutschland. Ergebnisse des bundesweiten Kinder- und Jugendgesundheitssurveys (KiGGS), in: Bundesgesundheitsblatt – Gesundheitsforschung – Gesundheitsschutz 50, 2007, S. 736–743.

Lobstein T./Baur L., for the IASO International Obesity Task Force:
Obesity in children and young people: a crisis in public health. The International Association for the Study of Obesity, in: Obesity Reviews 5, 2004, Suppl. 1, S. 4–85.

Mamalakis, G./Kafatos, A./Manios, Y./Anagnostopoulou, T./Apostolaki, I.:
Obesity indices in a cohort of primary school children in Crete: a six year prospective study, in: International Journal of Obesity and Relates Metabolic Disorders 24, 2000, S. 765–771.

Müller, K. J./Kurth, B.-M.:
Prävention von Übergewicht bei Kindern und Jugendlichen. Welche Antworten haben Medizin und Public Health?, in: Prävention und Gesundheitsförderung 4, 2007, S. 240–248.

Müller, M./Plachta-Danielzik, S.:
Prävention der Adipositas, in: Herpertz, S./de Zwaan, M./Zipfel, S. (Hrsg.): Handbuch der Essstörungen und Adipositas, Berlin: Springer 2008, S. 312–316.

Müller, M./Danielzik, S./Spethmann, C./Dilba, B./Czerwinski-Mast, M.:
Prävention von Übergewicht bei Kindern und Jugendlichen, in: Wabitsch, M./Hebebrand, J./Kiess, J./Zwiauer, K. (Hrsg.): Adipositas bei Kindern und Jugendlichen. Grundlagen und Klinik, Berlin: Springer 2005, S. 375–387.

Mulvihill C./Quigley R.:
The management of obesity and overweight. An analysis of reviews of diet, physical activity and behavioural approaches. Evidence briefing, 1st edition, London: Health Development Agency 2003.

NHS centre for reviews and dissemination, The University of York:
The prevention and treatment of childhood obesity, in: Effective Health Care 7, 2002, H. 6, S. 1–12.

NICE (National Collaborating Centre for Primary Care):
Obesity: the prevention, identification, assessment and management of overweight and obesity in adults and children, London (UK): National Institute for Health and Clinical Excellence 2006.

Nielsen, J./Gerlow, J.:
Evaluering af projekt for familier med overvoegtige born (Evaluation of a project for families with overweight children), hrsg. v. Udviklings- og Formidlingscenter for Born og Unge, Copenhagen 2004.

Puhl, R./Brownell K. D.:
Bias, discrimination, and obesity, in: Obesity Review 9, 2001, S. 788–805.

Rauh-Pfeiffer, A./Koletzko, B.:
Übergewicht und Adipositas im Kindes- und Jugendalter, in: Monatsschrift Kinderheilkunde, 2007, S. 469–482.

Reilly, J. J./McDowell Z. C.:
Physical activity interventions in the prevention and treatment of paediatric obesity: systematic review and critical appraisal, in: Proceedings of the Nutrition Society 62, 2003, S. 611–619.

Robinson, T. N:
Reducing children's television viewing to prevent obesity: a randomized controlled trial, in: Journal of the American Medical Association 282, 1999, S. 1561–1567.

Rosenbrock, R./Michel, C.:
Primäre Prävention. Bausteine für eine systematische Gesundheitssicherung, Berlin: Medizinisch Wissenschaftliche Verlagsgesellschaft 2007.

Sachverständigenrat zur Begutachtung der Entwicklung im Gesundheitswesen:
Bedarfsgerechtigkeit und Wirtschaftlichkeit – Band I bis III: Zur Steigerung von Effizienz und Effektivität der Arzneimittelversorgung in der gesetzlichen Krankenversicherung (GKV), Baden-Baden: Nomos Verlag 2002.

Sachverständigenrat zur Begutachtung der Entwicklung im Gesundheitswesen:
Koordination und Integration – Gesundheitsversorgung in einer Gesellschaft des längeren Lebens, Gutachten 2009. Bundestags-Drucksache 16/13770 vom 02.07.2009.

Sahota, P./Rudolf, M. C./Dixey, R./Hill, A. J./Barth, J. H./Cade, J.:
Evaluation of implementation and effect of primary school based intervention to reduce risk factors for obesity, in: British Medical Journal 323, 2001, S. 1029–1032.

Schöpper, D.:
Gesundes Körpergewicht: Wie können wir der Übergewichtsepidemie entgegenwirken? Wissenschaftliche Grundlagen zur Erarbeitung einer Strategie für die Schweiz, Bern und Lausanne: Gesundheitsförderung Schweiz, Bern/Lausanne 2005, URL: http://www.suissebalance.ch/logicio/client/suissebalance/file/Grundlagen/GesundesKoerpergewicht_de.pdf [Stand 26.07.2010].

Schutz, Y. (Suisse Balance) (Hrsg.):
Fettleibigkeit bei Kindern und Jugendlichen: ein Überblick. Publikation von Suisse Balance – Die Ernährungsbewegung vom Bundesamt für Gesundheit und von Gesundheitsförderung Schweiz, Bern/Lausanne 2004, URL: http://www.swissbalance.ch/logicio/client/suissebalance/file/Grundlagen/Adipositas_Kinder.pdf [Stand 26.07.2010].

Senatsverwaltung für Gesundheit, Umwelt und Verbraucherschutz, Referat Gesundheitsberichterstattung, Epidemiologie, Gemeinsames Krebsregister, Sozialstatistisches Berichtswesen, Gesundheits- und Sozialinformationssysteme:
Grundauswertung der Einschulungsdaten in Berlin 2008, Berlin 2009, URL: http://www.berlin-suchtpraevention.de/upload/studien/2009_Gesundheitsbericht erstattung_Berlin_Einschulungsuntersuchungen_2008.pdf [Stand 26.07.2010].

Serdula, M. K./Ivery, D./Coates, R. J. et al.:
Do obese children become obese adults?, in: Preventive Medicine 22, 1993, S. 167–177.

Stice, E./Shaw, H./Marti, C.:
A meta-analytic review of obesity prevention programs for children and adolescents: The skinny on interventions that work, in: Psychological Bulletin 132, 2006, H. 5, S. 667–691.

Stratmann, D./Wabitsch, M./Leidl, R.:
Adipositas im Kindes- und Jugendalter, in: Monatsschrift Kinderheilkunde 148, 2000, S. 786–792.

Summerbell, C. D./Cameron, C./Glasziou, P. P.:
Advice on low-fat diets for obesity, Cochrane Database of Systematic Reviews, 2008, H. 3.

Suter, P. M. (Suisse Balance) (Hrsg.):
State of the Art in Interventionen: 3.2 Normal- und Übergewichtige. Publikation von
Suisse Balance – Die Ernährungsbewegung vom Bundesamt für Gesundheit und von
Gesundheitsförderung Schweiz, Zürich 2004, URL: http://www.suissebalance.ch/logicio/
client/suissebalance/file/Grundlagen/Interventionen_erw_de.pdf [Stand 29.6.2010].

Taylor, C. B./Fortmann, S. P./Flora, J./Kayman, S./Barrett, D. C./Jatulis, D./Farquhar, J. W.:
Effect of Long-term Community Health Education on Body Mass Index: The Stanford
Five-City Project, in: American Journal of Epidemiology 134, 1991, H. 3, S. 235–249.

van Wilfey, E. D./Tibbs, T. L./Buren, D. J. et al.:
Lifestyle Interventions in the treatment of childhood overweight: a meta-analytic
review of randomized controlled trials, in: Health Psychology 26, 2007, S. 521–532.

Warren, J. M./Henry, C. J./Lightowler, H. J./Bradshaw, S. M./Perwaiz, S.:
Evaluation of a pilot school programme aimed at the prevention of obesity in children,
in: Health Promotion International 18, 2003, S. 287–296.

WHO Europe:
The challenge of obesity in the WHO European Region and the strategies for response.
Summary, hrsg. v. Branca, F./Nikogosian, H./Lobstein, T., Copenhagen (Denmark) 2007.

WHO (World Health Organization):
Commission on Social Determinants of Health (CSDH): Closing the Gap in a Generation.
Health Equity through Action on the Social Determinants of Health, Final Report,
Geneva: WHO 2008.

Internet-Adressen

www.gesundheitsziele.de
(Kooperationsverbund gesundheitspolitischer Akteure zur Weiterentwicklung des
nationalen Gesundheitszieleprozesses, initiiert und befördert durch das Bundesministerium für Gesundheit und die Gesundheitsministerkonferenz)

www.in-form.de
(Deutschlands Initiative für gesunde Ernährung und mehr Bewegung – Nationaler
Aktionsplan)

www.kiggs.de
(Studie des Robert-Koch-Instituts zur Gesundheit von Kindern und Jugendlichen in
Deutschland)

www.ideficsstudy.eu/Idefics/
(IDEFICS-Studie: Identification and prevention of dietary- and lifestyle-induced health
Effects In Children and infants)

www.vernetzungsstelle-berlin.de
(Vernetzungsstelle Schulverpflegung Berlin e.V.)

Diagnostik

■ Die erweiterte Basisversion des Deutschen Diabetes-Risiko-Tests (DRT) – neue Chancen für ärztliche Vorsorgeuntersuchungen

Hans-Georg Joost/Andreas F. H. Pfeiffer/Matthias B. Schulze

Abstract

Deutsche Diabetesforscher schlagen vor, den durch den Einschluss einer Blutzuckeruntersuchung erweiterten Deutschen Diabetes-Risiko-Test in das bestehende System der hausärztlichen Vorsorgeuntersuchungen einzubinden und gleichzeitig zur quantitativen Erfolgskontrolle von Präventions- und Therapiemaßnahmen zu nutzen.[1]

Einleitung

Etwa 90 % der Diabetiker/-innen leiden an einem Typ-2-Diabetes, der landläufig auch als Alterszucker bekannt ist. Die Krankheit beginnt schleichend, sodass sie oftmals viel zu spät erkannt wird – nämlich erst dann, wenn bereits Endorganschäden vorhanden sind. Zu den schweren Spätfolgen zählen Herzinfarkt, Schlaganfall, Erblindung, Niereninsuffizienz und der Verlust von Gliedmaßen durch Amputation.

Durch rechtzeitig angewandte, gezielte präventive oder therapeutische Maßnahmen ließen sich die Erkrankung und damit auch schwere Folgeschäden verhindern oder zumindest hinauszögern. Menschen mit einem erhöhten Diabetes-Risiko oder einem Diabetes im Frühstadium zu identifizieren, könnte daher wesentlich dazu beitragen, viel persönliches Leid zu verhindern. Besonders Präventionsmaßnahmen im Hochrisikosegment der Bevölkerung sind notwendig, wirksam und ökonomisch vertretbar. Sie erfordern aber eine sorgfältige, am persönlichen Risikoprofil ausgerichtete Indikationsstellung. Jeder präventiven oder therapeutischen Maßnahme sollte also eine ärztliche Risikobestimmung vorangehen müssen, die Hochrisikopersonen mit hoher Spezifität und Sensitivität identifiziert.

Aus diesem Grund haben Wissenschaftler des Deutschen Instituts für Ernährungsforschung Potsdam-Rehbrücke (DIfE) die von ihnen bereits im Jahr 2007 entwickelte Basisversion des Deutschen Diabetes-Risiko-Tests (DRT) erweitert.

---

1   Die Diabetologen um Prof. Dr. Hans-Georg Joost, wissenschaftlicher Direktor des Deutschen Instituts für Ernährungsforschung (DIfE), veröffentlichten ihren Vorschlag erstmals als Diskussionsbeitrag im Deutschen Ärzteblatt 107, 2010, H. 13, A-600/B-519/C-511.

Sowohl die Basisversion als auch die erweiterte Testversion basieren auf den Daten einer großen Bevölkerungsstudie, der Potsdamer European Prospective Investigation into Cancer and Nutrition (EPIC) mit mehr als 27.000 Teilnehmer/-innen.[2] Die Anwendung der Basisversion erfordert weder eine ärztliche Untersuchung noch die Analyse von Blutproben. Obwohl nur klassische Risikofaktoren wie Alter, Taillenumfang, Ernährungsgewohnheiten und Lebensstil abgefragt werden, ist der Test bereits sehr genau und ermöglicht eine erste Risikoabschätzung.

Die erweiterte Version berücksichtigt zudem Blutwerte und erfordert daher eine ärztliche Untersuchung. Insbesondere das Einbeziehen der Blutzuckerspiegel oder der HbA1c-Werte[3] sowie der Werte für Blutfette und Leberenzyme präzisiert die Vorhersagegenauigkeit des Tests.

Prävention des Typ-2-Diabetes

Wie klinische Studien belegen, können sowohl eine Umstellung des Lebens- und/oder des Ernährungsstils, als auch eine Medikamententherapie, z. B. mit Metformin, oder aber ein chirurgischer Eingriff, der zur Behandlung von krankhafter Adipositas (Fettsucht) durchgeführt wird, das Entstehen eines Typ-2-Diabetes verhindern oder verzögern. Der Erfolg der Behandlungen ist jedoch unterschiedlich. Auch wenn er bei einem Teil der Studienteilnehmer/-innen anhielt, so sprach ein erheblicher Teil nicht auf die Intervention an (non-responder).

Da die Diabetesprävention an unzureichend definierten Personen wenig sinnvoll erscheint, ist eine ärztliche, am persönlichen Risikoprofil ausgerichtete Indikationsstellung erforderlich. Diese sollte auf einer möglichst exakten Bestimmung des Diabetesrisikos beruhen, die folgende Aspekte einschließen sollte:
- Indikationsstellung für die verschiedenen Interventionen (Umstellung der Lebens- und Ernährungsweise, Medikamententherapie, chirurgische Behandlung von Übergewicht),
- individualisierte Intervention/Prävention, die auf Korrektur der jeweils dominierenden Risikofaktoren zielt,
- quantitative Erfolgskontrolle der Intervention.

Bestimmung des Diabetesrisikos

Bis heute sind zahlreiche Faktoren für die Entstehung von Typ-2-Diabetes identifiziert worden, die sich für die Risikobestimmung nutzen lassen. Zu diesen zählen ein verhältnismäßig großer Taillenumfang, Bluthochdruck, ein gestörter Fettstoffwechsel, geringe körperliche Aktivität, Rauchen, Verwandte ersten Grades, die an einem Typ-2-Diabetes erkrankt sind, bestimmte Ernährungsmuster sowie mehrere Biomarker. Da es etliche unterschiedliche Risikofaktoren gibt, ist es notwendig, den jeweiligen Beitrag eines Faktors zum Gesamtrisiko, aber auch das Gesamtrisiko selbst zu quantifizieren.

---

2   Für mehr Informationen über die EPIC-Potsdam-Studie vgl. http://www.dife.de/de/forschung/projekte/epic.php.

3   Der HbA1c-Wert ist ein Maß für die durchschnittliche Blutzuckerkonzentration der vergangenen drei Monate.

In den letzten Jahren haben deshalb Wissenschaftler/-innen in den USA, Finnland, Schweden und Deutschland Punkte-Systeme (Risiko-Scores) entwickelt, um den relativen Beitrag der einzelnen Risikofaktoren zu gewichten und daraus ein individuelles Gesamtrisiko zu ermitteln. Um die einzelnen Risikofaktoren quantifizieren zu können, benötigt man die Ergebnisse prospektiver, das heißt vorausschauend angelegter Studien, in denen die einzelnen Risikofaktoren *vor dem Auftreten der Erkrankung* und nicht retrospektiv erfasst werden. Die Gruppe der Studienteilnehmer/-innen sollte eine Stichprobe der *Allgemeinbevölkerung* repräsentieren und nicht aus einer Hochrisiko-Population bestehen. Der Beitrag der einzelnen Risikofaktoren sollte auf der Basis einer ausreichenden Zahl, im Verlauf der Studie *neu aufgetretener Fälle* ermittelt werden. Bereits zu Studienbeginn vorliegende Erkrankungsfälle sind dabei auszuschließen. Darüber hinaus sollten zur Berechnung und Auswertung akzeptierte mathematische Modelle angewandt werden, um den *unabhängigen* Beitrag der einzelnen Faktoren zu quantifizieren. Nicht zuletzt ist es notwendig, die resultierenden Ergebnisse in einer *zweiten Kohorte* (Studienteilnehmergruppe) zu überprüfen (validieren).

Diese Methodik erfordert jedoch einen hohen Aufwand, da große Kohorten und lange Beobachtungszeiträume nötig sind, um ausreichende Fallzahlen zu generieren.

Die Basisversion des Deutschen Diabetes-Risiko-Tests (DRT)

Der Deutsche Diabetes-Risiko-Test (DRT) basiert auf den Daten der Potsdamer EPIC-Studie mit 15.438 weiblichen und 9.729 männlichen Teilnehmer/-innen aus der Allgemeinbevölkerung. Innerhalb der Studienpopulation erkrankten während der siebenjährigen Beobachtungszeit 849 Personen an einem Typ-2-Diabetes. Die Teilnehmer- und Fallzahlen der Studie sind sehr hoch. Zudem befragten die Forscher/-innen des Deutschen Instituts für Ernährungsforschung (DIfE) die Studienteilnehmer/-innen bereits vor dem Auftreten der Erkrankung zu ihrem Lebensstil und ihren Ernährungsgewohnheiten. Damit erfüllen die Studiendaten als Grundlage des Tests wichtige Voraussetzungen und ermöglichen es, die bedeutsamsten Risikofaktoren unverfälscht zu bewerten.

Die Ergebnisse des DRT wurden in einer etwa gleich großen, ebenfalls prospektiv angelegten Studienpopulation (EPIC-Heidelberg) überprüft und bestätigt. Damit erfüllt der DRT die methodischen Voraussetzungen, um eine zuverlässige Vorhersage des Fünfjahresrisikos machen zu können.

Der DRT verwendet in seiner Basisversion (Fragebogen oder Webtool)[4] diejenigen einfach abfragbaren Risikofaktoren, die einen statistisch signifikanten Beitrag zum Gesamtrisiko der deutschen Studienpopulation leisten: Alter, anthropometrische Charakteristika (Bauchumfang, Körpergröße), Komponenten des metabolischen Syndroms (Bluthochdruck) sowie ernährungs- und lebensstilbezogene Variablen (Konsumhäufigkeit von Vollkornbrot, rotem Fleisch, Kaffee und Alkohol, Rauchen, Aktivitätsprofil). Alle diese Variablen sind schon in früheren Studien als Risikofaktoren beschrieben worden. Die Daten der Potsdamer EPIC-Studie stimmen also mit der verfügbaren Literatur überein. Dies gilt auch für das – manchen

---

4   Vgl. http://drs.dife.de und http://www.dife.de/de/presse/Diabetes_Test_Fragebogen.pdf.

Diabetologen überraschende – Fehlen eines signifikanten, unabhängigen Beitrags der verzehrten Menge von Fett sowie von Obst und Gemüse.

Abbildung 1
Kontinuierlicher Einfluss der Faktoren Alter und Bauchumfang auf das absolute Risiko (in %), innerhalb der nächsten 5 Jahre an Typ-2-Diabetes zu erkranken*

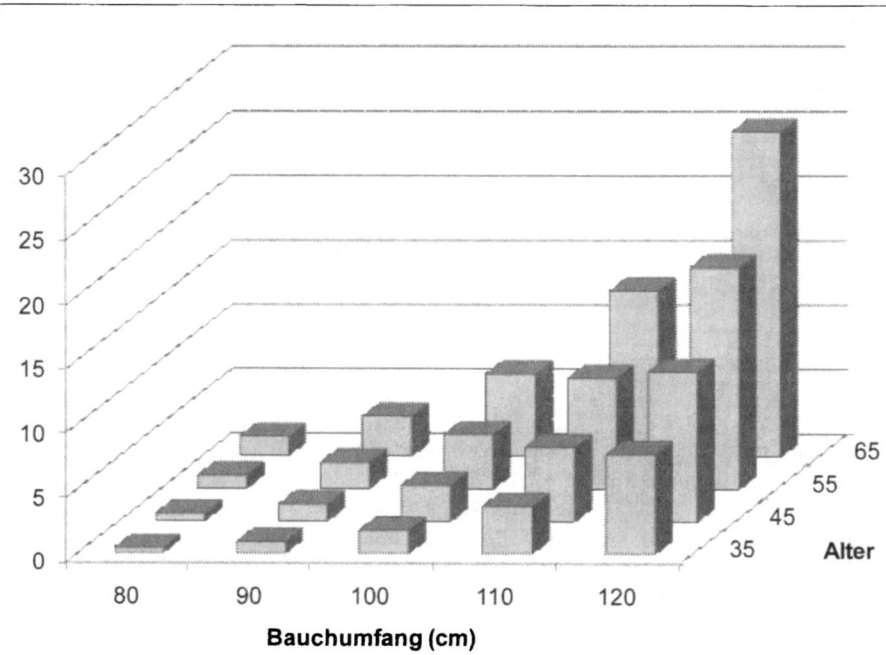

Bauchumfang (cm)

* Die Werte wurden, um allein den Einfluss von Alter und Bauchumfang zu demonstrieren, so berechnet, als ob keine weiteren Risikofaktoren vorlägen. Bei Vorliegen weiterer Risikofaktoren ist das jeweilige Risiko deshalb erheblich höher.

Die Breite der Datenbasis erlaubt eine präzise Berücksichtigung der bedeutsamsten Risikofaktoren Bauchumfang und Alter über einen weiten Wertebereich, wobei eine Zuteilung von Testpunkten über eine abgestufte Kategorisierung erfolgt. Aus der Kategorisierung der Gesamtpunktzahl ergibt sich eine Risikobewertung mit fünf Stufen (vgl. Tabelle 1). Mit einem Grenzwert von 49 Punkten werden 85 % der in den nächsten fünf Jahren in der Normalbevölkerung zu erwartenden Diabetesfälle identifiziert. Dieser Sensitivität steht eine Spezifität von 68 % gegenüber, das heißt, ca. 30 % der Getesteten werden mit diesem Grenzwert falsch positiv als Risikopersonen qualifiziert.

Tabelle 1

Risikobewertung nach der Basisversion des Deutschen Diabetes-Risiko-Tests (DRT)

DRT-Punkte	< 30	30–39	40–49	50–59	≥ 60
Fünfjahres-Erkrankungs-wahrscheinlichkeit (%)	< 0,9	0,9– < 2,4	2,4– < 6,3	6,3– < 16,2	≥ 16,2
Bewertung	niedrig	noch niedrig	erhöht	hoch	sehr hoch

Quelle Tabelle modifiziert nach Joost, Hans-Georg/Fritsche, Andreas/Häring, Hans-Ulrich/ Pfeiffer, Andreas F. H./Roden, Michael/Schulze, Matthias B.: Diabetes Mellitus Typ 2: Risiko-bestimmung wird präzisiert, in: Deutsches Ärzteblatt 107, 2010, H. 13, A-600/B-519/C-511.

Erweiterung des DRT durch Biomarker

Um Möglichkeiten zu finden, den DRT weiter zu präzisieren, untersuchten die Wissenschaftler/-innen des DIfE den Einfluss weiterer Diabetes-Risikofaktoren, unter anderem von Biomarkern, die auf einen veränderten Stoffwechsel oder Entzündungen hindeuten. Die Untersuchungen zeigten, dass ein Einschluss der Werte für den Blutzuckerspiegel, HbA1c, Triglyceride, HDL-Cholesterin und Leberenzyme die Sensitivität und Spezifität des DRT erheblich erhöht (vgl. Tabelle 2). Im Gegensatz dazu war der Informationsgewinn durch eine Überprüfung der derzeit bekannten genetischen Marker verschwindend gering. Ein Einschluss von Daten zur Familien-anamnese verbessert die Genauigkeit des Tests nur geringfügig, obwohl die Diabeteserkrankung eines Verwandten ersten Grades das Fünfjahresrisiko signifikant erhöht (vgl. Schulze, unveröffentlichte Daten).

Wenn Patienten oder Patientinnen bei der Blutentnahme nüchtern sind, kann die Vorhersagekraft des DRT allein auf der Basis einer zusätzlichen Blutzuckerbe-stimmung deutlich verbessert werden (vgl. Tabelle 2). Um Hochrisikopersonen zu identifizieren, könnten Schwellenwerte für DRT-Punkte mit den gemessenen Nüchtern-Werten für den Blutzuckerspiegel kombiniert werden (vgl. Tabelle 3). Der Einschluss der Blutzuckerwerte bewirkt eine erhebliche Differenzierung des relativen Risikos (vgl. Tabelle 4a) in den DRT-Kategorien 30–39, 40–49 und 50–59 Punkte. Die entsprechende Erweiterung der Basisversion des DRT könnte dadurch eine sehr viel zuverlässigere Entscheidungsgrundlage für präventive Maßnahmen liefern. So erreichen die mit DRT-Punkten und Blutzuckerwerten gebildeten Kate-gorien „hohes" und „sehr hohes Risiko" (vgl. Tabelle 3) eine akzeptable Sensitivi-tät (65 %) bei gleichzeitiger deutlicher Reduktion falsch-positiver Ergebnisse (15 %, vgl. Tabelle 4b). Mit dieser Kategorisierung lassen sich Präventionsmaß-nahmen sinnvoll auf ein Hochrisikosegment begrenzen. Es ist zudem wahrschein-lich, dass ein erheblicher Teil der falsch-positiv klassifizierten Personen nach der Fünfjahreszeitspanne erkranken wird. Die demnächst zu erwartende Bestimmung des Zehnjahresrisikos dürfte die Präzision der Risikobestimmung also noch verbessern. Unterhalb des Interventions-Schwellenwerts (hohes und sehr hohes Risiko) wäre es sehr sinnvoll, die Personen der Kategorie „erhöhtes Risiko" aufzuklären und die Risikobestimmung im jährlichen Abstand zu wiederholen, um die Sensitivität des Tests zu erhöhen (88,4 %).

Tabelle 2
Verbesserung von Spezifität und Sensitivität des Diabetes-Risiko-Tests durch Einschluss verschiedener Biomarker

| | C-Statistik | | |
	ROC-AUC*	P-Wert**	1-Spezifität bei 85 % Sensitivität
wenn Blutentnahme nüchtern			
DRT	0.842		67 %
DRT + Glucose	0.893	0.0010	81 %
wenn Blutentnahme zufällig			
DRT	0.8465		66 %
DRT + Glucose	0.8672	<0.0001	71 %
DRT + HbA1c	0.8859	<0.0001	75 %
DRT + HbA1c + Glucose	0.8926	<0.0001	77 %
DRT + Glucose + HbA1c+ Triglyceride + HDL + γ-Glutamyltransferase + Alanine-Aminotransferase	0.9000	0.0022	80 %
DRT + Glucose + HbA1c+ Triglyceride + HDL + γ-Glutamyltransferase + Alanine-Aminotransferase + Genetische Marker	0.9002	0.6868	80 %

* ROC-AUC: Fläche unter der *Receiver operating characteristic*-Kurve (Sensitivität gegen 1/Spezifität)

** P-Werte wurden durch Vergleich mit DRT (DRT + HbA1c, DRT + Glucose) oder dem jeweils einfacheren Modell ermittelt.

Quelle Tabelle modifiziert nach Joost et al.: Diabetes Mellitus Typ 2

Tabelle 3

Risikobewertung nach der erweiterten Version des Deutschen Diabetes-Risiko-Tests – Stratifizierung für DRT-Punkte und Plasmaglucose (nüchtern)

	DRT-Punkte				
Glucose	< 30	30–39	40–49	50–59	≥ 60
≥ 100 mg/dl	niedrig	erhöht	hoch	sehr hoch	sehr hoch
90–99 mg/dl	niedrig	niedrig	noch niedrig	hoch	sehr hoch
< 90 mg/dl	niedrig	niedrig	noch niedrig	erhöht	sehr hoch

Quelle Tabelle modifiziert nach Joost et al.: Diabetes Mellitus Typ 2

Vergleich der verfügbaren Risiko-Tests

Nicht alle bislang etablierten Risiko-*Scores* erfüllen die oben beschriebenen methodischen Voraussetzungen und sind gewöhnlich geeignet, Personen in der Allgemeinbevölkerung zu identifizieren, die zum Zeitpunkt des Tests noch keinen Diabetes, aber ein erhöhtes Risiko haben, die Krankheit in den folgenden Jahren zu entwickeln. So können der Danish Diabetes Risk Score oder der Indian Diabetes Risk Score lediglich einen vorhandenen, aber unerkannten Diabetes identifizieren.

Grundsätzlich sollten Risikotests nur an Populationen angewendet werden, für die die Ausgangskohorte repräsentativ ist. Unterschiede in der Ernährung, im Lebensstil und im genetischen Hintergrund machen es fraglich, ob die von nordamerikanischen oder finnischen Kohortenstudien abgeleiteten Risiko-Scores auf die deutsche Bevölkerung übertragbar sind. Dies gilt insbesondere dann, wenn die Ergebnisse Grundlage ärztlicher Entscheidungen sein sollen und relevante ökonomische Konsequenzen haben werden. Die deutsche Adaptation des finnischen FINRISC (unter dem Titel FINDRISK) zeichnet sich durch Kürze und einfache Auswertung aus, was diesen Test zur Anwendung durch Laien geeignet macht. Für die Risikobestimmung als ärztliche Aufgabe ist er jedoch weniger geeignet, da er nicht auf Daten aus der deutschen Bevölkerung beruht.

Tabelle 4

Relative Risiken (a) und Präzision (b) der Risikobewertung nach Stratifizierung für DRT-Punkte und Plasmaglucose (nüchtern)

a) relative Risiken

DRT-Punkte

Glucose	< 30	30–39	40–49	50–59	≥ 60
≥ 100 mg/dl	1 (Ref.)	11	22	35	56
90–99 mg/dl	1 (Ref.)	1,9	6	17	56
< 90 mg/dl	1 (Ref.)	0,6	7	10	56

b) Sensitivitäten und Falsch-Positiv-Raten der Risikobewertung

Risiko-bewertung	Sensitivität (%)	Falsch-Positiv-Rate (%)	Risiko-bewertung	Sensitivität (%)	Falsch-Positiv-Rate (%)
noch niedrig, erhöht, hoch oder sehr hoch	91,9	47,9	noch niedrig, erhöht, hoch oder sehr hoch	91,9	47,9
erhöht, hoch oder sehr hoch	88,4	32,4	erhöht, hoch oder sehr hoch	88,4	32,4
hoch oder sehr hoch	65,1	14,7	hoch oder sehr hoch	65,1	14,7
sehr hoch	25,6	4,0	sehr hoch	25,6	4,0

Quelle Tabelle modifiziert nach Joost et al.: Diabetes Mellitus Typ 2

Aus der Risikobestimmung ableitbare Konsequenzen und Empfehlungen

Sofern das Testergebnis ein hohes Risiko anzeigt, ergeben sich aus ärztlicher Sicht die folgenden Konsequenzen:

- Aufklärung des Patienten oder der Patientin über die Bedeutung des Testergebnisses,
- Einleitung weiterer Untersuchungen auf makrovaskuläre Sekundärkomplikationen (z. B. koronare Herzerkrankungen, Schlaganfall),
- Einleitung einer Umstellung des Ernährungs- und Lebensstils,
- Entscheidung über das Einleiten einer Medikamententherapie,
- Einsatz des Tests zur Erfolgskontrolle der Ernährungs- und Lebensstil-Intervention.

Hochrisiko-Personen haben eine erheblich verkürzte Lebenserwartung, die auf ein geschädigtes Gefäßsystem zurückgeführt werden kann. Da die Gefäßschäden bereits lange vor der klinischen Diagnose des Typ-2-Diabetes beginnen, könnte die Bestimmung des erhöhten Diabetesrisikos die Messung anderer Risikofaktoren ergänzen, die das Blutgefäßsystem betreffen. Ein solcher Faktor wäre das LDL-Cholesterin. Gleichzeitig könnte die zusätzliche Messung des Diabetesrisikos frühere – und damit wirksamere – Maßnahmen begründen, die Herz-Kreislauferkrankungen vorbeugen. Natürlich hat die Risikobestimmung auch Auswirkungen auf die Häufigkeit von Nachuntersuchungen, denn bei niedrigem Risiko ist eine erneute Untersuchung von symptomfreien Personen erst nach einem größeren Zeitabstand angezeigt.

Ausblick: Einbindung des Diabetes-Risiko-Tests in das bestehende System hausärztlicher Vorsorgeuntersuchungen

Kostenlose Vorsorgeuntersuchungen (Gesundheits-Check-up) für gesetzlich versicherte Frauen und Männer ab 35 Jahren beinhalten gegenwärtig eine Eigen-, Familien- und Sozialanamnese zur Erfassung des Risikoprofils, eine Untersuchung zum Ganzkörperstatus sowie Laboruntersuchungen inklusive der Untersuchung des Blutzuckerspiegels. Sie zielen auf die Früherkennung von Herz-Kreislauferkrankungen, Nierenerkrankungen sowie des Diabetes mellitus ab. Notwendige Parameter zur Bestimmung des Diabetesrisikos werden also im Rahmen dieser Untersuchungen bereits routinemäßig erhoben. Der DRT kann als PC-Applikation[5] oder Papierversion[6] ohne größeren zusätzlichen Aufwand ein objektives Gesamtergebnis liefern und damit die ärztliche Entscheidung unterstützen.

Literatur

Joost, Hans-Georg/Fritsche, Andreas/Häring, Hans-Ulrich/Pfeiffer, Andreas F. H./ Roden, Michael/Schulze, Matthias B.:
Diabetes Mellitus Typ 2: Risikobestimmung wird präzisiert, in: Deutsches Ärzteblatt 107, 2010, H. 13, A-600/B-519/C-511.

5   Vgl. URL: http://drs.dife.de.
6   Vgl. URL: http://www.dife.de/de/presse/Diabetes_Test_Fragebogen.pdf.

Ernährung von
Kindern und Jugendlichen

Gesundheitsförderung in Kindertagesstätten. Ein Vergleich der Ergebnisse zum Thema Ernährung in Berlin und Brandenburg

Heike Mehlhase/Gregor Bethge/Rüya-Daniela Kocalevent/ Dieter Kleiber

Abstract

Der nachfolgende Beitrag berichtet und vergleicht die Ergebnisse zweier querschnittlich angelegter Totalerhebungen in Brandenburg und Berlin zum Stand der Gesundheitsförderung. Mittels standardisierter Fragebögen, die an die insgesamt 1.886 Berliner Kitas und 1.714 Brandenburger Kitas verschickt wurden, sollten Informationen zu den Kitas selbst, sowie zu Maßnahmen zur Gesundheitsförderung in den Handlungsfeldern „Zahn- und Mundgesundheit", „Bewegung", „Ernährung", „psychosoziale Gesundheit" und – nur in Berlin – zum Thema „Kinderunfälle" erhoben werden. Von den Berliner Kitas beteiligten sich 23 % (n = 432), von den Brandenburger Kitas 26 % (n = 269) an der Erhebung. In beiden Bundesländern spielen die Themenfelder Bewegung und Ernährung in mehr als 90 % der sich beteiligenden Kitas eine bedeutsame Rolle. Während in Berlin mehr als die Hälfte aller Kitas (54 %) das Essen täglich frisch zubereiten, liegt der entsprechende Anteil in Brandenburg bei 14 %. In Brandenburg dagegen werden etwa 60 % der Kitas über Caterer mit Essen beliefert; in Berlin nur 24 %. Bedeutsame Unterschiede fanden sich auch beim Umgang mit Süßigkeiten. Während 60 % der Berliner Kitas darauf verzichten, Süßigkeiten zu verteilen, liegt der entsprechende Anteil in Brandenburg bei 30 %. Frühstücksmilch wird in beiden Bundesländern von jeweils mehr als 80 % der Kitas – zum Teil mehrfach – vorgehalten. Die Mitarbeiter/-innen beider Länder äußerten mehrheitlich Bedarf an Fortbildung und praktischen Übungen im Bereich Ernährung.

Einführung

Aktuelle Studien zeigen, dass Kinder z. T. bedeutende psychische sowie körperliche Auffälligkeiten und Störungen aufweisen (z. B. KiGGS-Studie des Robert Koch-Instituts)[1]. Vor allem Kinder mit Migrationshintergrund und aus sozial schwachen Familien können mit den herkömmlichen Interventionen (z. B. ambulanten Maßnahmen) nicht genügend erreicht werden. Daher kommt den Kindertageseinrichtungen – als erste Ebene des Bildungssystems und als ein entschei-

---

1 Vgl. URL: http://www.kiggs.de/experten/erste_ergebnisse/Basispublikation/index.html.

dender Entwicklungsschritt in der kindlichen Sozialisation – im Rahmen der Gesundheitsförderung eine besondere Bedeutung zu. In Kitas kann ein Großteil der Kinder im Vorschulalter erreicht werden. Gesundheitsschädigende Verhaltensweisen sind bis dahin noch selten bzw. noch nicht manifestiert. Das Bewegungs- und Ernährungsverhalten, Strategien der Stressbewältigung und andere Verhaltensweisen werden im Kindesalter entwickelt und gefestigt und prägen dann den weiteren Lebensverlauf. Im Elementarbereich kann am ehesten auf die gesundheitlichen Bedürfnisse von Kindern aller sozialen Schichten eingegangen und ein gesundheitsfördernder Lebensraum geschaffen werden. Kitas können eine bedeutende gesundheitsfördernde Ressource gerade auch für sozial benachteiligte Kinder sein und bieten einen geeigneten Zugangsweg, um den verschiedenen Perspektiven der sozialen Lage und der gesundheitlichen Chancengleichheit gerecht zu werden. Gesundheitsförderung im Kindergarten kann somit potenziell bei allen Kindern einen Beitrag zur Reduktion von Gesundheitsrisiken leisten und Entwicklungsdefiziten entgegenwirken. Kitas können zudem die Bewältigungskompetenzen und das Erziehungsverhalten der Eltern stärken. Insgesamt stellt das Setting Kita eine gute Basis für Gesundheitsförderung und Prävention dar, die Kita bietet einen prinzipiell optimalen Kontext für eine frühzeitige und ganzheitliche Förderung mit langfristigen Erfolgsaussichten.

Die große Bedeutung von Kitas und Krippen für die Gesundheitsförderung wird noch dadurch unterstrichen, dass in diesen Einrichtungen eine beträchtliche Zahl von Kindern erreicht werden kann. In Brandenburg wurden im Jahr 2004 immerhin 39,2 % aller Kinder unter drei Jahren in Krippen und sogar 93 % aller Kinder zwischen drei und fünf Jahren in Kitas betreut. In Berlin besuchten im Jahr 2006 37,7 % aller unter Dreijährigen eine Krippe und 89,1 % der Drei- bis Fünfjährigen eine Kita.

Forschungsvorhaben / Projektbeschreibung

Anliegen der beiden Studien in Berlin und Brandenburg

In Berlin und Brandenburg wurden zwei querschnittlich angelegte Totalerhebungen bei den Kitas in Brandenburg[2] und bei den Kitas in Berlin[3] durchgeführt, in denen der Frage nachgegangen wurde, welchen Stellenwert Maßnahmen der Gesundheitsförderung in Kitas haben bzw. in welchem Umfang Maßnahmen zur Gesundheitsförderung in den Kita-Alltag integriert sind. Dabei sollten sowohl die strukturellen Bedingungen der Kitas als auch konkrete Maßnahmen der Gesundheitsförderung betrachtet werden. Im Fokus stand hierbei die Gesundheitsförderung für die betreuten Kinder, nicht für die Beschäftigten der Tagesstätten. Darüber hinaus waren die Möglichkeiten der Kinder- und Elternbeteiligung sowie die

---

2   Vgl. Ceglarek, Petra/Wulsch, Iris/Frenzel, Tom/Ihle, Wolfgang: Gesundheitsförderung in Brandenburger Kindertagesstätten. Eine Bestandsaufnahme. Potsdam: Universitätsverlag 2006.

3   Vgl. Bethge, Gregor/Bressel, Heike: Gesundheitsförderung in Berliner Kitas. Eine Bestands- und Bedarfserfassung von Ansätzen zur Gesundheitsförderung in Berliner Kindertagesstätten. Masterarbeit im Ergänzungsstudiengang „Psychosoziale Prävention und Gesundheitsförderung" der Freien Universität Berlin, Berlin 2009.

Fortbildungswünsche der Kita-Mitarbeiter/-innen von Interesse. Besonderer Wert wurde darauf gelegt, die Nachhaltigkeit als Qualitätskriterium erfolgreicher Gesundheitsförderung zu erfassen. Demnach standen nicht konkrete und befristete Projekte im Mittelpunkt der Bestandsaufnahme, sondern das regelmäßige Angebot an gesundheitsfördernden Aktivitäten, das oft als selbstverständlicher Bestandteil des Kita-Alltags und kaum als Gesundheitsförderung wahrgenommen wird. Da bisher nur wenig über die Bedingungen, den gegenwärtigen Stand und die konkret eingesetzten Maßnahmen zur Gesundheitsförderung in den Kitas bekannt ist und eine derartige Bestandsaufnahme in beiden Bundesländern fehlte, liefern beide Studien wichtige Daten und damit einen bedeutsamen Beitrag zur Verbesserung der Gesundheitsförderung im Lebensraum Kindertagesstätte.

Ablauf und Durchführung der Erhebung

In Berlin

Die Datenerhebung erfolgte in Form einer schriftlichen Befragung mittels Fragebogen, den alle Berliner Kitas (1.886) Anfang April 2008 postalisch erhalten haben (Vollerhebung). Ca. 1.000 Kitas wurden etwa drei Wochen nach dem Versand des Bogens telefonisch erinnert und motiviert, diesen auszufüllen.

In Brandenburg

Über den Verteiler des Ministeriums sowie über die Jugendämter erhielten alle Brandenburger Kitas (1.714) Mitte November 2005 den Fragebogen (Vollerhebung).

In beiden Erhebungen wurde im Anschreiben die Verlosung von Spielmaterial unter den teilnehmenden Kitas als Anreiz gesetzt.

Aufbau des Fragebogens

Der Fragebogen der Berliner Untersuchung orientiert sich an dem Fragebogen der vorangegangenen Erhebung in Brandenburg. Daher ähneln sich beide Fragebögen; der Berliner Erhebungsbogen wurde jedoch um mehrere Items erweitert. Beide Fragebögen beginnen mit einer kurzen Einführung, der sich vier unterschiedliche Komplexe anschließen. Der erste Komplex „Angaben zur Kita" erfasst die strukturellen Bedingungen. Für den zweiten Fragebogenkomplex „Gesundheitsförderung in der Kita konkret" wurden in Brandenburg die vier Themen Zahn- und Mundgesundheit, Ernährung, Bewegung, psychosoziale Gesundheit ausgewählt; in Berlin kam noch zusätzlich das Thema Kinderunfälle hinzu. Die einzelnen Aktivitäten der Themenbereiche sollten von den Kita-Mitarbeiter/ -innen danach bewertet werden, ob sie regelmäßig, unregelmäßig oder kaum in der Kita praktiziert werden. Wurde Regelmäßigkeit bejaht, sollte zusätzlich die Häufigkeit benannt werden. Im dritten Fragebogenkomplex „Partizipation" wurde die Kinder- und Elternbeteiligung erfragt. Der vierte Komplex „Fortbildung und Ausblick" widmet sich der Diagnose- und Interventionskompetenz bei speziellen Störungsbildern und Entwicklungsauffälligkeiten sowie den Wünschen nach Fortbildungsangeboten.

Beteiligung

In Berlin

Von den insgesamt 1.886 Berliner Kitas haben 432 den Fragebogen ausgefüllt und zurückgeschickt. 17 Umschläge kamen ungeöffnet, wahrscheinlich aufgrund einer falschen Adresse, zurück. Dies entspricht einem Rücklauf von 23 %. Somit konnten durch die Erhebung knapp ein Viertel der Kitas in Berlin und insgesamt 29.149 Kinder indirekt erfasst werden.

In Brandenburg

Von den 1.714 Kitas im Land Brandenburg beteiligten sich 269 Kitas an der Erhebung. Dies entspricht einem Rücklauf von 16 %. Die Brandenburger Befragung erfasste somit ein Sechstel der Kitas des Landes und insgesamt indirekt 21.653 Kinder.

Vergleich der Ergebnisse zum Thema Ernährung

Wichtigkeit des Themenfeldes Ernährung

Sowohl in den Berliner als auch in den Brandenburger Kitas spielt das Thema Ernährung eine bedeutende Rolle (vgl. Abbildung 1). Über die Hälfte der Kitas und damit die Mehrzahl der Kitas gab in beiden Bundesländern an, dass das Thema Ernährung in ihrer Arbeit ein pädagogischer Schwerpunkt ist, zu dem immer wieder bewusst Aktivitäten geplant und umgesetzt werden. In fast allen Kitas spielt Ernährung mindestens eine wichtige Rolle (in Berlin 91 % der Kitas, in Brandenburg 90 %). Verglichen mit den anderen Themenfeldern des Fragebogens (Bewegung, Zahn- und Mundgesundheit, Kinderunfallprävention und psychosoziale Gesundheit) ist Ernährung sowohl für die Kitas in Berlin als auch für die Brandenburger Einrichtungen nach Bewegung das wichtigste Gebiet. Es nimmt bei der alltäglichen Arbeit mit den Kindern einen großen Stellenwert ein.

Abbildung 1
Wichtigkeit des Themenfeldes Ernährung (Berlin: n = 432; Brandenburg: n = 269)

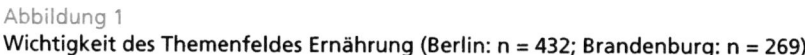
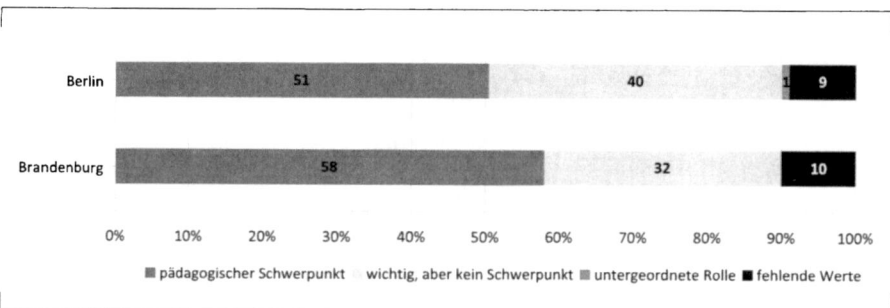

Essensversorgung

Während in Berlin in den meisten Kitas (54 %) das Essen in der Einrichtung selbst frisch zubereitet wird, werden die Brandenburger Kitas mit 60 % zum größten Teil über einen Caterer mit Essen beliefert (vgl. Abbildung 2). In Berlin erhält nur knapp ein Viertel der Kitas (24 %) das Essen über einen Cateringservice. 19 % der Einrichtungen in Brandenburg bekommen ihr Essen aus der eigenen Küche des Trägers und lediglich in 14 % der Kitas wird selbst gekocht. In der Berliner Befragung hatten die Kitas ein zusätzliches Item zur Wahl, nämlich ob die Eltern kochen. In 5 % der Einrichtungen in Berlin ist das der Fall.

Abbildung 2
Essensversorgung (Berlin: n = 432; Brandenburg: n = 269)

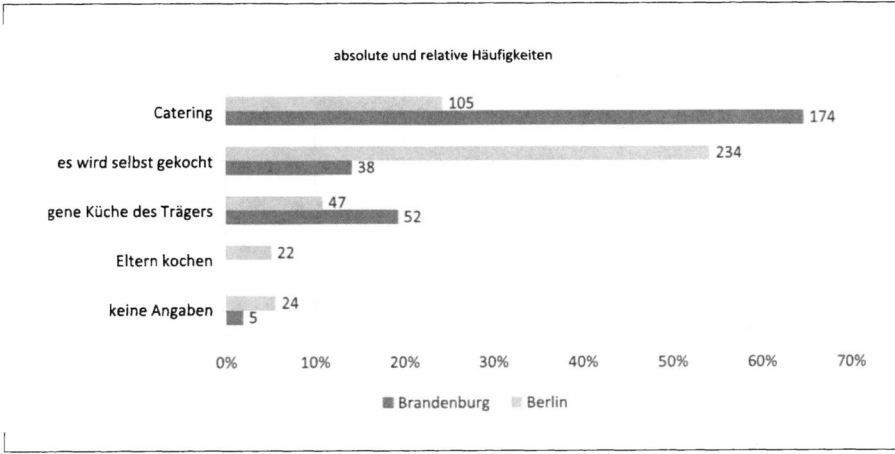

Konkrete Aktivitäten in den Kitas

Im Themenbereich Zahn- und Mundgesundheit wurde der Verzicht auf Süßigkeiten erfasst. Während in Berlin knapp über 60 % der Einrichtungen regelmäßig auf Süßigkeiten verzichten, geschieht dies in Brandenburg lediglich in gut 30 % der Kitas.

Die konkreten Aktivitäten des Themenbereichs Ernährung wurden in der Berliner Befragung mit zehn Items (vgl. Abbildung 3) und in der Brandenburger Erhebung mit sechs Items (vgl. Abbildung 4) erfasst. Im Folgenden werden die Ergebnisse der gemeinsamen Items beider Studien verglichen (vgl. Abbildungen 3 bis 6).

Abbildung 3
Zustimmung zu den Items des Themenfeldes Ernährung in Berlin (je n = 432)

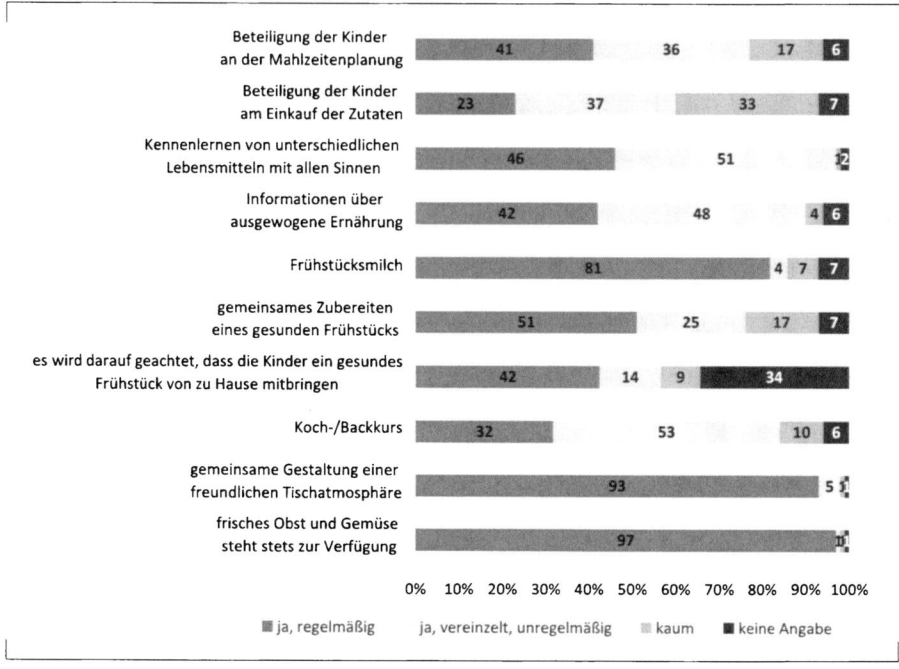

Abbildung 4
Zustimmung zu den Items des Themenfeldes Ernährung in Brandenburg (je n = 269)

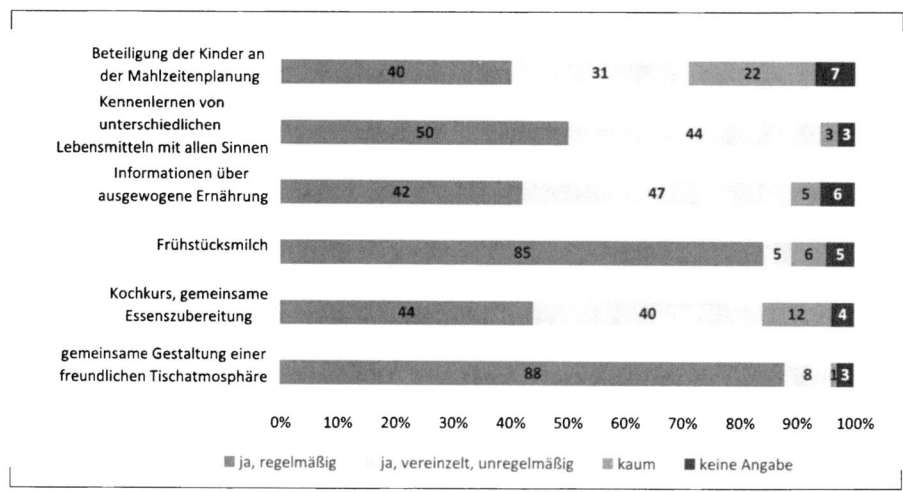

Beteiligung der Kinder an der Mahlzeitenplanung

Die Mehrzahl der Kitas sowohl in Berlin (41 %) als auch in Brandenburg (40 %) gab an, die Kinder regelmäßig in die Planung der Mahlzeiten mit einzubeziehen. Eine vereinzelte, unregelmäßige Beteiligung der Kinder gibt es laut Umfrage in 36 % der Berliner und in 31 % der Brandenburger Kitas, eine geringe Beteiligung in 17 % der Kitas in Berlin und in 22 % der Kitas in Brandenburg. Von den Einrichtungen, die Regelmäßigkeit bejaht haben, beteiligt jede zweite Kita in Berlin die Kinder einmal wöchentlich und jede vierte Kita die Kinder ein- bis zweimal im Monat an der Mahlzeitenplanung. In Brandenburg hingegen gaben jeweils 40 % der Kitas an, die Kinder einmal pro Woche bzw. ein- bis zweimal pro Monat die Mahlzeiten mitentscheiden zu lassen. Täglich in die Planung der Mahlzeiten miteinbezogen werden die Kinder häufiger in Brandenburg (16 %) als in Berlin (10 %).

Kennenlernen von unterschiedlichen Lebensmitteln mit allen Sinnen

Während in Berlin die Hälfte der Kitas das Kennenlernen von unterschiedlichen Lebensmitteln mit allen Sinnen lediglich vereinzelt und unregelmäßig praktiziert, macht dies in Brandenburg jede zweite Kita regelmäßig. In Berlin führen 46 % der Einrichtungen das sinnliche Kennenlernen regelmäßig durch, etwa gleich viele Einrichtungen in Brandenburg praktizieren es unregelmäßig. Bei der Häufigkeit gab in beiden Ländern die Mehrheit der Kitas (je 30 %) an, das Kennenlernen unterschiedlicher Lebensmittel mit allen Sinnen täglich in den Ablauf einzubauen. Die Frequenz dieses Kennenlernens ist insgesamt in Brandenburg geringer ausgeprägt als in Berlin. In Berlin gaben 39 % der Kitas an, dass diese Aktivität weniger als einmal pro Woche stattfindet, während in Brandenburg fast die Hälfte der sich äußernden Kitas (45 %) das sinnliche Kennenlernen von unterschiedlichen Lebensmitteln seltener als einmal wöchentlich durchführt.

Informationen über ausgewogene Ernährung

Die Zustimmung der Kitas zum Item „Informationen über ausgewogene Ernährung" verteilt sich in Berlin und Brandenburg gleich. In beiden Ländern gaben 42 % der Kitas an, regelmäßig die Kinder über ausgewogene Ernährung zu informieren. Knapp die Hälfte und damit die Mehrheit der Kitas geben Informationen lediglich vereinzelt und unregelmäßig weiter. Bei der Häufigkeit der regelmäßig praktizierten Aktivitäten zeigen sich jedoch deutliche Unterschiede: Während in Berlin 44 % der Kitas die Kinder täglich informieren, machen dies in Brandenburg mit 23 % lediglich halb so viele. Im Vergleich zu Berlin werden in Brandenburg eher größere Zeitabstände angegeben.

Frühstücksmilch

In beiden Bundesländern gab eine deutliche Mehrheit der Einrichtungen (jeweils über 80 % der Kitas) an, den Kindern regelmäßig Frühstücksmilch anzubieten. Auch in der Frequenz des Angebots lassen sich keine Unterschiede finden: In fast allen Kitas (je 83 %) wird Frühstücksmilch täglich angeboten. In einigen Kitas in Berlin (7 %) und Brandenburg (9 %) gibt es sogar mehrmals täglich Frühstücksmilch.

Abbildung 5

Häufigkeit der regelmäßig praktizierten Aktivitäten des Themenfeldes Ernährung in Berliner Kitas

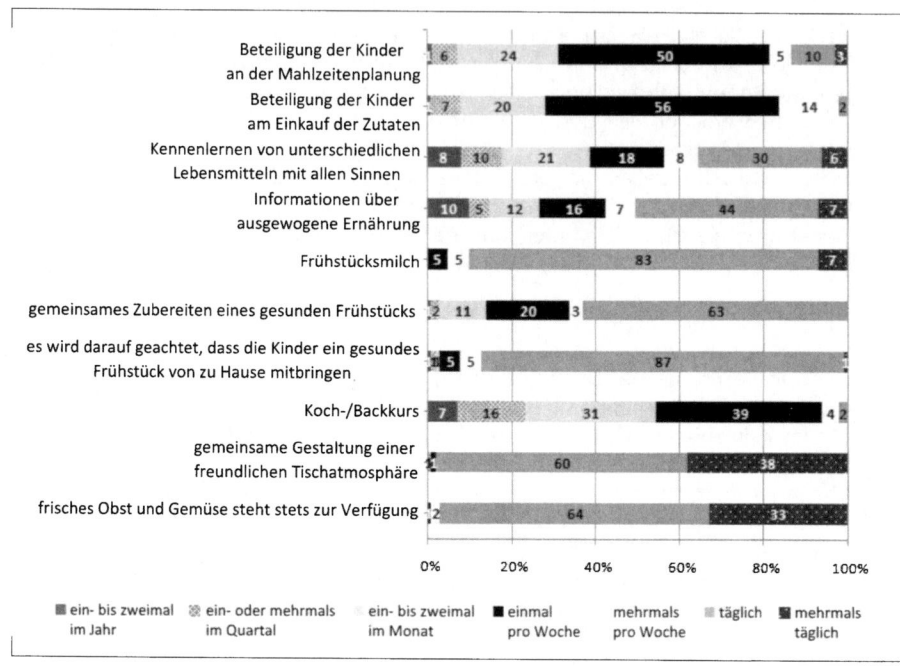

Abbildung 6:

Häufigkeit der regelmäßig praktizierten Aktivitäten des Themenfeldes Ernährung in Brandenburger Kitas

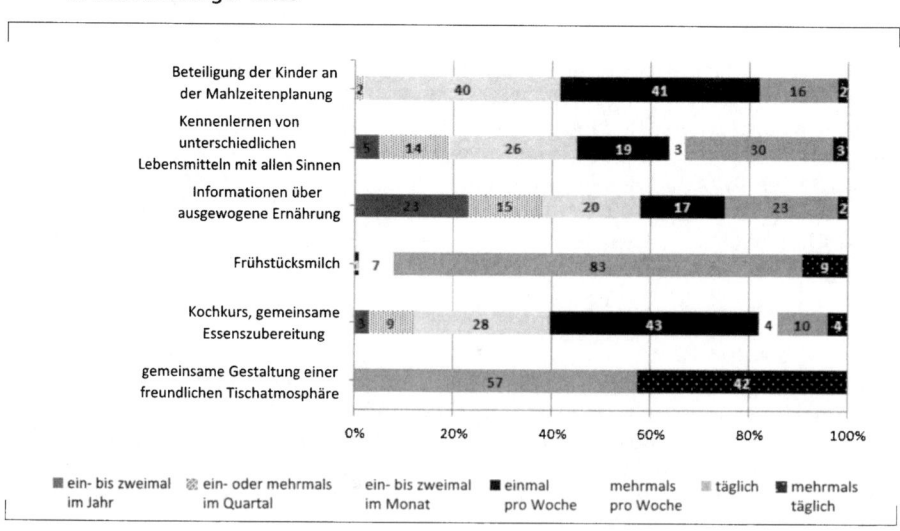

Kochkurs (gemeinsame Essenszubereitung)

Das Item „Kochkurs, gemeinsame Essenszubereitung" der Brandenburger Studie lässt sich am ehesten mit dem Item „Koch-/Backkurs" der Berliner Erhebung vergleichen; man muss dabei jedoch im Hinterkopf behalten, dass die Items nicht identisch sind und die Brandenburger Formulierung eher allgemeiner gehalten ist und dass sich dadurch Unterschiede in der Beantwortung ergeben können. Über die Hälfte der Berliner Kitas gab an, Koch- und Backkurse für die Kinder vereinzelt und unregelmäßig anzubieten. Regelmäßigkeit bejahten ein Drittel der Kitas in Berlin. In der Brandenburger Erhebung hingegen gab die Mehrheit der Kitas (44 %) an, Kochkurse bzw. die gemeinsame Essenszubereitung regelmäßig zu praktizieren. Vereinzelt findet das gemeinsame Kochen oder das Durchführen eines Kochkurses in 40 % der Brandenburger Kitas statt. Auch in der Frequenz des regelmäßigen gemeinsamen Kochens lassen sich Unterschiede finden. Die Berliner Kitas gaben eher größere Zeitabstände an, während in Brandenburg öfter höhere Frequenzen benannt wurden. In beiden Ländern wurde jedoch die Häufigkeit „einmal wöchentlich" von der Mehrzahl der Kitas geäußert.

Gemeinsame Gestaltung einer freundlichen Tischatmosphäre

Auf die gemeinsame Gestaltung einer freundlichen Tischatmosphäre legen sowohl in Berlin (93 %) als auch in Brandenburg (88 %) fast alle Kitas regelmäßig wert. Lediglich 5 % der Berliner und 8 % der Brandenburger Kitas gestalten nur unregelmäßig gemeinsam eine freundliche Tischatmosphäre. Auch bei der Häufigkeit zeigt sich in beiden Ländern ein ähnliches Bild. Von den Kitas, die Regelmäßigkeit bejahten, äußerten die meisten Kitas – 60 % in Berlin und 57 % in Brandenburg –, die Gestaltung der Tischatmosphäre täglich umzusetzen. 38 % bzw. 42 % der Kitas gestalten sogar mehrmals täglich diese Atmosphäre.

Fortbildungswünsche der Kita-Mitarbeiter/-innen

Die Kitas erhielten im Fragebogen die Gelegenheit, sich zu ihren Fortbildungswünschen zu äußern. Dabei hatten sie bei 13 verschiedenen Fortbildungsthemen die Möglichkeit, jeweils anzugeben, ob sie an Basis- bzw. Hintergrundwissen und/oder an praktischen Übungen interessiert sind oder ob kein Interesse besteht. Sowohl in der Berliner als auch in der Brandenburger Erhebung zeigte sich, dass Fortbildungen insgesamt von den Befragten sehr gewünscht werden. Generelles Interesse in irgendeiner Weise am Thema Ernährung äußerten in Berlin 60 % der Kitas und in Brandenburg 44 % und damit deutlich weniger Einrichtungen (vgl. Abbildung 7). Praktische Übungen zum Thema Ernährung erscheinen den Kita-Mitarbeiter/-innen in beiden Ländern attraktiver als Hintergrund- und Basisinformationen. Etwa jede fünfte Einrichtung in Berlin und Brandenburg gab an, an praktischen Übungen bzw. an konkreten Aktivitäten im Bereich Ernährung interessiert zu sein. In Berlin fand mit 18 % der Kitas im Vergleich zu Brandenburg mit 10 % der Kitas die Kombination aus Basiswissen und praktischen Übungen größeren Anklang.

Abbildung 7
Interesse an Fortbildungen im Bereich Ernährung (Berlin: n = 432; Brandenburg: n = 269)

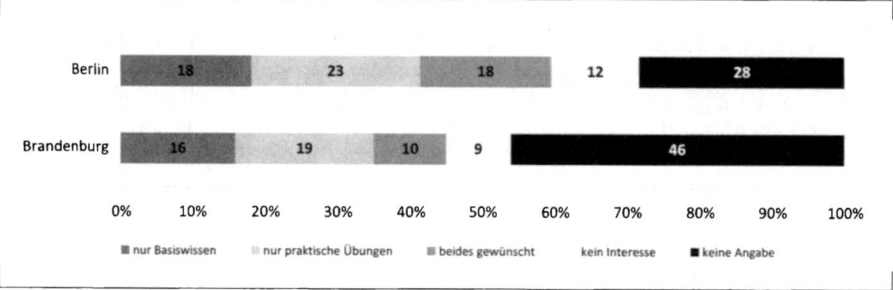

Zusammenfassung der Ergebnisse des Vergleichs

Das Thema Ernährung hat sowohl für die Kitas in Berlin als auch für die Brandenburger Einrichtungen bereits eine große Bedeutung. In den meisten Kitas beider
Länder stellt Ernährung in der alltäglichen Arbeit mit den Kindern einen zentralen
pädagogischen Schwerpunkt dar, zu dem immer wieder bewusst Aktivitäten umgesetzt werden.

Große Unterschiede zwischen Berlin und Brandenburg existieren bei der
Essensversorgung: Während in Berlin die Mehrzahl der Kitas ihr Essen selbst frisch
zubereitet, beziehen die meisten Brandenburger Kitas ihr Essen über einen Cateringservice. Aus ernährungsphysiologischer Sicht und für die Sinnesbildung der
Kinder wäre eine Frischkostverpflegung, wie sie schon in jeder zweiten Berliner
Kita vollzogen wird, optimal. In beiden Ländern werden bereits viele Maßnahmen
zum Thema Ernährung durchgeführt. So werden die Kinder in den meisten Kitas
in Berlin und Brandenburg in die Mahlzeitenplanung mit einbezogen und erhalten regelmäßig in den meisten Kitas Frühstücksmilch. Die Mehrzahl der Einrichtungen beider Länder versucht bewusst, eine freundliche Tischatmosphäre her-
zustellen. Etwa die Hälfte der Kitas informiert die Kinder über Fragen zu einer
ausgewogenen Ernährung. Das Kennenlernen unterschiedlicher Lebensmittel mit
allen Sinnen gehört dabei in Brandenburger Kitas noch etwas häufiger zum Stan-
dardangebot als in Berlin. Beim Vergleich der Häufigkeiten der angesprochenen
Aktivitäten wird ein Vorsprung Berlins gegenüber Brandenburg sichtbar. Die Gestaltung einer freundlichen Tischatmosphäre und die Bereithaltung von Frühstücksmilch gehören in Berlin und Brandenburg in etwa gleichem Umfang zum Stan-
dard; doch im Unterschied zu Berlin werden die Kinder in Brandenburger Kitas
häufiger in die Mahlzeitenplanung einbezogen und sie erhalten mehr Angebote
zum sinnlichen Kennenlernen von Lebensmitteln. Informationen über eine ausgewogene Ernährung werden jedoch in Brandenburg etwas seltener als in Berlin
vermittelt.

Literatur

Bethge, Gregor/Bressel, Heike:
Gesundheitsförderung in Berliner Kitas. Eine Bestands- und Bedarfserfassung von Ansätzen zur Gesundheitsförderung in Berliner Kindertagesstätten. Masterarbeit im Ergänzungsstudiengang „Psychosoziale Prävention und Gesundheitsförderung" der Freien Universität Berlin, Berlin 2009.

Ceglarek, Petra/Wulsch, Iris/Frenzel, Tom/Ihle, Wolfgang:
Gesundheitsförderung in Brandenburger Kindertagesstätten. Eine Bestandsaufnahme, Potsdam: Universitätsverlag 2006.

■ Ernährungsprojekte in Kitas. Eine Dokumentation von Projekten in Berlin und Brandenburg

Gregor Bethge/Heike Mehlhase/Rüya-Daniela Kocalevent/ Dieter Kleiber

Abstract

Mittels einer Internetrecherche bei Homepages von Krankenkassen, Bundes- und Landesministerien, Vereinen, Gesellschaften, Stiftungen und Instituten, ferner von Ernährungsplattformen, Fachzeitschriften und Kita-Netzwerken, wurde der Versuch unternommen, relevante Ernährungsprojekte in Berlin und Brandenburg zu ermitteln, die sich an Kinder im Vorschulalter wenden. Ermittelt wurden insgesamt 39 Projektangebote, von denen die Mehrzahl (n = 30) zugleich Bewegungsangebote offeriert. Bei einem Vergleich von Berlin und Brandenburg zeigt sich, dass Brandenburger Ministerien offenbar bezüglich der Trägerschaft und Förderung regionaler Projektangebote deutlich aktiver sind als die Berliner Senatsverwaltungen. Während seitens der Politik in Brandenburg immerhin neun Programme gefördert sind, wurde nur eines von der Berliner Senatsverwaltung und dieses zudem gemeinsam mit anderen Partnern getragen. Länderübergreifend realisiert werden von den Krankenkassen sechs Projekte, seitens verschiedener Bundesministerien und der Bundeszentrale für gesundheitliche Aufklärung immerhin zehn Projekte; ein weiteres „Kinder bewegen – Olympia bewegt die Kids" wird von der deutschen olympischen Gesellschaft getragen. So erfreulich die Projektvielfalt in der Gesundheitsregion ist, bleibt festzuhalten, dass Nachholbedarf bezüglich der Evidenzbasierung der Projektvorhaben besteht, von den 39 identifizierten Projektangeboten werden 23 evaluiert. Die beste Evaluierungsquote (neun von zehn) haben dabei in den Ländern realisierte Bundesprogramme.

Einleitung: Recherche und Datenauswahl

Ziel des nachfolgenden Beitrags ist es, die derzeit in Berlin und Brandenburg zum Thema Ernährung relevanten Projekte (Zielgruppe der Kinder von 0 bis 6 Jahren) zu dokumentieren.

Dazu wurden in einem ersten Schritt Informationen aus im Internet verfügbaren Datensammlungen von Krankenkassen, der Unfallkasse, von Bundes- und Landesministerien, Vereinen, Gesellschaften, Stiftungen, Instituten, Ernährungsplattformen, Fachzeitschriften und Kita-Netzwerken zusammengetragen. Zusätzlich wurden alle Krankenkassen per E-Mail und ergänzend auch telefonisch kontaktiert, um möglichst viele Informationen über die Angebote und Beteiligungen

der gesetzlichen Krankenkassen für Kinder im Alter von 0 bis 6 Jahren zum Handlungsfeld Ernährung zu erhalten.

Weitere Informationen wurden auf der Projekt-Plattform „Gesundheit bei sozial Benachteiligten" recherchiert. Dabei handelt es sich um eine bundesweite Datenbank für gesundheitsfördernde Projekte und Angebote, die im Auftrag der
Bundeszentrale für gesundheitliche Aufklärung (BZgA) von Gesundheit Berlin
e. V. aufgebaut und betreut wird. Weiterhin wurde in der Datenbank „Kinder-
Umwelt-Gesundheit" der Hochschule Magdeburg/Stendal, Fachbereich Sozial-
und Gesundheitswesen, der Datenbank der Netzwerkplattform „Kitas für Kitas",
sowie in der Datenbank der Landesarbeitsgemeinschaft für Gesundheitsförderung
„Gesundheit Berlin e. V." recherchiert.

Bundesprojekte, die auch in Berlin und Brandenburg realisiert werden, konnten auf den Seiten des Bundesministeriums für Gesundheit (BMG) und des Bundesministeriums für Ernährung, Landwirtschaft und Verbraucherschutz (BMELV) sowie auf der Homepage der BZgA recherchiert werden. Auf den Seiten der Berliner
Senatsverwaltung und des Brandenburger Ministeriums für Arbeit, Soziales, Gesundheit und Familie konnten landesspezifische Projekte und Beteiligungen ermittelt werden.

Die umfangreiche Internetrecherche auf Kita-spezifischen Netzwerkplatt-
formen, bei Vereinen, Gesellschaften, Stiftungen, Instituten, Ernährungsplattformen und Fachzeitschriften sowie auf deren Adress- und Projektlisten, ergab
viele Hinweise auf Ernährungsprojekte, die auf die Zielgruppe ausgerichtet sind.

Trotz der Vielzahl der ermittelten Projekte kann die vorliegende Projektliste
keinen Anspruch auf Vollständigkeit erheben, da nur die im Internet und die bei
den gesetzlichen Krankenkassen bekannten Projekte in die Liste aufgenommen
werden konnten.

Recherchiert wurde explizit nach Ernährungsprojekten für Kinder, die zwischen 0 und 6 Jahre alt sind und Berliner oder Brandenburger Kindertageseinrichtungen besuchen. Insgesamt wurden 39 Projektangebote zum Thema Ernährung
für Vorschulkinder in Kindertagesstätten in Berlin und Brandenburg ermittelt. Von
diesen enthält die Mehrzahl der Projekte (n = 30) zugleich Elemente, die auf die
Förderung von Bewegung zielen. Da eine unterschiedliche Datenlage in Berlin
und Brandenburg vorgefunden wurde, entsteht der Eindruck, dass das Projektan-
gebot zum Recherchezeitpunkt in Brandenburg dichter ist als in Berlin. Um inhaltlich wesentliche Punkte zu erfassen und eine optimale Übersicht zu gewährleisten,
wurden in der Projektliste folgende Differenzierungsmerkmale gewählt:
- Differenzierung nach Region
- Differenzierung nach Träger
- Differenzierung nach qualitativen Merkmalen

Unterscheidung nach Region

Bei der Auswertung wurden die ermittelten Projektangebote für Kinder unterteilt
in:
- Angebote, die in Berlin und Brandenburg gleichermaßen zur Verfügung stehen, d. h. Projekte und Programme, die bundesweit oder in den Modellregionen Berlin und Brandenburg durchgeführt werden (n = 17)
- Angebote für Brandenburger Kinder (n = 15)
- Angebote für Berliner Kinder (n = 7)

Unterscheidung nach Träger

Zusätzlich zur regionalen Differenzierung wurde in einem zweiten Schritt nach weiteren Kriterien unterschieden:

- nach Angeboten und Programmen der gesetzlichen Krankenkassen (n = 8)
- nach Angeboten und Programmen von Bundes- und landespolitischer Seite (Bund, Länder und Kommunen) (n = 20)
- sowie nach Angeboten sonstiger Träger, Vereine, Gesellschaften und Stiftungen (n = 11)

Unterscheidung nach qualitativen Merkmalen

Um die Angebote auch qualitativ bewerten zu können, wurden von den Projekten verschiedene Merkmale erfasst:

- Projektname
- konkreter Träger des Projektes (auch Mischkonstellationen mehrerer Träger und Erfassung von Kooperationspartnern)
- Zielgruppe (Alter der Kinder, Eltern bzw. Familie, Kita-Personal, Multiplikatoren, Träger, Verantwortliche aus der Kommunalpolitik und dem Gesundheitssystem etc.)
- Evaluation („ja", „nein" oder „nicht erfassbar")
- Kurzbeschreibung, Inhalte und Ziele der Projekte (wenn die Dauer des Projektes bekannt war, wurde diese mit erfasst, ebenso wie zusätzliche Handlungsfelder der Gesundheitsförderung, die mit dem Projekt abgedeckt werden, zum Beispiel das Themenfeld „Bewegung")
- Kontakt (Adresse, Telefon, Fax, E-Mail, Homepage, Ansprechpartner/-in, Projektteilnehmer/-innen)
- Quelle (Internetquelle)

Alle Projektverantwortlichen wurden per E-Mail und zusätzlich telefonisch kontaktiert, um zu erfahren, ob eine Evaluation stattgefunden hat.

Projekte in Berlin

Krankenkassen

Tabelle 1
Übersicht über die Projekte von Krankenkassen in Berlin

Name	Träger	Zielgruppe	Dauer	Evaluation	Bewegung
TOPfit – Kinder in Bewegung/ Kleine kommen ganz groß raus	AOK-Berlin, AOK, Landessport- bund Berlin	Kinder, Eltern, Kitas in Kooperation mit dem Landessport- bund Berlin	seit 2002	nein	ja

Die AOK Berlin ist nach unseren Recherchen derzeit (noch) die einzige Krankenkasse, die mit ihrem Projekt „TOPfit – Kinder in Bewegung"/„Kleine kommen ganz groß raus", ein örtlich auf Berlin beschränktes Angebot gemeinsam mit dem Landessportbund Berlin realisiert (vgl. Tabelle 1). In diesem Programm werden sowohl Maßnahmen zur Ernährungsbildung wie gezielte Bewegungsangebote kontinuierlich vorgehalten.

Politik

Tabelle 2
Übersicht über die Projekte der Politik in Berlin

Name	Träger	Zielgruppe	Dauer	Evaluation	Bewegung
Kitas bewegen – für die gute gesunde Kita	Senatsverwaltung für Bildung, Wissenschaft und Forschung, Bertelsmann Stiftung, Bezirk Mitte, AOK Berlin	Kinder, Eltern/ Familien, Erzieher/-innen, pädagogische Mitarbeiter/ -innen, Kita-Leitungen, Träger der Einrichtungen, Verantwortliche auf kommunaler Ebene und des Gesundheitssystems	2006 12/2008	ja	ja

Gemeinsam mit der Bertelsmann Stiftung, dem Bezirk Mitte und der AOK Berlin setzt die Senatsverwaltung für Bildung, Wissenschaft und Forschung das Projekt „Kitas bewegen – für die gute gesunde Kita" um (vgl. Tabelle 2). 15 Kitas aus dem Bezirk Mitte waren daran beteiligt. Das Projekt zielt auf die Verbesserung der Bildungs- und Gesundheitschancen von Kindern, unterstützt den Entwicklungsprozess von Kindertageseinrichtungen hin zu guten, gesunden Lebens-, Lern- und Arbeitswelten für Kinder und Erzieher/-innen. Ein weiteres Ziel ist es, Grundlagen für eine gelingende Entwicklung – und damit für gesellschaftliche Teilhabe – der Kinder zu schaffen. In einer Pilotphase, die von 2006 bis 2009 in zwei Modellregionen Berlin-Mitte und Münster umgesetzt wurde, waren zunächst 15 Kitas und sechs Grundschulen in Berlin-Mitte, sowie 14 Kitas und vier Grundschulen in Münster einbezogen. Zwischenzeitlich wurde aufgrund des Erfolges eine Transferphase begonnen, die noch bis 2011 gefördert wird und in die 38 Einrichtungen in Berlin einbezogen sind.[1]

1   Für mehr Informationen vgl. http://www.bertelsmann-stiftung.de/cps/rde/xchg/bst/hs. xsl/prj_33520.htm

Weitere in Berlin aktive Träger, Vereine, Gesellschaften und Stiftungen

Tabelle 3
Übersicht über die Projekte von weiteren in Berlin aktiven Trägern, Vereinen, Gesellschaften und Stiftungen

Name	Träger	Zielgruppe	Dauer	Evaluation	Bewegung
Förderung der gesunden Ernährung in den Kitas des Soldiner Kiez/Berlin	Labyrinth Kindermuseum Berlin gGmbH	alle Personen der Lebenswelt Kita, Vorschulkinder (1–5 Jahre), Erwachsene (30–59 Jahre)	01/ 2006– 12/2007	ja	nein
Ernährungs- projekt Kita	Aufwind Kita- verbund-Jugend und Sozialwerk	Küchenpersonal, Erzieher/-in- nen und Eltern, Kindergartenkinder	seit April 2007	nein	nein
Erlebniswerk- statt Gesund- heit – Gesundheit zum Anfassen	MUT Gesell- schaft für Gesundheit mbH, gefördert durch das Arbeitsamt Mitte	Vorschulkinder, Grundschulkinder	2002–2003	nein	ja
Dicke Freunde	Sport Club Siemensstadt / Sport- und Freizeitzentrum Siemensstadt	übergewichtige Vorschulkinder bis 12 Jahre und deren Eltern	seit 2002	nein	ja
Fitness für Kids – Frühpräven- tion im Kindergarten- alter durch Bewegungs- und Ernährungs- erziehung	DGPR – Deutsche Gesellschaft für Prävention und Rehabilitation für Herz- Kreislauferkran- kungen e. V., gesetzliche Krankenversi- cherung KKH- Allianz, Plan- und Leitstellen für Gesundheit (Mitte, Pankow, Marzahn, Lichtenberg), Humboldt- Universität zu Berlin /Institut für Sportwissen- schaft, Gesundes Städtenetzwerk	Kinder, Erzieher/-innen	läuft	ja	ja

Zwei Projekte wurden und drei Projekte werden von freien Trägern, Vereinen und Gesellschaften zum Handlungsfeld Ernährung auf Berliner Kitas beschränkt angeboten (vgl. Tabelle 3). Drei dieser Projekte haben einen Bewegungsanteil integriert. Die „Erlebniswerkstatt Gesundheit – Gesundheit zum Anfassen" der MUT Gesellschaft für Gesundheit wird derzeit weiter fortgeführt, allerdings nicht mehr für Vorschulkinder, sondern nur für Grundschulkinder und richtet sich vor allem an Kinder mit Migrationshintergrund. Hervorzuheben ist auch das im Bezirk Reinickendorf angesiedelte Projekt „Aufwind"[2], das als Träger für Schüler/-innen und Familien im Norden Berlins fungiert. Etwa 60 Mitarbeiter/-innen realisieren über Angebote für Kinder, Jugendliche, Eltern, Familien, Lehrer/-innen und andere Professionelle Hilfen bei Problemen in und mit der Schule sowie in der Familie. Unter Einbeziehung einer Ernährungsberaterin wurde u. a. die Kost in den Kitas auf Bioprodukte umgestellt. Mithilfe von Fortbildungen werden Kinder, Eltern, Küchenpersonal und Erzieher/-innen integriert. Zusätzlich werden Kochkurse zur Stabilisierung des Ernährungsbewusstseins durchgeführt.

Projekte in Brandenburg

Krankenkassen

Tabelle 4
Übersicht über die Projekte von Krankenkassen nur in Brandenburg

Name	Träger	Zielgruppe	Dauer	Evaluation	Bewegung
Pfiffikus durch Bewegungsfluss	AOK Brandenburg – die Gesundheitskasse, Ministerium für Bildung, Jugend und Sport, Internationaler Bund	Kinder, Eltern, Erzieher/-innen 4 Kitas in Potsdam	2002–2005	ja	ja

Das Projekt „Pfiffikus durch Bewegungsfluss" legt seinen Schwerpunkt auf das Handlungsfeld Bewegung, um optimale biologische Bedingungen zu schaffen, die eine ganzheitliche Entwicklung auf hohem Niveau ermöglichen. Aus dem Projekt heraus entstanden eine Übungssammlung und eine Fortbildungsreihe für Erzieher/-innen, damit die Ergebnisse dieses Projekts in weiteren Kitas umgesetzt werden können (vgl. Tabelle 4).

2   Vgl. http://www.aufwind-berlin.de.

Politik

Insgesamt neun Projekte wurden durch die Landespolitik Brandenburg initiiert und in Trägerschaft begleitet (vgl. Tabelle 5). Davon decken sieben Projekte auch das Themenfeld Bewegung ab. Bei sechs von neun Projekten ist die Brandenburgische Landesstelle für Suchtfragen (BLS) als Träger beteiligt. Zwei Projekte kommen aus der Kommunalpolitik: Die Stadt Senftenberg ermöglicht eine Ausschreibung und Zertifizierung mit einem Gütesiegel für ihre Kitas und die Stadt Baruth/Mark öffnet ihre Kita einmal monatlich als Kinderhotel für alle Kinder, um Familien zu gewinnen und ihnen gesundheitsfördernde Ziele nahe zu bringen. Das Projekt „Elterntratschcafe" wendet sich an die Zielgruppen Kinder aus Familien mit Migrationshintergrund, Kinder aus sozialen Brennpunkten und Kinder mit Entwicklungsauffälligkeiten. Die Internetplattform des Projektes „Kitas für Kitas – Transfer guter Beispiele im Setting Kita" steht allen Brandenburger Kitas zur Verfügung.[3] Hier besteht die Möglichkeit, mithilfe eines einfachen Suchverfahrens gezielt nach Projekten zu recherchieren. Der Regionale Knoten Brandenburg in Trägerschaft der Brandenburgischen Landesstelle für Suchtfragen ermöglicht ein Zertifizierungsverfahren zur Qualitätssicherung und -entwicklung für Brandenburger Kitas, die sich mit Gesundheit und Gesundheitsförderung auseinandersetzen und ihren Gesundheitsstatus prüfen wollen.

Tabelle 5
Übersicht über die Projekte der Politik in Brandenburg

Name	Träger	Zielgruppe	Dauer	Evaluation	Bewegung
Bündnis Gesund Aufwachsen in Brandenburg (BGA)	Ministerium für Arbeit, Soziales, Gesundheit und Familie fungiert als Initiator und Moderator eines Bündnisses von zwischenzeitlich 60 Mitgliedern	Kinder und Jugendliche in Brandenburg	läuft		ja

---

3   Vgl. www.kitas-fuer-kitas.de.

Fortsetzung Tabelle 5

Name	Träger	Zielgruppe	Dauer	Evaluation	Bewegung
BIO-Essen = teuer? – Bei uns nicht!	Brandenburgische Landesstelle für Suchtfragen (blvs), öffentliche Förderung	Vorschulkinder (1–6 Jahre), Schulkinder (6–12 Jahre), Eltern, Mitarbeiter/-innen der beteiligten Einrichtungen, sonstige Bezugspersonen (z.B. Großeltern)	läuft	ja	nein
Gesunde Kindertagesstätte der Stadt Senftenberg	Stadt Senftenberg	Senftenberger Kitas	seit 2008	nein	ja
Elterntratschcafé	Brandenburgische Landesstelle für Suchtfragen (blvs), öffentliche Förderung	Vorschulkinder (3–6 Jahre), Schulkinder (6–12 Jahre) – insbesondere Kinder aus Familien mit Migrationshintergrund, aus sozialen Brennpunkten, mit Entwicklungsauffälligkeiten –, Eltern, Mitarbeiter/-innen der beteiligten Einrichtungen, sonstige Bezugspersonen (z.B. Großeltern)	läuft	nein	nein

Fortsetzung Tabelle 5

Name	Träger	Zielgruppe	Dauer	Evaluation	Bewegung
Kinder ganzheitlich fit machen	Brandenburgische Landesstelle für Suchtfragen (blvs), öffentliche Förderung, Kitaträger, ehrenamtliche Mitarbeiter/ -innen, öffentliche Förderung	Vorschulkinder (1–6 Jahre)	läuft	nein	ja
Internetportal Kitas für Kitas – Transfer guter Beispiele im Setting Kita	Brandenburgische Landesstelle für Suchtfragen e. V. (BLS e. V.); auf Initiative des Regionalen Knotens Brandenburg (in Trägerschaft der BLS e. V.), des Ministeriums für Arbeit, Soziales, Gesundheit und Frauen (MASGF), des Ministeriums für Bildung, Jugend und Sport (MBJS), Arbeitsgemeinschaft der Verbände der Krankenkassen im Land Brandenburg sowie „Netzwerk Gesunde Kita".	Brandenburger Kitas, Krankenkassenverbände in Brandenburg (ARGE) und Netzwerk „Gesunde Kita"	läuft	nein	ja

Fortsetzung Tabelle 5

Name	Träger	Zielgruppe	Dauer	Evaluation	Bewegung
Emmi – Eltern machen mit, ein Wettbewerb für gesunde Kitas in Brandenburg	Ministerium für Arbeit, Soziales, Gesundheit und Familie in Kooperation mit dem Regionalen Knoten „Gesundheitsförderung bei sozial Benachteiligten"; neuer Partner des Förderpreises ist die AOK Brandenburg	Kitas in Brandenburg, die Initiativen zur psychosozialen Gesundheitsförderung und Prävention anbieten und dabei aktiv die Eltern einbeziehen	seit 2005	nein	ja
Kinderhotel / Kinderbauernhof	Stadt Baruth/Mark	alle Personen innerhalb einer Lebenswelt, z. B. Schule, Kindergarten, Nachbarschaft, Stadtteil	seit 2004	ja	ja
Audit gesunde Kita – ein Zertifizierungsverfahren für gesundheitsfördernde Kitas	Regionaler Knoten Brandenburg, Brandenburgische Landesstelle für Suchtfragen	Kitas in Brandenburg	läuft	ja	ja

Sonstige in Brandenburg aktive Träger, Vereine, Gesellschaften und Stiftungen

Mithilfe von freien Trägern, Vereinen und Gesellschaften können im Land Brandenburg fünf Projekte zum Thema Ernährung in Brandenburger Kindertagesstätten durchgeführt werden (vgl. Tabelle 6). In drei Projekten gibt es auch Bewegungsangebote. Im Rahmen des „Netzwerk Gesunde Kita", einer vom Ministerium für Arbeit, Soziales und Familie unterstützten Initiative des Landes Brandenburg (MASF) werden verschiedene Maßnahmen zur Gesundheitsförderung im Kleinstkindalter realisiert.[4] Im Netzwerk haben sich zwischenzeitlich nach eigenen An-

4   Vgl. http://www.gesunde-kita.net.

gaben 34 Mitglieder zusammengeschlossen. Ein besonderer Fokus wird auf die Beteiligung von Eltern und Familie in der Kita gelegt. Darüber hinaus stehen in dem Netzwerk Kommunikation, gegenseitige Hilfe, Austausch von Fachwissen, Beratung, gemeinsame Fortbildung und Qualifikation im Vordergrund, die sich für Bewegungs- und Sinnesförderung, gesunde Ernährung und die Früherkennung in Kita und Familie einsetzen.[5]

Unter dem Projekttitel „Templin – Die bewegungs- und ernährungsfreundliche Kur- und Bäderstadt" hat sich unter Trägerschaft der „Waldhofschule der Stephanus-Stiftung", die übrigens Deutscher Schulpreisträger 2010 geworden ist, ein Netzwerk „Bildung für alle" gebildet, dessen Partner gemeinsam mit mehreren Initiativen, Institutionen und Einrichtungen in der Stadt und Region Templin mehr Lebensqualität und Gesundheitsbewusstsein schaffen wollen. Die dort beteiligten 55 Kooperationspartner verfolgen gemeinsam das Ziel, eine deutliche Reduzierung des durchschnittlichen Gewichts der Kinder bis zum Alter von zwölf Jahren und eine Erhöhung der Motivation zu einem gesundheitsbewussten Lebensstil zu erreichen. Der Interventionsansatz des Netzwerkes sieht eine Vielzahl von Maßnahmen vor, von denen im Folgenden nur einige genannt werden können.[6] Im Vordergrund stehen dabei die Settings Kita und Schule:

- halbjährliche Schulung der Erzieher/-innen in Ernährungsfragen und im sportmedizinischen Bereich,
- Berücksichtigung von Aspekten gesunder Ernährung bei der Speisenplanung (es stehen drei Ernährungsberaterinnen zur Verfügung) und Umgestaltung der Frühstücks- und Mittagspausen,
- Projekttage zur Wissensvermittlung (Kinderlehrküchen, gemeinsames Einkaufen, „Aktiver Pausenhof"), z.T. unter Beteiligung der Eltern, Projektfeste, jährliches Familiensportfest,
- Durchführung monatlicher Wanderungen zur Verbesserung der Ausdauer,
- Umgestaltung von Aufenthaltsräumen und Außengelände (z.B. Anlegen von Gärten), Einrichtung von Bewegungspausen,
- Angebot an die Eltern, monatlich Verkostungen am Gesundheitsbuffet wahrzunehmen,
- halbjährliche Schulung der Tagesmütter in Ernährungs- und Bewegungsfragen,
- Schulung von Studierenden zum Erzieher bzw. Heilerziehungspfleger durch eine Ernährungsberaterin.

Im August 2004 wurde die „LSB SportService Brandenburg gGmbH" als 100-prozentige Tochter der Brandenburgischen Sportjugend im Landessportbund Brandenburg e. V. gegründet. Mit dem Projekt „Bewegungs- und gesundheitsorientierten Kindertagesstätten" kümmert sich der Landessportbund Brandenburg vordringlich um die Beseitigung von Entwicklungs- und Bewegungsdefiziten, die nachgewiesenermaßen bereits im frühen Kindesalter auftreten. Das Hauptaugenmerk liegt zwar auf dem Handlungsfeld Bewegung, doch spielen inhaltliche und strukturelle Fragen gesunder Ernährung ebenfalls eine wichtige Rolle.

---

5   Vgl. http://www.masf.brandenburg.de/sixcms/detail.php/bb1.c.214935.de.
6   Diese Maßnahmen werden auf der Homepage des Netzwerkes ausführlicher vorgestellt, vgl. URL: http://www.besseressenmehrbewegen.de/index.php?id=503.

Tabelle 6
Übersicht über die Projekte von sonstigen Trägern, Vereinen, Gesellschaften und
Stiftungen nur in Brandenburg

Name	Träger	Zielgruppe	Dauer	Evaluation	Bewegung
Templin – Die bewegungs- und ernährungsfreundliche Kur- und Bäderstadt. Projekt „Besser essen. Mehr bewegen." Eine Kinderleicht – Region	Hoffbauer ggmbH	alle Personen der Lebenswelten Kindergarten, Schule, aber auch der Nachbarschaft, des Stadtteils und Tagesmütter. Säuglinge, Vorschulkinder (1–5 Jahre), Schulkinder (6–10 Jahre)	08/2006 –08/2009	ja	ja
Gesunde Ernährung – Kita Butzemannhaus	Kita und Netzwerk Gesunde Kita	Vorschulkinder der Kita (50 Kinder von 0–6 Jahren)	läuft	nein	nein
Gesunde Ernährung in der Kita „Am Pfingstberg"	Kita und Netzwerk Gesunde Kita	Vorschulkinder (0–6 Jahre) und Hortkinder (6–12 Jahre)	bis 2009	nein	nein
Netzwerk gesunde Kita (gesunde-kita. NETzwerk)[7]	pädal – pädagogik aktuell e.V. Kooperationspartner: Unfallkasse Brandenburg, Kneippverein Falkensee und Umgebung e.V. Förderer: MASGF	Erzieher/-innen, Eltern, Familien und Kinder, Träger und interessierte Kooperationspartner	läuft	nein	ja

---

7 Vgl. http://www.gesunde-kita.net.

Fortsetzung Tabelle 6

Name	Träger	Zielgruppe	Dauer	Evaluation	Bewegung
Bewegungs- und gesundheits- orientierte Kin- dertagesstätte	Landessport- bund Branden- burg	Kinder von 1–6 Jahren, vor allem gerichtet an die Zielgruppe: Alleinerziehende, Personen mit Behinderung, Personen mit niedrigem sozia- len Status	seit 2005	ja	ja

Bundesweite Projekte, die auch in Berlin und Brandenburg realisiert werden

Krankenkassen

Derzeit werden in Berlin und Brandenburg sechs Projekte von den gesetzlichen Krankenkassen angeboten (vgl. Tabelle 7). Bis auf ein Projekt beinhalten alle Pro- jekte zugleich Angebote zur Bewegungsförderung. Drei Projekte werden von der Betriebskrankenkasse Verkehrsbau Union (BKK VBU) getragen. Das Projekt „Tiger- Kids" vom AOK Bundesverband wird bundesweit durchgeführt und erreicht deutschlandweit immerhin 2.551 Kitas und 125.000 Familien. 6.000 Erzieher/-in- nen werden mit „TigerKids" geschult. Bei dem innovativen Projekt „Fit Kid im Kochbus" der BKK VBU und der Barmenia Krankenversicherung können Kinder die Vielfalt der Lebensmittel entdecken und gesunde Ernährung aktiv erleben. Die Techniker Krankenkasse führt kein eigenes konkretes Projekt durch, macht aber das Angebot, verschiedene Projekte zur Gesundheitsförderung in den Kitas finan- ziell bis zu 5.000 Euro zu unterstützen und bei der Planung, dem Ablauf und der Bewertung der Projekte einen Leitfaden zur Verfügung zu stellen. Mit dem Thema der „Kinderlebensmittel" setzt sich die Vereinigte Innungskrankenkasse (IKK) un- ter anderem in ihrem Projekt „Ein Kindergarten bewegt sich" auseinander.

Tabelle 7
Übersicht über die Projekte von Krankenkassen in Berlin und Brandenburg

Name	Träger	Zielgruppe	Dauer	Evaluation	Bewegung
TigerKids	AOK Bundesver- band	Vorschulkinder, Eltern, Kinder- gartenteams	läuft	ja	ja

Fortsetzung Tabelle 7

Name	Träger	Zielgruppe	Dauer	Evaluation	Bewegung
Gesunde Kindergärten – „Fit von klein auf"-Wettbewerb	Betriebskrankenkasse Verkehrsbau Union (BKK VBU), Unterstützung durch: Senatsverwaltung für Gesundheit, Soziales und Verbraucherschutz des Landes Berlin, Ministerium für Arbeit, Soziales, Gesundheit und Familien des Landes Brandenburg, Gesundheit Berlin e. V. und Landessportbund Brandenburg	Brandenburger und Berliner Kitas	läuft	ja	ja
Gesunde Kita	BKK VBU & Partner	Brandenburger und Berliner Kitas	seit 2006	nein	ja
Fit Kid im Kochbus	BKK VBU und Barmenia Krankenversicherung	12 Kindergärten in Berlin und Brandenburg	läuft	nein	nein
Gesunde Kita	Techniker Krankenkasse (TK)	Kindertagesstätten, die Förderung für eigene Gesundheitsprojekte haben wollen	läuft	nein	ja
Ein Kindergarten bewegt sich	Vereinigte Innungskrankenkasse (IKK)	Erzieher/-innen, Kindergartenkinder, Eltern	läuft	nein	ja

Politik

Tabelle 8
Übersicht über die Projekte der Politik in Berlin und Brandenburg

Name	Träger	Zielgruppe	Dauer	Evaluation	Bewegung
Nationaler Aktionsplan „INFORM – Deutschlands Initiative für gesunde Ernährung und mehr Bewegung"	Bundesministerium für Ernährung, Landwirtschaft und Verbraucherschutz (BMELV), Bundesministerium für Gesundheit (BMG)	Bevölkerung in Deutschland	2008 –2020	ja	ja
„FIT KID – Die Gesund-Essen-Aktion für Kitas"	Projekt im Rahmen der Kampagne „BESSER ESSEN. MEHR BEWEGEN – KINDER-LEICHT", durchgeführt vom BMELV und der Deutschen Gesellschaft für Ernährung e. V.	Kinder ab 3 Jahren, Mitarbeiter/-innen in Kitas, Tagespflegepersonen, Eltern und Hebammen, alle Personen, die mit Kinderernährung zu tun haben (Multiplikator/-innen)	seit 2002	ja	nein
Kinderleicht-on-tour	BMELV, aid infodienst e. V. (aid)	Familie, Schulen, Kindergärten	2005 –2009	nein	ja
Gesunde Kitas – Starke Kinder	Plattform Ernährung und Bewegung e. V. (peb) mit Förderung des BMELV	Familien, Kinder, Erzieher/-innen, Träger von Kitas	2007 –2009	ja	ja

Fortsetzung Tabelle 8

Name	Träger	Zielgruppe	Dauer	Evaluation	Bewegung
Bio kann jeder!	BMELV, seit 2008 offizielle Maßnahme des Nationalen Aktionsplans der UN-Dekade „Bildung für nachhaltige Entwicklung": BMELV, Bundesanstalt für Landwirtschaft und Ernährung (BLE) in Verbindung mit regionalen Institutionen, die im Bereich der Ernährungsaufklärung aktiv sind	Verpflegungsverantwortliche (Träger, Caterer, Lehrer/-innen, Erzieher/-innen, Eltern etc.) sowie Multiplikator/-innen	2003 -2011	ja	nein
Apfelklops & Co	Bundeszentrale für gesundheitliche Aufklärung	Kinder ab 5 Jahren (Kitas und Schulen), Erzieher/-innen, Lehrer/-innen	seit 2000	ja	ja
Besser Essen. Mehr Bewegen. Kinderleicht-Regionen	BMELV, BLE, Max Rubner-Institut (MRI), 24 Modellregionen	Kinder, Schwangere, junge Eltern, Familien, regionale Netzwerke und Akteure, interessierte Öffentlichkeit	2006 -2009	ja	ja
plattform ernährung und bewegung e. V. (peb) in den Regionen	peb mit Förderung des BMELV	Multiplikator/-innen, regionale Netzwerke und Akteure	2008 -2009	ja	ja
Nationaler Aktionsplan „Für ein kindergerechtes Deutschland 2005–2010"	BMFSFJ, Bund, Länder, Kommunen, Verbände, NGO's	Bund, Länder, Kommunen, Träger von Einrichtungen, Kindergartenkinder	2005–2010	ja	ja

Fortsetzung Tabelle 8

Name	Träger	Zielgruppe	Dauer	Evaluation	Bewegung
Gesundheits-förderung im Rahmen des „Forums frühkindliche Bildung" und des „Aktions-programms Kindertages-pflege"	BMFSFJ, Bund, Länder, Kommunen, Träger	Erzieher/-innen, Tagespflege-personen	läuft	ja	ja

Von der Bundespolitik wurden insgesamt zehn Projekte und Programme bzw. Aktionspläne zum Thema Ernährung aufgelegt, die auch die Zielgruppe der Kindertagesstättenkinder (0–6 Jahre) anspricht (vgl. Tabelle 8). Acht Projekte beinhalten zusätzlich Gesundheitsförderung zum Handlungsfeld Bewegung. Das Bundesministerium für Ernährung, Landwirtschaft und Verbraucherschutz ist in neun dieser Projekte involviert. Das Projekt „Apfelklops & Co" der Bundeszentrale für gesundheitliche Aufklärung besteht schon seit neun Jahren und erreicht bundesweit etwa 10.000 Kinder (Kitas und Schulen) und ihre Familien. Kitas werden angesprochen, allerdings sind die Kinder der Zielgruppe fünf Jahre und älter, jüngere Kinder werden mit „Apfelklops & Co" nicht erreicht. Die evaluierten Angebote der Plattform für Ernährung und Bewegung e. V. (peb) mit Förderung des BMELV unterstützt die Kindertagesstätten mit vor Ort entwickelten Lösungsansätzen zu den Themen ausgewogene Ernährung und Bewegung/Entspannung.

Sonstige Träger, Vereine, Gesellschaften und Stiftungen

Tabelle 9
Übersicht über die Projekte von sonstigen Trägern, Vereinen, Gesellschaften und Stiftungen in Berlin und Brandenburg

Name	Träger	Zielgruppe	Dauer	Evaluation	Bewegung
„Kinder bewegen" – Olympia bewegt die Kids	Deutsche Olympische Gesellschaft	Kindergarten-kinder, Erzieher/-innen, Eltern	läuft	ja	ja

Die Deutsche Olympische Gesellschaft richtet sich mit ihrem Projekt „Kinder bewegen – Olympia bewegt die Kids" an alle Kitas der Bundesrepublik – und somit auch an jene in Berlin und Brandenburg –, die bisher noch keinen Bewegungsschwerpunkt gesetzt haben (vgl. Tabelle 9). Diesen Kitas wird angeboten, sich zu einem Modellkindergarten des Projekts „Kinder bewegen" zu entwickeln. Neben dem pädagogischen Konzept, das sich an der Psychomotorik orientiert, steht auch eine Ernährungs- und Gesundheitsberatung auf dem Plan.

Vergleich Berlin und Brandenburg

Tabelle 10
Übersicht über Projekte nach Regionen, differenziert nach Trägern

	Bundesweite Projekte und Programme (geltend für Berlin und Brandenburg)	Spezifische Brandenburger Projekte und Programme	Spezifische Berliner Projekte und Programme
Krankenkassen	6	1	1
Politik	10	9	1
Sonstige Träger, Vereine, Gesellschaften und Stiftungen	1	5	5

Krankenkassen

Lokal begrenzt wird in Berlin und Brandenburg jeweils nur ein Projekt von Krankenkassen angeboten. Dies ist in beiden Fällen die AOK, zum einen die AOK-Berlin, zum anderen die AOK-Brandenburg. Beide AOK-Ortskrankenkassen sind außerdem jeweils einmal an einem Projekt beteiligt, das in der Trägerschaft der Landespolitik angeboten wird. Insgesamt gibt es sechs länderübergreifende Projekte der gesetzlichen Krankenkassen, die in Berlin und Brandenburg gleichermaßen von den Krankenkassen durchgeführt werden: ein Projekt des AOK-Bundesverbandes (bundesweites Angebot), drei Projekte der BKK VBU (Angebot für Berlin und Brandenburg), ein Programm der Techniker Krankenkasse (bundesweites Angebot) und ein Projekt der Vereinigten IKK (bundesweites Angebot). Die Kaufmännische Krankenkasse und die Barmenia sind jeweils an einem Projekt beteiligt.

Politik

In Brandenburg hat die Landespolitik neun Projekte initiiert und ist hier auch direkter Träger, während die Berliner Landespolitik nur bei einem Projekt die Trägerschaft hat, die sie zudem mit anderen Partnern teilt. Die Senatsverwaltung für Gesundheit, Soziales und Verbraucherschutz des Landes Berlin ist bei einem Projekt der Krankenkassen für Berlin und Brandenburg mit beteiligt. Die Plan- und

Leitstelle für Gesundheit der Berliner Bezirke Mitte, Pankow, Marzahn und Lichtenberg ist ebenfalls bei einem nur in Berlin angebotenen Projekt beteiligt.
Die Brandenburgische Landesstelle für Suchtfragen (BLS) und das Ministerium für Arbeit, Soziales, Gesundheit und Familie in Brandenburg sind die größten Akteure in der Projektlandschaft zum Thema Ernährung und gesunde Kita im Land Brandenburg.

Sonstige Träger, Vereine, Gesellschaften und Stiftungen
Von freien Trägern, Vereinen, Gesellschaften und Stiftungen wurden in Berlin und Brandenburg jeweils fünf Projekte ins Leben gerufen. Ein bundesweites Projekt der Deutschen Olympischen Gesellschaft findet in beiden Bundesländern statt.

Internetadressen zum Thema Ernährung in Kitas

Die Internetadressen bieten die Möglichkeit, sich über die einzelnen Projekte zu informieren und Kontakt zu den jeweiligen Ansprechpartner/innen aufzunehmen. Die Recherche- und Informationsmöglichkeiten gehen aber weit darüber hinaus.

Krankenkassen

AOK
www.tigerkids.de (AOK)
www.aokberlin.de (AOK Berlin)
www.aok.de/bra (AOK Brandenburg)

IKK
www.ikk.de
www.vereinigte-ikk.de
www.tk-online.de (TKK)
www.meine-krankenkasse.de (BKK-VBU)
www.barmer.de (Barmer Ersatzkasse)
www.dak.de (Deutsche Angestellten Krankenkasse)
www.gek.de (Gmünder Ersatzkasse)
www.hamburgmuenchener.de
www.hek.de (Hanseatische Krankenkasse)
www.kkh.de (Kaufmännische Krankenkasse)
www.bundesknappschaft.de

Unfallkasse
www.unfallkasse-berlin.de

Bundespolitik/Ministerien

Bundesministerium für Gesundheit (www.bmg.de)
www.die-praevention.de
www.qs-kongress.de

Bundesministerium für Ernährung, Landwirtschaft und Verbraucherschutz (www.bmelv.de)
www.besseressenmehrbewegen.de
www.kinder-leicht.net

Bundesministerium für Gesundheit und Bundesministerium für Ernährung, Landwirtschaft und Verbraucherschutz
http://www.in-form.de/cln_099/nn_1737238/DE/Home/ProjektDatenbank/InForm
ProjektListe/InFormProjektListe__node.html?__nnn=true („In Form Projektliste")

Bundeszentrale für gesundheitliche Aufklärung (www.bzga.de)
www.bzga-kinderuebergewicht.de

Landespolitik/Ministerien

Berliner Senatsverwaltung
http://www.berlin.de/suche/index.php?q=Kinderbetreuung

Brandenburger Ministerium für Arbeit, Soziales, Gesundheit und Familie
(www.masgf.brandenburg.de)

Datenbanken

www.kinderumweltgesundheit.de
(Hochschule Magdeburg/Stendal (FH), Fachbereich Sozial- und Gesundheitswesen)
www.gesundheitliche-chancengleichheit.de
www.gesundheitberlin.de

Netzwerke

www.kitas-fuer-kitas.de (mit Datenbank)
www.gesunde-kita.net
www.healthcapital.de

Vereine

www.gesundheitberlin.de
www.vernetzungsstelle-berlin.de
www.mobydicknetzwerk.de

www.bvpraevention.de (Bundesvereinigung Prävention und Gesundheitsförderung e.V.)
www.vz-berlin.de (Verbraucherzentrale Berlin)
www.lsb-berlin.net (Landessportbund Berlin)
www.bvfg-potsdam.de/ (Brandenburgischer Verein für Gesundheitsförderung)
www.aufwind-berlin.de (Kita-Träger)

Ernährungsplattformen

www.ernaehrung-und-bewegung.de (peb – Plattform für Ernährung und
Bewegung e. V.)

Gesellschaften

www.gesundheitsziele.de
www.dge.de (Deutsche Gesellschaft für Ernährung)
www.a-g-a.de (AG Adipositas im Kindes- und Jugendalter)
www.kinder-bewegen.de/ (Deutsche Olympische Gesellschaft)
www.dge.de (Deutsche Gesellschaft für Ernährung)
www.labyrinth-kindermuseum.de
www.dgpr.de/ (Deutsche Gesellschaft für Prävention und Rehabilitation von Herz-
und Kreislauferkrankungen e. V.)

Institute

www.rki.de (Robert Koch Institut)
www.fke_do.de (Forschungsinstitut für Kinderernährung)
www.gesundheitsfoerderung.info (FH Magdeburg/Stendal)
www.kindertagesbetreuung.de/berlin.html (mit Datenbank)
www.bildungsserver.de/zeigen.html?seite=2383 (Deutsches Institut für internationale pädagogische Förderung, Informationszentrum Bildung)

Stiftungen

Bertelsmann Stiftung (www.bertelsmann-stiftung.de)
www.gute-gesunde-kita.de

Fachliteratur

www.kindergarten-heute.de (Fachzeitschrift für Erziehung, Bildung und
Betreuung von Kindern)
www.springerlink.com (Online-Bibliothek für wissenschaftliche Zeitschriften,
Buchreihen, Bücher und Nachschlagewerke)

◼ Henrietta in Fructonia: Ein Exportschlager aus Brandenburg

Franz Josef Lünne

Abstract

Übergewicht und Bewegungsarmut bergen ein hohes Gesundheitsrisiko. Daher sollten Kinder frühzeitig lernen, sich gesund zu ernähren und körperlich aktiv zu sein. Hier setzt die Präventionskampagne „Henrietta in Fructonia" der AOK Brandenburg an: Sie vermittelt diese Thematik den Kindern spielerisch. Das interaktive Theaterstück bezieht dabei sowohl Lehrer mit Workshops und Unterrichtsmaterialien als auch die Eltern mit ein. Denn nur so können langfristig Verhaltensänderungen bewirkt werden. Der bundesweite Erfolg der Kampagne spricht für sich.

Einführung

Mit dem Masterplan Gesundheitsregion[1] haben sich die Länder Berlin und Brandenburg darauf verständigt, das Feld der Gesundheit strategisch weiterzuentwickeln und systematisch zu fördern. Ziel der Kooperation ist es, die gemeinsame Region in den kommenden zehn Jahren an der Spitze der Gesundheitswirtschaft zu etablieren. Damit dies gelingt, ist es unter anderem wichtig, mit vorbildlichen Projekten und Angeboten für die attraktive Gesundheitsregion Berlin-Brandenburg zu werben – zum Beispiel in den Bereichen Prävention, Gesundheitsförderung und Ernährung. Stellvertretend für eine Vielzahl kompetenter Akteure auf diesen Gebieten soll es in vorliegendem Beitrag um ein Projekt zur Thematik „Ernährung und Bewegung in Kitas und Schulen" gehen. Dieses Projekt hat Leuchtturmcharakter und trägt den Titel „Henrietta in Fructonia". Im Kern handelt es sich um ein Theaterstück für Kinder. Die AOK Brandenburg hat es vor sechs Jahren aus der Taufe gehoben und seitdem allein in Brandenburg an rund 100 Spielorten präsentiert. Und nicht nur das: Mittlerweile ist das Stück ein so großer Erfolg, dass es unter großem Beifall der Öffentlichkeit in allen Bundesländern zu Gast ist. Diese Erfolgsgeschichte soll im Folgenden dargestellt werden.

Der zunehmend schlechte Gesundheitszustand vieler Kinder und Jugendlicher in Deutschland gibt Anlass zur Besorgnis. Bereits jedes fünfte Kind hat Gewichtsprobleme, mehr als die Hälfte der Kinder hat Haltungsschäden. Übergewicht

---

[1] Netzwerk Gesundheitswirtschaft (Hrsg.): Masterplan Gesundheitsregion Berlin-Brandenburg, Berlin 2007.

schränkt die Freude der Kinder ein, sich sportlich zu betätigen, was sich wiederum negativ auf die Entwicklung des Gewichts auswirkt. Ein Teufelskreis, der nicht selten bis ins Erwachsenenalter hinein ungünstige Folgen für die Persönlichkeitsentwicklung des Einzelnen haben kann. Die AOK Brandenburg wollte und konnte die betroffenen Kinder mit diesem Problem nicht alleine lassen und entschied sich 2003, ihre Präventionsbemühungen noch stärker auf die Gruppe der Grundschulkinder sowie deren Lehrer und Eltern zu konzentrieren.

Ein neuer Weg der Prävention

Gesucht wurde ein pragmatischer Lösungsansatz, der sich von den damals bekannten, aber wenig wirksamen Ansätzen zur Initiierung von Veränderungen im Ernährungsverhalten von Kindern in diesem Altersegment abheben sollte. Gesucht wurde ein neuer Weg in der Präventionsarbeit mit Informationen und Vorschlägen für präventive Maßnahmen, die in Grundschulen und Familien umsetzbar sind. Dabei bestand bereits im Frühstadium der Konzeptentwicklung Einigkeit darüber, dass der erhobene Zeigefinger nicht geeignet sein würde, um bei Kindern nachhaltig wirkende Verhaltensänderungen zu initiieren.

Es sollten also keine „10 goldenen Tipps zur richtigen Ernährung" entwickelt werden, mit denen die Eltern ihren Sprösslingen zu Leibe rücken können. Solche Ratschläge würden eingedenk der einschlägigen Erfahrungen anderer Akteure auf diesem Gebiet nur einmal mehr wirkungslos verpuffen. Stattdessen galt es, die Kinder dort „abzuholen", wo sie sind. Das hieß ganz praktisch: Wir wollten in die Schulen gehen und unmittelbar mit den Kindern kommunizieren, auf ihr Vorwissen, ihre Fragen und ihr Bedürfnis nach unterhaltsamem Lernen eingehen.

Gemeinsam mit einer auf die Kommunikation mit Kindern spezialisierten Agentur aus Köln entwickelte die AOK Brandenburg eine Präventionskampagne mit aufmerksamkeitsstarker und interaktiver Ansprache. Dabei erfolgte der Zugang zum Thema in hohem Maße emotional, kreativ und spielerisch. In das Konzept flossen die Erfahrungen von Pädagogen, Ökotrophologen (Ernährungswissenschaftlern), Sportlehrern und Schauspielern ein, die seit vielen Jahren in der Kinder- und Jugendarbeit tätig sind.

Nukleus des Gesamtkonzeptes war die Idee, ein Theaterstück bzw. eine Theatertour speziell für Grundschulkinder in Brandenburg und ihre erwachsenen Bezugspersonen zu entwickeln. Mit diesem Instrument sollte die Zielgruppe – auf Basis neuer Erkenntnisse der Theaterpädagogik – für die Bedeutung einer gesunden Ernährung und die Vorteile von mehr Bewegungsaktivitäten auf spielerische Weise sensibilisiert werden.

Geht es zum Beispiel darum, zu „richtigem" Essverhalten zu motivieren, erreicht man die Kinder nicht, indem man ihnen vordergründig vermittelt, dass sie damit etwas Gutes für ihre Gesundheit tun. Solche Versuche würden ins Leere laufen. Welcher Weg ist aber dann Erfolg versprechend? Kinder sind aufmerksam bei der Sache, wenn man ihnen vermittelt, dass ein bestimmtes Essen zum Beispiel stark macht wie ein Ritter, schön wie eine Prinzessin oder flink wie ein Gepard. Widersprüchliches gibt es in dieser Bilderlogik kaum: Schließlich wissen Grundschulkinder bereits ziemlich genau, dass es den Weihnachtsmann nicht gibt, um im nächsten Moment voller Leidenschaft einen Wunschzettel für ihn bereitzulegen.

Theater ist gemeinsames Erleben: mitdenken, mitfühlen, mitreden, mitlachen. Theater kann dazu beitragen, die Welt in den Köpfen und Herzen der Kinder zu ordnen. Durch das Bühnengeschehen erleben sie Emotionen und Sprache hautnah. Ihre Kreativität und Reflexionskraft auf das eigene Erleben und das eigene Verhalten werden dabei aktiviert und gestärkt.

In einem Theaterstück lassen sich Botschaften interaktiv verpacken, Handlungsalternativen werden spielerisch erfahrbar, die eigene Erlebniswelt der Kinder wird bereichert. Aufklärung und Prävention vollziehen sich dabei beinahe beiläufig.

Unter Berücksichtigung der Anforderungen an eine möglichst nachhaltig wirksame Rezeption des Bühnengeschehens entstanden der Plot und das Drehbuch für das Kindertheaterstück „Henrietta in Fructonia". Die Handlung spielt weitestgehend im Zirkus-Setting, die Möglichkeiten der Zirkuspädagogik bieten den Kindern eine Vielfalt von Herausforderungen und Rollenangeboten: Jeder kann im Zirkus eine Rolle finden und sich mit seinen Fähigkeiten einbringen, ganz egal, ob er klein, groß, stark, schwach, dick oder dünn, witzig oder ernst, laut oder leise ist. Auf diese Weise können auch die Lehrer die versteckten Talente und Stärken ihrer Schüler kennenlernen.

Der Kontakt zu den Kindern sollte bewusst über die Schulen bzw. Kindertagesstätten erfolgen, um einen effektiven und positiv aufgeladenen Themenzugang zu ermöglichen und gleichzeitig die Akzeptanz des Projektes bei den Eltern zu erhöhen.

Das Theaterstück

Am 23. April 2004 war es so weit: In Potsdam wurde zum ersten Mal „Henrietta in Fructonia" gespielt. In den folgenden sechs Jahren sahen allein in Brandenburg über 80.000 Grundschulkinder dieses Herzstück der Präventionskampagne. Dabei wurde das Bühnengeschehen je nach Infrastruktur der eingeladenen Schulen entweder in besonderen Räumlichkeiten der Schule – oft in der Aula – präsentiert oder aber an neutralem Ort – in Festsälen der Gemeinde, meistens jedoch in renommierten Stadt- und Staatstheatern. Dies eröffnete die Möglichkeit, mehrere Schulen an einen Aufführungsort einzuladen. In einem Flächenland wie Brandenburg war es der AOK zudem wichtig, auch Kindern ortsfremder Schulen den Besuch des Theaterstückes zu ermöglichen. Um den Kreis der kleinen und großen Zuschauer zu erweitern und die Botschaft des Projektes dadurch breiter streuen zu können, wurde ein Bustransfer eingerichtet, der teilnehmende Schulen zum Aufführungsort und auch wieder zurückbrachte. Rund zwei Drittel der Henrietta-Fans werden auf diese Weise jährlich mit dem Bus zu dem Gastspiel transportiert.

Zu Beginn des rund 45-minütigen Stücks lernen die Zuschauer Henrietta kennen, ein Schulkind, das jeden Morgen müde, erschöpft und unkonzentriert ist – sehr zum Leidwesen ihrer Freunde Lara und Mirko, weil so mit Henrietta überhaupt nichts anzufangen ist. Eines Tages, als Henrietta wieder einmal im Unterricht eingenickt ist, erscheint Herr Quassel, ein sprechender Kochlöffel. Ihm ist es zu verdanken, dass Henriettas Fitnesszustand schon bald ein ganz anderer sein wird. Gemeinsam unternehmen sie eine abenteuerliche Reise nach Fructonia, zu einem ganz besonderen Zirkus. Hier zeigen der Zauberer Banano Banini und seine Assistentin Roberta, die Möhren werfende Meggie, die Zirkusakrobaten Zitrone, Kiwi und Paprika, die Kraftmenschen Michel Milchini und Bodo Brotono sowie der Reime liebende Zirkusdirektor Herobaldus Zwack den Kindern in ihrer fantastischen Show, was in Lebensmitteln steckt, dass Bewegung gut tut und wie jedes

Tabelle 1
Besucherstatistik „Henrietta in Fructonia" 2004–2009, Projekte & Spektakel 2009

	2004	2005	2006	2007	2008	2009	Gesamt
Spieltage	27	21	27	12	14	15	116
Spielorte	23	19	19	10	14	14	99
Vorstellungen	55	42	43	29	32	30	231
Schüler	14.688	15.046	16.024	10.460	11.291	14.176	81.685
Lehrer	600	> 600	> 600	400	> 400	980	ca. 3.600
Bus-Transfer	9.976	9.924	12.083	7.840	8.253	8.226	56.302

Kind mit wenig Aufwand spielend leicht eine ganze Menge für ein größeres Selbstbewusstsein tun kann.

Hellwach und energiegeladen kehrt Henrietta von ihrem Zirkusbesuch ins wirkliche Leben, in ihr Klassenzimmer, zurück. „Ich bin sooo fit, ich könnte Bäume ausreißen und Skateboard fahren!", ruft sie am Ende des Stücks ihren Freunden zu, denen sie voller Begeisterung von ihren Erlebnissen in Fructonia erzählt.

Unmittelbar im Anschluss an das Theaterstück beginnt die erste Phase der Vertiefung. Die Kinder kommen mit den Helden des Stücks ins Gespräch, äußern ihre Meinung zu den Geschehnissen auf der Bühne und stellen natürlich Fragen an die Akteure. Diese Form der Internalisierung leitet den weiteren Dialog der Kinder mit ihren Eltern, vor allem jedoch mit den Lehrern ein, denen die AOK Branden- burg im Rahmen der „Henrietta in Fructonia"-Tour kostenlos Materialien und Handreichungen für den Schulunterricht zur Verfügung stellt.[2]

Im Verbund mit Lehrkräften und Eltern

Darüber hinaus finden begleitend jedes Jahr zu Beginn der Tour Fachtagungen als anerkannte Lehrerfortbildungen statt, die in einer ausgewogenen Mischung aus Referaten und Workshops den Lehrkräften aktuelle Erkenntnisse zum Ernährungs- und Bewegungsverhalten von Kindern präsentieren und ihnen konkrete Anre- gungen für ihren Unterricht zum Thema geben.

Namhafte Persönlichkeiten aus den Bereichen Sport, Ökotrophologie, Päda- gogik, Psychologie und Ernährungswissenschaft standen als Referenten, für Podi- umsdiskussionen und hinter den Kulissen für bilaterale Gespräche zur Verfügung. Dazu zählten unter anderem der Mediziner Prof. Dr. Dietrich Grönemeyer, Lehr-

---

2   Für mehr Informationen über das Theaterprojekt und die Deutschland-Tournee siehe http://www.aok-henrietta.de/.

stuhlinhaber an der Universität Witten/Herdecke und Autor des „Kleinen Medicus", und der ehemalige Zehnkämpfer und Silbermedaillengewinner Frank Busemann.

Es war aber nicht nur wichtig, die Schulen als Verbündete zu gewinnen, sondern auch die Eltern von Anfang an einzubeziehen. Eltern leben in einem permanenten Spannungsfeld zwischen erzieherischen Prioritäten, den Interessen des Kindes und dem „ganz normalen Alltagswahnsinn". Kaum ein Elternteil hat Zeit, Geld und Lust, jeden Tag mit frischen Zutaten aus dem Bioladen vollwertig zu kochen und dann noch gegen die Fischstäbchen-Gelüste des Kindes anzukämpfen. Gesunde Ernährung ist selbst für aufgeklärte Eltern schwierig umzusetzen und drückt sich in der Praxis häufig in der Formel „So lange die Kinder mitspielen" aus.

Umso wichtiger war und ist es, Grundschulkindern aus bildungsnahen wie aus bildungsfernen Haushalten gleichermaßen zu vermitteln, dass sich die Gesundheitskasse gemeinsam mit den Schulen vor Ort der Thematik annimmt und einen pragmatischen Beitrag liefert, der geeignet ist, das Ernährungsverhalten des eigenen Nachwuchses positiv zu beeinflussen.

Im Vorfeld der Gastspiele wurden die Eltern der eingeladenen Kinder von den Schulen über die Veranstaltung, den Ablauf und die Ziele ins Bild gesetzt. Ein Informationsflyer der AOK Brandenburg, der zum Weitergeben konzipiert ist, machte den Eltern anschaulich klar, was die Kinder bei diesem Theaterstück erwartet. Das Thema wurde dadurch vorab schon einmal nach Hause geholt. Damit war zugleich eine wichtige Voraussetzung geschaffen, um nach den Aufführungen daheim in der Familie das Gesehene zu thematisieren und zu reflektieren.

Der hohe Aufmerksamkeitswert des Theaterstückes animierte die Kinder dazu, zu Hause über das Gesehene detailliert und begeistert zu berichten. So konnten die Eltern, ohne das Stück selbst gesehen zu haben, die Kernaussagen des AOK-Programms wahrnehmen. Die Eltern begrüßen das Engagement der AOK Brandenburg in diesem Kontext sehr. Allerdings halten sie es auch für eine unverzichtbare Aufgabe der Krankenkassen und anderer Institutionen, sich für eine gesündere Ernährung einzusetzen, da ein Großteil der Eltern ihr eigenes Wirkungspotenzial in Hinblick auf die Ernährung ihrer Kinder für relativ ausgeschöpft hält. Änderungen des familiären Ernährungsverhaltens stehen nicht mehr im Vordergrund, weil man der Ansicht ist, man tue ohnehin schon, was man kann. Die nicht ganz leichte Aufgabe, Kinder über Ernährung aufzuklären und sie für ein gesünderes Ernährungsverhalten zu sensibilisieren, würden die Eltern gern zu einem größeren Teil auf andere Schultern verteilen, vorrangig auf die Schule.

Das heißt jedoch nicht, dass Eltern bei diesem Thema komplett außen vor bleiben wollen: Grundsätzlich sind sich die Eltern über die Wichtigkeit des Themas „Ernährung und Bewegung" bewusst. Es besteht ein deutliches Interesse an Lösungsansätzen und Informationen, wie sich gesunde Ernährung leicht und unaufwendig in den Alltag integrieren lässt. Entpflichtung heißt das Stichwort. Gefragt ist Praxistauglichkeit: Diese bildet zuallererst die Voraussetzung dafür, dass die Kampagne zu Hause auf den Tisch kommt. Integraler Bestandteil des Gesamtszenarios sind somit nicht nur die Lehrer, sondern auch die zweite, für Kinder besonders wichtige erwachsene Bezugsgruppe: die Eltern. Im institutionellen Bereich wird die Präventionskampagne darüber hinaus von folgenden Partnern mit Knowhow und Sachleistungen unterstützt:

- AOK Bundesverband
- Ministerium für Arbeit, Soziales, Gesundheit und Familie des Landes Brandenburg

- Ministerium für Bildung, Jugend und Sport des Landes Brandenburg
- DGE – Deutsche Gesellschaft für Ernährung e. V. , Bonn
- aid infodienst Verbraucherschutz, Ernährung, Landwirtschaft e. V. , Bonn
- DIfE – Deutsches Institut für Ernährungsforschung, Potsdam-Rehbrücke
- Märkischer Turnerbund, Potsdam
- VBB – Verkehrsverbund Berlin-Brandenburg GmbH

Befragungsergebnisse

Im Jahr 2009 waren das Theaterstück „Henrietta in Fructonia" und die begleiten-den Aktivitäten, zu denen auch eine umfassende Medienarbeit zählt, im sechsten Jahr in Brandenburg im Einsatz. Bereits 2006 evaluierte die Gesellschaft für Inno-vative Marktforschung (GIM) aus Berlin das Projekt.[3] Im Mittelpunkt standen die Fragen: Was können Kinder mit dem Stück anfangen? Haben sie die Kernbot-schaften verstanden? Reicht die Kernaussage wirklich bis zu den Eltern? Und wie kommt das Stück bei kritischen Lehrern an?

Reaktionen der Kinder

In Form von tiefenpsychologischen Interviews fanden 14 Tage nach dem Besuch einer „Henrietta"-Vorstellung Befragungen statt, und bei nahezu allen Kindern war immer noch große Begeisterung und Identifikation mit dem Stück und dessen Figuren zu spüren. Szenen wurden erinnert und zitiert, Songs nachgesungen. Die Wahl des Zirkus-Settings sowie Ansprache und Event-Tonality machten es den Kin-dern leicht, das Thema positiv zu besetzen und anzunehmen. Die Figuren wurden detailliert erinnert und erfreuten sich großer Beliebtheit.

Aber haben die Kinder in einer so reizgeladenen, aufregenden Situation auch verstanden, um was es eigentlich geht? Für Kinder eine echte Aufgabe, für unsere jungen Besucher offenbar kein Problem! Allgemeiner Tenor: „Es geht um gesunde Ernährung, das ist wichtig, damit man fit und gesund bleibt." Teilweise wurden sogar thematische Details wie die Ernährungspyramide erwähnt.

Wer jetzt allerdings erwartet, dass die Kinder, die das Stück gesehen haben, automatisch den Apfel wählen, wenn die Mutter einen Schokoriegel und einen Apfel auf den Tisch legt, der greift nach den Sternen. Kaum ein Kind wird dies tun (und die meisten Erwachsenen vermutlich auch nicht). Aber es ist schon viel er-reicht, wenn die Kinder beim nächsten Apfel denken: „Ein Schokoriegel wäre mir lieber, blöderweise macht der nicht schlau und fit ..."

Henrietta und ihre Freunde können in dieser Zielgruppe das Thema positiv besetzen, Wissen vermitteln und helfen, das Angebot zu gesunder Ernährung von Eltern und Schule anzunehmen. Das geeignete Angebot muss jedoch vonseiten dieser Akteure kommen, Nachhaltigkeitserwägungen und manifeste Verhaltens-änderungen liegen nicht im Wirkungskreis der Kinder.

---

3 Gesellschaft für Innovative Marktforschung (GIM): Wirkungsanalyse der Präventions-kampagne „Henrietta in Fructonia", Berlin 2006 (37 Tiefenexplorationen, Erhebungs-zeitraum 01.06.–04.07.2006).

Reaktionen der Lehrkräfte

Bei den Lehrern ist laut GIM-Untersuchung ein deutliches Problembewusstsein zu spüren, und das Thema wird auch vielfach in den Schulen detailliert bearbeitet. Die Lehrkräfte betrachten das Präventionsstück als adäquates Unterstützungsmodul und befürworten es nahezu uneingeschränkt. Insbesondere wenn sie vorab über das Projekt informiert wurden, waren Interesse und Motivation hoch. Ausgesprochen positiv bewertet wurden zudem die gesamte Organisation sowie der kostenlose Zugang. Die befragten Lehrkräfte bewerteten Henrietta inhaltlich quasi mit einer glatten Eins (und man weiß ja, wie sparsam Lehrer mit dieser Note umgehen …): Die Art der Wissensvermittlung, der didaktische Aufbau, der gezielte Einsatz musikalischer Elemente und die Ausstattung (Kostüme, Bühnenbild, Dekoration) sowie die Leistung der Schauspieler stießen auf breite Zustimmung.

Mehr Hilfestellung wünschen sich die Lehrkräfte hinsichtlich Vor- und Nachbereitung der Veranstaltung. Die meisten Lehrer haben den Henrietta-Besuch zeitnah (meist am Folgetag des Theaterbesuchs) im Unterricht aufbereitet, wünschen sich aber weitere Begleitung und Unterrichtsunterstützung. Sie empfinden das Stück als gelungenen Impuls, sehen aber die absolute Notwendigkeit, das Thema längerfristig anzulegen, um Problembewusstsein zu schaffen und Verhaltensänderungen herbeizuführen.

Lehrer sind gemeinhin – und in der Regel auch zu Recht – ausgesprochen kritisch, wenn es darum geht, schulische Themen mit kommerziellen Partnern umzusetzen. Die Schule soll als geschützter Raum erhalten bleiben. Der Weg über die Schulen zu den Kindern (und deren Eltern) ist somit oft gleichermaßen effektiv wie steinig. Da ist es schon ein respektabler Erfolg, dass die AOK Brandenburg von den Schulen klar als Absender der Kampagne rezipiert und ihr gleichzeitig eine hohe Glaubwürdigkeit bescheinigt wird. Die Hälfte der Lehrer ist der Ansicht, dass sich die AOK Brandenburg mit „Henrietta" sozial und monetär überdurchschnittlich engagiert. Somit ist es der AOK mit dieser Präventionsmaßnahme auch gelungen, in der wichtigen Multiplikatoren-Zielgruppe „Lehrkraft" Vertrauen aufzubauen und Kompetenz auszustrahlen.

Die Präventionskampagne „Henrietta in Fructonia" leistet laut GIM-Studie, was sie leisten kann: Sie funktioniert als punktuelle Intervention, sie thematisiert, trägt ihr Anliegen in die Öffentlichkeit und fasziniert. Sie hat die Kinder sensibilisiert, Eltern ins Boot geholt und Lehrer unterstützt. Die Ergebnisse zeigen deutlich, dass es in Zukunft wichtig sein wird, die Kinder an dieser Stelle abzuholen und den Maßnahmenkatalog sukzessive zu erweitern: Eltern müssen verstärkt eingebunden und in die Verantwortung genommen werden, Lehrkräfte kontinuierlich unterstützt und langfristig am Ball gehalten werden. Nur so ist es möglich, das Thema „Ernährung und Bewegung" bei Grundschulkindern nachhaltig zu etablieren und schlussendlich auch Verhaltensänderungen herbeizuführen.

Bundesweite Beachtung

Das positive öffentliche Feedback auf die Präventionskampagne „Henrietta in Fructonia" der AOK Brandenburg hat dazu beigetragen, dass das Konzept mittlerweile in einer Eins-zu-eins-Adaption auch in anderen Bundesländern von der AOK umgesetzt wird. Seit 2008 läuft die Theatertour erfolgreich in Berlin, Sachsen und Thüringen.

Berlin

Tabelle 2
Besucherstatistik Berlin „Henrietta in Fructonia" 2008–2009,
Projekte & Spektakel 2009

	2008	2009
Gastspiele	2	2
Vorstellungen	6	6
Besucher	2.818	2.318

Sachsen und Thüringen

Tabelle 3
Besucherstatistik Sachsen und Thüringen „Henrietta in Fructonia" 2008–2009,
Projekte & Spektakel 2009

	2008	2009
Gastspiele	8	8
Vorstellungen	24	17
Besucher	9.406	8.290

Die AOK-Bundestour „Möhren, Kinder, Sensationen"

Bereits im Jahr 2007 wurde das Projekt „Möhren, Kinder, Sensationen" in die bestehende Kampagne des AOK-Bundesverbandes „Gesunde Kinder, gesunde Zukunft" integriert. Neben dem Herzstück – dem Theaterstück „Henrietta in Fructonia" – wurde das Konzept um ein Mitmach-Programm ergänzt, das die eingeladenen Kinder und Lehrer etwa eine Stunde nach dem Stück in das Szenario einbindet. Mit einer mobilen Theater-Zeltstadt gastiert das Henrietta-Ensemble seitdem in ein bis zwei Großstädten pro Bundesland. Am Nachmittag findet zudem eine weitere Vorstellung statt, die Eltern, Großeltern und anderen Interessierten offensteht.

Bundestour

Durchweg positives Feedback aus anderen Bundesländern mag belegen, dass „Henrietta in Fructonia" zu einem nachgefragten Exportschlager made in Brandenburg geworden ist. Für die Projektentwickler ist dieser Erfolg Verpflichtung und Ansporn genug, den eingeschlagenen Präventionsweg konsequent weiter zu beschreiten.

Tabelle 4
Besucherstatistik „Henrietta in Fructonia" 2007–2009, Projekte & Spektakel 2009

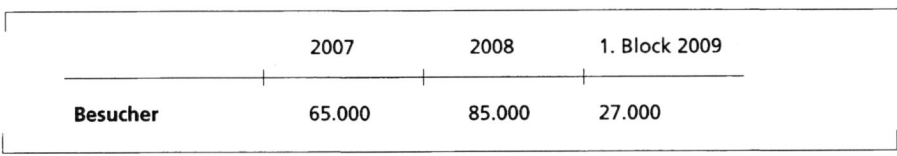

	2007	2008	1. Block 2009
Besucher	65.000	85.000	27.000

Literatur

Gesellschaft für Innovative Marktforschung (GIM):
Wirkungsanalyse der Präventionskampagne „Henrietta in Fructonia", Berlin 2006.

Netzwerk Gesundheitswirtschaft (Hrsg.):
Masterplan „Gesundheitsregion Berlin-Brandenburg", Berlin 2007,
URL: http://www.healthcapital.de/fileadmin/download/2008/Masterplan_
Gesundheitsregion_BB.pdf [Stand 21.07.2010].

Ernährung von Erwachsenen

◼ Betriebliche Präventionsstrategien zur Gewichtsreduktion und gesunden Ernährung – die Beeinflussung von Risikofaktoren im Rahmen der RANSTUDIE

Rahel Eckardt/Roland Engehausen/
David Schönfeld/Karl Martin/Gunnar Müller/
Stefanie Walter/Matthias Möhner/Susanne Segebrecht/
Elisabeth Steinhagen-Thiessen

Abstract

Die Risikofaktoren chronischer Krankheiten wie Rauchen, Übergewicht, ungesunde Ernährung und geringe körperliche Aktivität sind die Hauptursachen von Herz-Kreislauf-Krankheiten, Stoffwechselkrankheiten, Krebs und Muskel-Skelett-Erkrankungen. Durch Vermeidung und Reduktion dieser Risikofaktoren ist es möglich, chronische Krankheiten zu verhindern bzw. ihr Auftreten in das höhere Alter zu verschieben. Betriebliche Gesundheitsförderung und Prävention der Risikofaktoren könnten somit einen wesentlichen Beitrag zur Ausschöpfung des Präventionspotenzials chronischer Krankheiten leisten.

Gegenstand des Projekts

Wegen der gravierenden Folgen lebensstilbedingter Risikofaktoren für chronische Krankheiten wie Herz-Kreislauf-Krankheiten, Atemwegserkrankungen, Diabetes mellitus und Krankheiten des Muskel-Skelett-Systems besteht ein großer Bedarf, deren Ursachen zu vermeiden bzw. bei bereits eingetretenen chronischen Krankheiten deren Progression zu verlangsamen oder aufzuhalten. Schließlich verursachen diese Erkrankungen nicht nur enorme Krankheitskosten, sondern sind für den Betroffenen meist auch mit persönlichem Leid und erheblichen Einschränkungen der Lebensqualität verbunden. Doch kann der Eintritt von chronischen Erkrankungen verhindert oder zumindest hinausgezögert werden, wenn es gelingt, verhaltensbedingte Gesundheitsrisiken als beeinflussbare Faktoren zu vermeiden bzw. abzubauen.[1]

Auch im betrieblichen Gesundheitsmanagement geraten die Folgen lebensstilbedingter Risikofaktoren immer stärker in den Fokus der Aktivitäten. So wurden im Jahr 2007 die Gesetzlichen Krankenkassen nach dem GKV-Wettbewerbsverstärkungsgesetz (GKV-WSG) zur Betrieblichen Gesundheitsförderung verpflichtet. Nach dem Präventionsbericht 2008 wurden im Jahr 2007 aber nur

---

1 Vgl. Martin, Karl/Henke, Klaus-Dirk: Gesundheitsökonomische Szenarien zur Prävention, Baden-Baden: Nomos 2008.

weniger als 2% der Erwerbstätigen von Maßnahmen der Betrieblichen Gesundheitsförderung (BGF) erfasst.[2]

In diesem Kontext wurde die RANSTUDIE als methodisch orientierte Interventionsstudie (Methodenforschungsprojekt) gegen Risikofaktoren chronischer Krankheiten wie Rauchen, Übergewicht, Adipositas (starkes Übergewicht) und Rückenschmerzen im Setting Betrieb konzipiert. RAN steht dabei für Rückenschmerzen, Adipositas und Nikotin. Mit der RANSTUDIE sollte eine Methode für eine übertragbare betriebliche Präventionsstrategie entwickelt werden, durch primäre Prävention lebensstilbedingter Risikofaktoren das Humanvermögen der Beschäftigten, deren Beschäftigungs-, Lernfähigkeit und Lebensqualität möglichst bis zum gesetzlichen Rentenalter und darüber hinaus weitgehend zu erhalten. Neben der wissenschaftlichen Bewertung stand von Anfang an auch der konkrete Nutzen für die Teilnehmenden im Vordergrund. So war es übergeordnetes Ziel der Studie, das Gesundheitsbewusstsein der Teilnehmer/-innen zu steigern und dadurch zu einer spürbar verbesserten Lebensqualität beizutragen. Um eine möglichst hohe Akzeptanz des gesamten Projektes bei den Mitarbeiter/-innen zu erzielen, wurde die innerbetriebliche Institution des Betriebsärztlichen Dienstes im Vorfeld eingebunden.

Vielen Menschen fällt es allerdings sehr schwer, ihren Lebensstil zu verändern. Veränderungen in Gewohnheiten, die sich über Jahre gebildet haben, sind nicht einfach umzusetzen, sondern erfordern mehrere Rahmenbedingungen und Faktoren, wenn sie Wirklichkeit werden sollen. Viele Gesundheitsförderungsinitiativen wirken unter anderem deshalb nicht bei den adressierten Zielgruppen, weil Menschen jeweils einen unterschiedlichen Grad der Veränderungsbereitschaft von Gewohnheiten aufweisen. So kann zwischen verschiedenen Typen unterschieden werden:

– Der *Non-Intender* ist sorglos hinsichtlich seines Gesundheitsstils und setzt sich nicht bewusst mit diesem Thema auseinander.
– Der *Intender* hat sich schon mal mit den positiven oder negativen Wirkungen seines Lebensstils auseinandergesetzt und zieht konkrete Veränderungen in Betracht.
– Der *Maintainer* ist ganz konkret im Begriff, seine Gewohnheiten umzustellen.

Je nachdem, welchem Typus eine Person zuzuordnen ist, bedarf es unterschiedlicher Impulse, den Veränderungsprozess hin zu einer konkreten Handlung zu unterstützen bzw. diese aufrechtzuerhalten.

Häufig werden Angebote zur Verhaltensänderung nur ungenügend genutzt und es besteht eine mangelnde Compliance[3] hinsichtlich der vermittelten präventiven Verhaltensweisen.

Um diese verbreiteten Defizite zu verhindern, wurden bei der RANSTUDIE Methoden des Sozialen Marketings eingesetzt und erprobt.

Die RANSTUDIE gehörte 2009 zu den Preisträgern des „Ideenpark Gesundheitswirtschaft" der Financial Times Deutschland. Ihre Laufzeit betrug vier Jahre (12/2005 bis 12/2009).

---

2   Medizinischer Dienst des Spitzenverbandes Bund der Krankenkassen e.V. (Hrsg.): Präventionsbericht 2008. Leistungen der gesetzlichen Krankenversicherung in der Primärprävention und der betrieblichen Gesundheitsförderung. Berichtsjahr 2007, Essen 2008.
3   „Compliance" bedeutet kooperatives Verhalten des Patienten bzw. der Patientin im Rahmen der Therapie („Therapietreue").

Der vorliegende Beitrag konzentriert sich nur auf einen Teilaspekt der Studie: die Risikofaktoren Übergewicht und ungesunde Ernährung.

Beteiligte Einrichtungen an der RANSTUDIE

Interdisziplinäres Stoffwechsel-Centrum
Forschungsgruppe Geriatrie der Charité Universitätsmedizin Berlin
Augustenburger Platz 1, 13353 Berlin
Rahel Eckardt, Gunnar Müller, Susanne Segebrecht, Elisabeth Steinhagen-Thiessen

Siemens Betriebskrankenkasse (SBK)[4]
SBK Zentrale
Heimeranstraße 31, 80339 München
Roland Engehausen

Betriebsärztlicher Dienst (GSS PS HM MS Bln E)
von Siemens AG Industry Mobility (IMO), Elsenstraße 87–96, 12435 Berlin
David Schönfeld

Institut für Gesundheitsökonomie und Prävention e. V. (IGP)
Auguststraße 2, 16321 Bernau
Karl Martin, Stefanie Walter

Bundesanstalt für Arbeitsschutz und Arbeitsmedizin (BAuA)
Nöldnerstraße 40/41, 10317 Berlin
Matthias Möhner

Die Koordination zwischen den beteiligten Einrichtungen war durch Verträge gesichert. Die operative Steuerung der RANSTUDIE erfolgte in Beratungen zwischen allen Beteiligten im Abstand von 14 Tagen. Die Termine wurden für einen Zeitraum von sechs Monaten im Voraus festgelegt.

Projektplanung – Zielsetzung der RANSTUDIE

Bei der RANSTUDIE handelte es sich um ein sogenanntes Methodenforschungsprojekt gegen Risikofaktoren chronischer Krankheiten wie Rauchen, Übergewicht, Adipositas und Rückenschmerzen. Die Bezeichnung Methodenforschungsprojekt wurde gewählt, weil bei der RANSTUDIE methodische Ergebnisse im Vordergrund

---

[4] Die SBK ist eine geöffnete Betriebskrankenkasse und gehört mit 740.000 Versicherten und 81.000 Firmenkunden zu den zehn größten bundesweit tätigen Krankenkassen in Deutschland. Mit ihren 82 Geschäftsstellen agiert sie kundennah und berät zu allen Aspekten der Themen „Gesund werden" und „Gesund bleiben". Bei den Wettbewerben „Deutschlands kundenorientierteste Dienstleister" und „Deutschlands beste Arbeitgeber" gehört die SBK seit Jahren zu den Besten. Für mehr Informationen vgl. http://www.sbk.org/.

stehen sollten. Diese Eingrenzung ergab sich durch die relativ kurze Laufzeit und durch finanzielle Rahmenbedingungen. Aus den gleichen Gründen wurde auf eine Verhältnisprävention verzichtet.

Mit dem Methodenforschungsprojekt sollten folgende Ergebnisse erreicht werden:

- Erhöhung der Teilnahmerate an Maßnahmen der Betrieblichen Gesundheitsförderung (BGF) und Prävention durch Anwendung von Methoden des Sozialen Marketings,
- Förderung der Gesundheitskompetenz der Teilnehmer/-innen an der Studie,
- Erarbeitung eines Datenschutzkonzeptes für die Erhebung, Verarbeitung und Nutzung pseudonymisierter personenbezogener Daten für den Studienzweck,
- Erarbeitung von Methoden, wie aus dem Datenbestand der RANSTUDIE valide Kennziffern abgeleitet werden können – und zwar zum Messen der Teilnahmerate nach Alter, Geschlecht, sozialökonomischen Merkmalen, von Verhaltensänderungen, der Inanspruchnahme von diagnosespezifischen Kassenleistungen und deren Kosten,
- Ermittlung von Kosten und Nutzen der BGF bei Ausschöpfung des vorhandenen Präventionspotenzials und bei Anwendung von Methoden des Sozialen Marketings,
- Entwicklung und Einsatz von geeigneten Methoden des Sozialen Marketings, um die Teilnehmer/-innen für einen gesunden Lebensstil begeistern zu können und sie dazu zu befähigen, ihr Wissen und ihre Absichten auch tatsächlich umzusetzen und aufrechtzuerhalten (wie kommt man vom Wissen zum Handeln, vom Veränderungswunsch zum nachhaltigen Tun?),
- Entwicklung von Vorschlägen für ein betriebliches Gesundheitsmanagement mit Darstellung des möglichen Nutzens von Investitionen in das Gesundheitskapital der Mitarbeiter/-innen,
- Sicherung der Übertragbarkeit der Erfahrungen aus der RANSTUDIE auf andere Unternehmen und deren gesundheitswirtschaftliche Nutzung für eine präventive Ausrichtung der Krankenversicherung.

Kurzbeschreibung der RANSTUDIE

Grundsätzlich konnten alle etwa 1.000 Mitarbeiterinnen und Mitarbeiter des Betriebs der Siemens AG IMO am Standort Berlin an der Studie teilnehmen. 80 % der Mitarbeiter/-innen waren dabei in der Siemens Betriebskrankenkasse (SBK) versichert. Die SBK finanzierte im Rahmen des betrieblichen Gesundheitsmanagements die Teilnahmemöglichkeit von allen Siemens-Mitarbeiter/-innen, auch wenn diese nicht bei der SBK versichert waren. Dies war für Siemens IMO wertvoll, da beispielsweise der Versicherungsschutz privater Krankenversicherungen in aller Regel keine Präventionsleistungen beinhaltet.

Der RANSTUDIE wurde im Zeitraum von Dezember 2005 bis Januar 2006 eine Befragung der Mitarbeiter/-innen im Interventionsbetrieb vorgeschaltet. Die Fragebögen zum Selbstausfüllen dienten der Bedarfsermittlung, insbesondere der Prävalenz von Risikofaktoren nichtübertragbarer chronischer Krankheiten.

Bei der RANSTUDIE wurde folgendes Vorgehen gewählt:

Stufe 1:
Es wurde vor Ort und während der Arbeitszeit im Siemens-Betrieb eine jährliche ärztliche Untersuchung durch Ärzte und Ärztinnen der Charité – Universitätsmedizin Berlin durchgeführt. Dazu gehörten Körpermessungen wie zum Beispiel die Ermittlung von Größe, Gewicht, Taillenumfang und arteriellem Blutdruck, die Erhebung von Laborwerten sowie ein Gesundheitssurvey (Fragebogen zum Selbstausfüllen). Die ärztliche Untersuchung dauerte etwa eine Stunde und enthielt in einem ausführlichen Gespräch eine Beratung des Probanden zur Verbesserung seines Gesundheitsverhaltens und seines Gesundheitszustandes.

Stufe 2:
Beim Vorliegen von Risikofaktoren wurden entsprechende Maßnahmen als ärztliche Verordnung empfohlen, z.B. die Teilnahme an Kursen zur Raucherentwöhnung, Gewichtsreduktion, gesunden Ernährung und zur Vermeidung bzw. Reduktion von Rückenschmerzen. Diese Kurse wurden speziell für die RANSTUDIE konzipiert.

Erhebungsinstrumente

Für die RANSTUDIE wurden nach Abstimmungen zu Fragen des Datenschutzes und der Ethik verschiedene Erhebungsinstrumente erarbeitet (vgl. Tabelle 1). Sie ermöglichten die Erfassung des Gesundheitsverhaltens und des Gesundheitszustandes bis zu den Kassendaten des Versicherten unter Einschluss der diagnosebezogenen Krankheitskosten.

Tabelle 1
RAN-Erhebungsinstrumente

Dokumente	Datenerfassung
Mitarbeiterbefragung zur betrieblichen Gesundheitsförderung	x
Informationsbrief zur Vorbereitung auf die ärztliche Untersuchung	x
Anamnesebogen	
Laborauswertung	x
Hauptdiagnosen	x
Verordnungen	x
Arztbrief an den Hausarzt (falls indiziert)	

Fortsetzung Tabelle 1

Dokumente	Datenerfassung
Fragebogen zur Compliance mit Verordnungen	x
Kassendaten der SBK-Versicherten	x

Die Daten der Versicherten wurden überwiegend elektronisch erfasst und nach einer Pseudonymisierung zur Auswertung in einer Datenbank personenbezogen verlinkt. Dokumente, deren pseudonymisierte Daten für den Forschungszweck in dieser Datenbank erfasst wurden, sind in der Spalte „Datenerfassung" mit einem „x" markiert. Damit konnten die Ergebnisse des Projekts hinsichtlich Gesundheitsverhalten, Krankheitskosten und anderer Kennziffern analysiert und validiert werden.

Die Erhebungsinstrumente können aufgrund des begrenzten Umfangs des Artikels hier nicht weiter erläutert werden.

Interventionskurse

In Übersicht 2 sind nur jene Interventionskurse verzeichnet, die von den Ärztinnen und Ärzten infolge des Ergebnisses medizinischer Untersuchungen mit Relevanz zur Gewichtsreduktion und gesunden Ernährung verordnet wurden. Die „Verordnungen" erfolgten in einem motivierenden Gespräch zwischen Arzt bzw. Ärztin und Teilnehmer/-in. Zusätzliche Interventionskurse wurden zur Raucherentwöhnung und bei Rückenschmerzen angeboten.

Tabelle 2
RAN-Interventionskurse

Präventionssport (BMI bis 25 kg/m²)
RAN 1 (BMI 25–27 kg/m²)
RAN 2 (BMI 27–32 kg/m²)
Kochkurs

Nachfolgend werden die für die Gewichtsreduktion und für die gesunde Ernährung relevanten Interventionskurse kurz erläutert.

Präventionssport (BMI bis 25 kg/m²)

Angeboten wurde ein Sportprogramm zur allgemeinen Aktivierung und Gewichtsstabilisierung. Über einen Zeitraum von zehn Wochen fand einmal wöchentlich eine Stunde Sport statt. Die Gruppengröße betrug zwischen 10 und 14 Teilnehmer/-innen. Die Kurse beinhalteten sowohl einen Theorie- wie auch einen

Praxisteil. Die Kosten betrugen pro Teilnehmer/-in 75 €. Bei regelmäßiger Teilnahme – mindestens 80 % der Stunden – und einer Gewichtsstabilisierung über die Dauer von mindestens einem halben Jahr nach Kursende, bekamen SBK-Versicherte 60 € erstattet. Der Eigenanteil für den bzw. die Teilnehmer/-in reduzierte sich damit auf 15 €.

RAN 1 (BMI 25–27 kg/m²)

Tabelle 3
RAN 1 – Kurseinheiten

Kurseinheit	
01	Kennenlernen der Teilnehmer/-innen, Energiebedarf, bedarfsgerechte Lebensmittelmenge, Ernährungsprotokoll
02	Ernährungspyramide, Selbstbeobachtung
03	Mahlzeitengestaltung
04	Kohlenhydrate: Verdauung, Stoffwechsel, Bedarf, Einteilung; Zuckergehalt von Lebensmitteln
05	Ballaststoffe: Aufgaben und Bedeutung für gesunde Ernährung; Fette: Fettarten und Vorkommen von Fett
06	Fette: sichtbares und verstecktes Fett, Reduzierung versteckter Fette
07	Light- und Diätprodukte, Einkaufstraining mit Leerpackungen
08	Gewohnheiten und Verhalten beim Essen
09	Essen außer Haus, bei Festen, im Restaurant
10	Was wurde erreicht und wie geht es weiter nach dem Kurs? – Zielfindung für die Zukunft
begleitende Einheiten	Lehrküche

Ziel des Kurses war es, das Gewicht dauerhaft zu reduzieren und zu lernen, gesunde Ernährung und Bewegung in den Alltag zu integrieren. Das Angebot stellte eine Kombination aus Bewegungstherapie und Ernährungsberatung dar. Die Betreuung des Kurses erfolgte durch eine erfahrene Sporttherapeutin sowie durch Ernährungsberaterinnen der Charité und SBK.

Über einen Zeitraum von zwölf Wochen fand einmal wöchentlich ein zweistündiges Kursprogramm statt. Jeder Termin bestand aus einer Stunde Sport und einer Stunde Ernährungsberatung. Die Gruppengröße lag zwischen 9 und 15 Personen. Die Kosten des Kurses beliefen sich pro Teilnehmer/-in auf 135 €. Davon erstattete die SBK 85 €, der Eigenanteil betrug 50 €. Bei regelmäßiger Teilnahme am Kurs – mindestens 80 % der Stunden – und einer Gewichtsstabilisierung über die Dauer von mindestens einem halben Jahr nach Kursende, bekamen SBK-Versicherte 35 € zusätzlich erstattet. Nicht bei der SBK Versicherte mussten die Teilnahmebescheinigung ihrer Krankenkasse vorlegen.

Da zur langfristigen Gewichtsreduktion neue Verhaltensstrategien notwendig sind, hatte die gesunde Gewichtsreduktion auf Dauer in dem Programm Vorrang vor einem schnellen Gewichtsverlust. Deshalb lernten die Teilnehmer/-innen, ihre Bedürfnisse in der Ernährung bewusst wahrzunehmen, Essen als notwendig und lustvoll zu erkennen, zu erleben und zu akzeptieren. Sie lernten aber auch, Essen in flexibler Kontrolle zu steuern. In der Lehrküche erhielten die Teilnehmer/-innen Anregungen, das theoretisch Erlernte in die Tat umzusetzen.

Zum Erfolg gehörten die regelmäßige Teilnahme und der Austausch innerhalb der Gruppe.

Neues Wissen über Essen und Ernährung sowie positive eigene Erfahrungen bei der Umsetzung individueller Ernährungs- und Essensziele wurden in der regelmäßigen Betreuung durch eine Ernährungsfachkraft eingeübt.

Wichtig war dabei das Erfassen und Beobachten der eigenen Ernährungsgewohnheiten, der Vergleich mit den Bedürfnissen eines gesunden Organismus, die Gestaltung von Mahlzeiten und Festaktivitäten, die Organisation des Einkaufs von Lebensmitteln, das Verhalten bei Einladungen und auf Reisen. Die Anpassung bzw. Veränderung von Lieblingsrezepten der eigenen Küche wurde genutzt, um den individuellen Handlungsspielraum zu erhalten bzw. zu erweitern.

RAN 2 (BMI 27–32 kg/m²)

Ziel des Kurses war es, dass die Teilnehmer/-innen ihr Gewicht dauerhaft reduzierten und lernten, gesunde Ernährung und Bewegung in den Alltag (wie bei RAN 1) zu integrieren. Allerdings wurden die Sportstunden im Vergleich zu RAN 1 verdoppelt. Die Betreuung des Kurses erfolgte durch erfahrene Therapeuten der Charité und SBK: eine Sporttherapeutin, Ernährungsberaterinnen und zusätzlich eine Psychologin. Die Gruppen bestanden aus 9 bis 15 Teilnehmer/-innen.

Über einen Zeitraum von zwölf Wochen fand zweimal wöchentlich je eine Stunde Sport statt, einmal wöchentlich erfolgte eine Ernährungsberatung. Zusätzlich wurde an drei Terminen jeweils über 90 Minuten eine Verhaltenstherapie durchgeführt. Die Kosten des Kurses beliefen sich pro Teilnehmer/-in auf 215 €. Davon erstattete die SBK 150 €, der Eigenanteil betrug 65 €. Bei regelmäßiger Teilnahme am Kurs – mindestens 80 % der Stunden – und einer Gewichtsstabilisierung über die Dauer von mindestens einem halben Jahr nach Kursende, bekamen SBK-Versicherte weitere 50 € erstattet. Nicht SBK-Versicherte mussten die Teilnahmebescheinigung ihrer Krankenkasse vorlegen.

Die übrigen Inhalte entsprachen denen von RAN 1.

Kochkurs der Charité

Dieser Kochkurs war Bestandteil der Kurse RAN 1 und RAN 2 und fand in der Lehrküche der Diätschule der Charité statt. Unter dem Motto „Gesundes Essen macht Spaß, ist machbar und wiederholbar" wurden während eines vierstündigen Termins in der Lehrküche Themen wie gesundes Kochen und gesunde Ernährung in der Praxis vermittelt. An dem Kurs konnten maximal zwölf Personen teilnehmen. Die Speisen und Gerichte wurden gemeinsam ausgesucht und vorbereitet. Vor dem Kochen fand jeweils ein kurzer Theorieteil statt. Die Teilnehmer/-innen lernten Beispiele für die sinnvolle Gestaltung und Zusammensetzung von Mahlzeiten kennen und schulten ihr Augenmaß für vorgefertigte Angebote in Restaurants, Kantinen und für Fertigprodukte. Die zubereiteten Speisen entsprachen einer geeigneten Mahlzeit und wurden gemeinsam verzehrt.

Ablauf des vierstündigen Termins in der Lehrküche:

Stunde 1:
– Kennenlernen der Teilnehmer/-innen, Vorstellung der Themen, Wünsche und Erwartungen; Informationen über Energiebedarf (allgemein und individuell), Vergleich der Ernährungsprotokolle mit verzehrten Mengen, Anstoß zur Veränderung der Essgewohnheiten
– Richtziel: Die Teilnehmer/-innen sollten ihre Essgewohnheiten beurteilen und beginnen, diese zu verändern.

Stunde 2:
– Erfahrungsaustausch der Teilnehmer/-innen, Darstellung der Ernährungspyramide, Anregung zur Selbstbeobachtung
– Richtziel: Neben der Förderung der Gruppenbildung sollten die Teilnehmer/-innen zur Mitarbeit und Selbstbeobachtung motiviert werden und die Ernährungspyramide kennenlernen.

Stunde 3:
– Gestaltung gesunder Mahlzeiten
– Richtziel: Die Teilnehmer/-innen sollten langfristig Mahlzeiten in adäquater Zusammensetzung und Nährstoffration zu sich nehmen.

Abbildung 1
RAN-Teilnehmer/-innen in der Lehrküche

Stunde 4:
- Informationen über Kohlenhydrate, Verdauung, Stoffwechsel, Bedarf, Einteilung, Zuckergehalt
- Richtziel: Die Teilnehmer/-innen sollten Kohlenhydrate in Lebensmitteln erkennen und einfache und komplexe Kohlenhydrate unterscheiden können.

Kochkurs der Siemens Betriebskrankenkasse (SBK)
Von Teilnehmer/-innen der RANSTUDIE wurde wiederholt der Wunsch geäußert, dass kürzere und weniger theorielastige Kurse zur Ernährungsberatung angeboten und mehr Eventcharakter eingebracht werden sollten. Nach einer entsprechenden Abstimmung unterbreitete die SBK daraufhin das Angebot, einen separaten Kochkurs im Erlebnis-Kochstudio der SBK-Gesundheitswelten Berlin-Siemensstadt durchzuführen. Da der Kochkurs der SBK wie auch der Kochkurs der Charité nur einen Tag dauerte, konnten dadurch auch Personengruppen erreicht

Abbildung 2
RAN-Teilnehmer/-innen in der Lehrküche

werden, die sonst nicht teilgenommen hätten: So entschlossen sich sogar zwei Monteure zur Teilnahme, die wegen ihrer Arbeitszeit keine mehrtägigen Kurse hätten besuchen können.

Doch was nützt all die schöne Theorie, wenn sie nicht praktisch angewendet wird? Unter diesem Aspekt wurden Teilnehmer/-innen der RANSTUDIE zusätzlich zu einem Kochseminar „Mediterrane Küche" in die Lehrküche der SBK-Gesundheitswelten eingeladen. Den Teilnehmer/-innen sollte dabei Freude an gesundem, selbst zubereiteten Essen vermittelt und dadurch die Lust am Kochen gesteigert werden.

Die Speisenplanung sah unter anderem einen bunten Sommersalat, eine Caponata (Gemüsegericht) mit Garnelen, gefüllten Seebarsch in Tomatensoße, Polenta und Tiramisu vor. Das Interesse der Teilnehmer/-innen wurde durch einen auf das Kochprogramm bezogenen Exkurs zum Thema mediterrane Ernährung geweckt.

Mediterrane Ernährung, auch Mittelmeerkost genannt, folgt keinem speziellen Diätplan oder -programm, sondern ist eine Ansammlung von traditionellen Essgewohnheiten der Mittelmeerregion. Das Geheimnis liegt nicht in einem Nahrungsmittel, sondern vielmehr im Zusammenspiel der Zutaten. Pflanzliche Lebensmittel – Brot und Teigwaren, Gemüse, Salat und Obst – machen den Hauptanteil dessen aus, was täglich auf den Tisch kommt. Fisch und Geflügel werden mehrmals pro Woche, dunkles Fleisch eher selten verzehrt. Milch und Milchprodukte gibt es täglich, jedoch in mäßigen Mengen. Wein wird regelmäßig, am besten zum Essen, aber in Maßen getrunken. Als Hauptfettquelle dient Olivenöl mit seinem hohen Anteil an einfach ungesättigten Fettsäuren. Die geplante Speisenfolge wurde anschließend in Beziehung zur Ernährungspyramide bzw. zu den Ernährungsempfehlungen der Deutschen Gesellschaft für Ernährung (DGE) gesetzt, um so Theorie und Praxis miteinander zu verbinden. Die Rezepte, der Ablauf des Kochprozesses, die Art der Zubereitung wurden besprochen, die Kochgeräte vorgestellt und anschließend in zwei Gruppen die gleiche Speisenfolge zubereitet.

Erste Ergebnisse

Als Teilnehmer/-innen an den Kursen wurden nur solche Personen gewertet, die mindestens 80% der Kurstermine wahrgenommen hatten. Dieses Kriterium musste erfüllt sein, damit die Rückvergütung von verauslagten Kursgebühren durch die SBK in Anspruch genommen werden konnte.

Erste Auswertungen zum Teilnahmeverhalten nach Alter, Geschlecht und Sozialstatus liegen vor. Auf eine Darstellung der Einzelheiten wird hier verzichtet. Generell kann festgestellt werden:

Die Teilnahme der Männer an den medizinischen Untersuchungen und den Kursen lag unterhalb ihres Anteils an den Beschäftigten. Dagegen war die Teilnahme der Frauen höher als es ihrem Anteil an den Beschäftigten entsprach.

Ein höherer Ausbildungsstand war bei Männern und Frauen mit einer höheren Bereitschaft verbunden, etwas für die eigene Gesundheit zu tun. Das Alter schien beim Teilnahmeverhalten nur eine geringe Rolle zu spielen. Allerdings war die Teilnahme der Männer an praxisnahen Kochkursen mit Erlebnischarakter vergleichsweise sehr hoch.

Die Teilnahmerate an der ersten medizinischen Untersuchung betrug 53%. Aufgrund überwiegend qualitätsneutraler Ausfälle (z.B. Umsetzung in anderen

Betrieb, Verrentung etc.) war die Teilnahmerate bei der zweiten medizinischen Untersuchung auf 47 % zurückgegangen. Trotz dieser Ausfälle war die Teilnahmerate im Vergleich zu anderen Projekten des betrieblichen Gesundheitsmanagements überdurchschnittlich hoch. Nach Informationen aus anderen Unternehmen über Maßnahmen der BGF erreichten vergleichbare Projekte nicht die Teilnahmerate der RANSTUDIE.

Zusammenfassung

Mit der RANSTUDIE wurde eine innovative Methode für eine übertragbare betriebliche Präventionsstrategie entwickelt mit dem Ziel, durch primäre Prävention lebensstilbedingter Risikofaktoren das Humanvermögen der Beschäftigten, deren Beschäftigungs-, Lernfähigkeit und Lebensqualität möglichst bis zum gesetzlichen Rentenalter und darüber hinaus weitgehend zu erhalten.

Um die verbreitete ungenügende Nutzung von Angeboten zur Verhaltensänderung und die mangelnde Compliance mit vermittelten präventiven Verhaltensweisen zu vermeiden, wurden Methoden des Sozialen Marketings erprobt.

Die Methode der RANSTUDIE basierte auf einer datenschutzgerechten Verknüpfung von subjektiven Daten zu den Risikofaktoren chronischer Krankheiten (Surveydaten) mit den objektiven Daten aus den medizinischen Untersuchungen (Labordiagnostik, Körpermessungen, Anamnese) sowie deren Verknüpfung mit den Abrechnungsdaten der SBK-Versicherten zu Arbeitsunfähigkeit, ambulanter Morbidität, Arzneimitteln, stationärer Morbidität nach Alter, Geschlecht, sozialökonomischen Merkmalen und den Kosten.

Nach den vorliegenden Erkenntnissen ist dieses Vorgehen eine Innovation auf dem Gebiet der betrieblichen Gesundheitsförderung.

Es wird davon ausgegangen, dass als Ergebnis der Datenanalyse eine validierte Methode vorliegt, nach der durch eine erfolgreiche Intervention gegen wichtige Risikofaktoren chronischer Krankheiten

– die Prävalenz der Folgekrankheiten und deren Kosten vermindert oder deren Eintritt zeitlich verzögert werden kann und
– die Beschäftigungsfähigkeit der Mitarbeiterinnen und Mitarbeiter bis zur gesetzlichen Altersgrenze überwiegend erhalten werden kann.

Die Übertragbarkeit der Projektidee auf andere Betriebe und Unternehmen ist gegeben.

Die mit der RANSTUDIE entwickelte Methode zur BGF soll allen Beteiligten nützen:

– *Mitarbeiterinnen und Mitarbeiter*: Erhalt der Beschäftigungsfähigkeit und Lebensqualität bis zum gesetzlichen Rentenalter und darüber hinaus;
– *Betrieb*: Erhalt und Förderung der Beschäftigungsmöglichkeit einer durchschnittlich gesünder und älter werdenden Belegschaft, die lernfähig und produktiv bleibt, zudem Verringerung von Krankheitskosten einschließlich eventuell günstigerer Arbeitgeberanteile für die Krankenversicherung;
– *Krankenkassen*: Stärkung der Bindung zu Unternehmen und deren Belegschaften durch eine präventive Ausrichtung und Verringerung der Prävalenz chronischer Krankheiten und deren Kosten.

Ausblick

Im In- und Ausland gibt es bereits viele Projekte zur betrieblichen Gesundheitsförderung und Prävention, deren Erfahrungen in die Konzeption der RANSTUDIE eingeflossen sind. Nach eigener Einschätzung gibt es aber kein anderes Projekt, das sich unter Einsatz von Sozialmarketing-Ansätzen so umfassend auf die Intervention bezüglich der wesentlichen Risikofaktoren chronischer Krankheiten im betrieblichen Setting konzentriert hat. Diese Krankheiten verursachen den größten Verlust an gesunden Lebensjahren (zwei bis fünf Jahre). Hier besteht ein sehr großes und noch ungenutztes Präventionspotenzial, das durch Umsetzung der Maßnahmen aus der RANSTUDIE in wesentlichem Umfang genutzt werden könnte.

Literatur

Martin, Karl/Henke, Klaus-Dirk:
Gesundheitsökonomische Szenarien zur Prävention, Baden-Baden: Nomos 2008.

Medizinischer Dienst des Spitzenverbandes Bund der Krankenkassen e.V. (Hrsg.):
Präventionsbericht 2008. Leistungen der gesetzlichen Krankenversicherung in der Primärprävention und der betrieblichen Gesundheitsförderung. Berichtsjahr 2007, Essen 2008.

■ Ernährungscoaching für Schichtarbeiterinnen und Schichtarbeiter – Einsatz einer „sprechenden" Methode

Petra Forster

Abstract

In einer mehrgliedrigen Schulungsmaßnahme zur gesunden Ernährung bei Schichtarbeit wurde die „sprechende" Methodik eingesetzt, um 88 Teilnehmer/-innen mit überwiegend Migrationshintergrund in ihrer Selbstwirksamkeit und dem gegenseitigen Erfahrungsaustausch zu fördern. Dabei konnten sowohl der Nährstoffbedarf und die zeitliche Verteilung der Speisen verbessert als auch positive Einstellungsänderungen gegenüber Gemüse und Obst erreicht werden.

Einleitung

Schichtarbeiterinnen und Schichtarbeiter leisten mehr[1] – Nacht- und Schichtarbeit erfordern physiologische Anpassungsleistungen, die einen erhöhten Energieaufwand nach sich ziehen. Wird die Mehrbelastung einzelner Funktionsbereiche oder Stoffwechselwege nicht beachtet, sind Auswirkungen auf die Gesundheit unvermeidlich. Das erhöhte Risiko für Herz-Kreislauf-Erkrankungen, Schlafstörungen und Magen-Darm-Erkrankungen kann sich dabei auch erst nach Jahren manifestieren.[2] In der vorgestellten „sprechenden" Methodik stehen die Teilnehmer/-innen im Vordergrund, insbesondere ihr Erfahrungsschatz und der Austausch untereinander sowie ein spürbarer Gesundheitsgewinn.

---

1 Vgl. Schulkin, Jay: Allostasis, homeostasis and the costs of physiological adaptation, Cambridge, UK 2004.

2 Vgl. Wirtz, Anna/Nachreiner, Friedhelm/Beermann, Beate/Brenscheidt, Frank/Siefer, Anke: Lange Arbeitszeiten und Gesundheit, hrsg. v. Bundesanstalt für Arbeitsmedizin und Arbeitsschutz, Dortmund 2009. – Seit den 1990er-Jahren wächst der Anteil der Beschäftigten mit Wechselschichten spürbar. 16 Prozent der Beschäftigten arbeiten nachts, 17 Prozent im Schichtdienst. 1991 waren es jeweils 13 Prozent. Mit diesen Arbeitsformen sind Risiken verbunden: „Nachtarbeit und Wechselschichtarbeit gefährden die Gesundheit. Schlafstörungen, Magen- und Verdauungsbeschwerden oder Herzschmerzen treten häufiger auf als bei Beschäftigten mit Normalarbeitszeit, die durchschnittliche Krankheitsdauer ist länger" (Seifert, Hartmut, in: Pressemitteilung Arbeitsmedizinischer Bericht des Wirtschafts- und Sozialwissenschaftliches Instituts (WSI) der Hans-Böckler-Stiftung, 14.08.2008).

Projektaufbau

Für einen Automobilzulieferer wurde im Herbst 2007 sowie im Frühjahr 2008 eine mehrgliedrige, dreimonatige Schulung konzipiert. Die Inhalte wurden durch Aktionen im Betriebsrestaurant und Gemeinschaftsaktionen verstärkt, durch Kontrollaufgaben hatten die Teilnehmer/-innen die Möglichkeit, spürbare Selbstwirksamkeit zu erfahren. Die Maßnahme fand während der Schicht in den dort vorhandenen Räumen statt und wurde von einer Betriebskrankenkasse (BKK) finanziell unterstützt.

Das Konzept basiert auf folgenden Prinzipien:
- Partnerschaftlicher Ansatz mit „Gesundheitsgewinn" statt Risikogruppenidentifizierung;
- „Sprechende" Prävention statt verordnete Empfehlungen;
- Teilnehmerzentrierte Vorgehensweise statt expertenzentrierte Realisierung;
- Motto: Gesundheit ist das „Taxi" für meine Ziele.

Projektziele:
- Sensibilisierung der Schichtarbeiter/-innen für den Einfluss der Ernährungsweise auf individuelle Leistungsfähigkeit und Gesundheitsrisiken;
- Konkrete und anwendbare Wissensvermittlung zur bedarfsgerechten Ernährung;
- Optimierung des bestehenden, individuellen Ernährungs- und Trinkverhaltens;
- Motivation zur gesundheitsbewussten Lebensführung;
- Einbezug von Familie, Partner/-in;
- Evaluierung der Projektskizze und möglicher Scale-up (Übertragung auf größeren Maßstab).

Zielgruppen/Teilnehmerkreis:
- Führungskräfte des Bereichs (Teamleiter/-innen, Meister/-innen u. a.),
- Schichtarbeiter/-innen,
- Mitglieder des Qualitätszirkels,
- Familienangehörige, Partner/-innen.

Die Maßnahme wurde unter Anleitung einer Ernährungswissenschaftlerin und einer Assistenzkraft durchgeführt. Weitere Unterstützung wurde jeweils aus der Teilnehmerrunde gewonnen.

Am vorgestellten Projekt nahmen drei Gruppen teil:
- W1: eine Werkstattgruppe, die in dreimonatiger Dauernachtschicht arbeitet,
- W2 und W3: zwei Werkstätten, in denen die rotierende Kontischicht[3] üblich war.

Arbeitsgruppenleiter/-innen sowie Mitglieder des Qualitätszirkels waren in den Schulungen als Teilnehmende integriert.

---

3   Definition Kontischicht: Eine durchgehende Schicht, also auch am Sonntag, wird als Kontischicht bezeichnet. Das ist ein Vierschichtsystem. Ein Beispiel dazu: zwei Tage Früh-, zwei Tage Spät-, zwei Tage Nachtschicht, vier Tage frei. Auch andere Rhythmen sind möglich, z.B. 2, 3, 2, 3 Tage.

Tabelle 1 zeigt die Zusammensetzung der Gruppen. Arbeitsbedingt war in Gruppe W3 eine starke Varianz der Teilnehmerinnen und Teilnehmer während der Projektdauer nicht zu vermeiden. (Im Laufe des ca. achtwöchigen Projekts gab es sieben arbeits- oder urlaubsbedingte Abgänge und fünf Neuzugänge.)

Tabelle 1
Zusammensetzung der Gruppen und Arbeitsbedingungen

	W1 Dauerschicht	W2 Kontischicht	W3 Kontischicht
Anzahl TN gesamt (n = 68)	19	30	19
Tätigkeiten	stehend/sitzend heben/tragen z.T. körperlich anstrengend	stehend/sitzend z.T. unter Ausschluss von Tageslicht, Ganzkörper-Arbeitskleidung (s. Reinraum)	stehend/sitzend z.T. unter Ausschluss von Tageslicht, Ganzkörper-Arbeitskleidung (s. Reinraum)
Nationalitäten	gemischt deutsch, griechisch, türkisch	überwiegend deutsch (> 50 %)	zum größten Teil deutsch, ca. 5 Personen mit Migrationshintergrund

Methoden und Bausteine

Als Grundlage der Konzeption dienten Erfahrungen aus vorausgegangenen Pilotprojekten an anderen Standorten mit jeweils 50 bis 80 Teilnehmer/-innen. Eine wechselnde Teilnehmerzahl war auch in den Pilotprojekten nicht vermeidbar, daher wurde die hier vorgestellte Maßnahme weiterhin als offenes Angebot durchgeführt.

Werkstattbegehung:
Arbeitsanforderungen und Verzehrsituationen wurden jeweils am Standort bzw. für einzelne Bereiche vor Ort analysiert, um die möglichen Empfehlungen oder Veränderungsvorschläge darauf ausrichten zu können. Dabei wurden mit den Führungskräften der Werkstätten Vorgespräche geführt und deren Unterstützung eingeholt.

Auftaktveranstaltung:
In einer offenen Auftaktrunde ging es darum, Vorurteile verschiedener betrieblicher Interessensgruppen abzubauen, mit der Belegschaft gemeinsam Gesundheitsziele und gesundheitliche Probleme zu diskutieren und die teilnehmerzentrierte Vorgehensweise vorzustellen. Auch war es wichtig, den potenziellen

Teilnehmer/-innen zu vermitteln, dass sie weder ein Screening mit möglicher Stigmatisierung noch verordnete Ernährungsvorschriften zu erwarten hätten.

Lernstattrunden:
Alle Veranstaltungen wurden während der Arbeitszeit und im Arbeitsumfeld durchgeführt und hatten eine Dauer von jeweils 60–90 Minuten. Die Arbeiter/-innen waren dafür freigestellt und mussten keine Stunden nachholen.

Abbildung 1
Projektablauf im zeitlichen Überblick

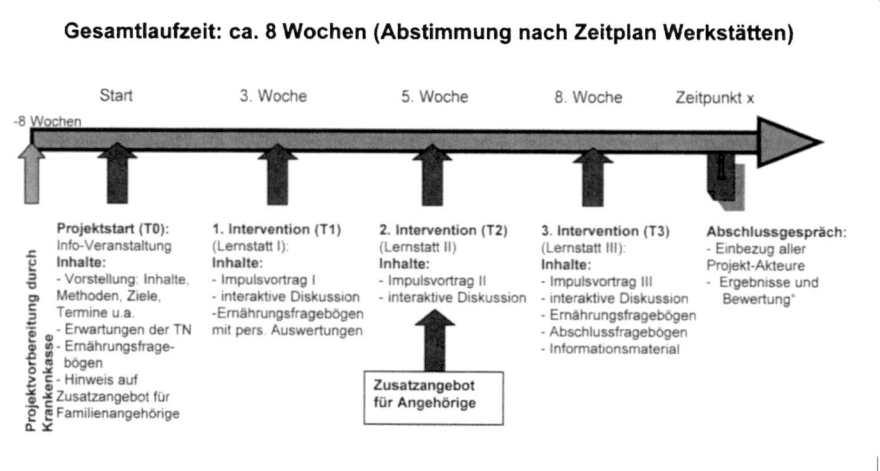

Das vorgestellte Projekt „Ernährungscoaching für Schichtarbeiterinnen und Schichtarbeiter" basiert auf einem lösungsorientierten Ansatz, in dem eine „sprechende" Methodik eingesetzt und ernährungsphysiologische sowie anthropometrische Daten überwiegend semiquantitativ erhoben wurden. Im Vordergrund standen der für die Teilnehmer/-innen spürbare Gesundheitsgewinn und ihr in den Vorgesprächen herausgearbeitetes Empowerment. Erhobene Daten konnten nur vom einzelnen Teilnehmenden selbst mit einem ihm allein bekannten Code personalisiert werden.

Dazu wurden auf freiwilliger Basis bei den Schichtarbeiter/-innen zu Beginn der Maßnahme (T0, Auftaktveranstaltung) sowie bei Abschluss (T3) semiquantitative Daten zu Speisenwahl, Einstellungen, Vorlieben und gesundheitsbezogenem Verhalten erfasst. Anthropometrische Daten wurden nach Selbstauskunft erhoben. Qualitative Aspekte wurden in Form von Verkostungen und neuen Angeboten in der Werksverpflegung eingebracht. Menge und Zusammensetzung der Speisen wurden visualisiert und Unterschiede in der Mahlzeitenzusammensetzung als Beispielteller veranschaulicht.

Erhebungen:
- Food-Frequency-Fragebogen (T0 und T3)
- Trinkmengen, Lieblingsspeisen, verwendete Fettarten
- Essenszeiten
- Verhalten: sportliche Aktivität, Rauchen
- Erhebung anthropometrischer Daten nach Selbstauskunft (BMI)
- Einstellungsänderungen gegenüber Gemüse, Obst u.a.
- Abschlussfragebogen (Feedback, Zielerreichung, Verständlichkeit)

Impulsvorträge und interaktive Diskussion:
- Informationsveranstaltung für die Teilnehmer/-innen
- Drei aufeinander aufbauende interaktive Schulungen
- Interaktive Schulung für Partner/-innen und Familienangehörige als optionales Angebot
- Abschlussrunde mit Mitgliedern des Qualitätszirkels und Führungskräften

Materialien:
- Lebensmittelproben, Pappteller, Servietten
- Vortragsunterlagen mit Fotodokumentation
- Informationsmaterial (Broschüren)
- Flipchartständer, drei Pinnwände, Moderatorenkoffer, Beamer
- Fragebögen: Food-Frequency, Einstellungen zu Gemüse und Obst, Feedbackbogen
- Codierte Auswertung der Ernährungsfragebögen mit individuellen Empfehlungen für jeden Teilnehmer bzw. jede Teilnehmerin (T1 und nach T3)

In den Schulungen wurde die Interaktion verschiedenster Kompetenzfelder wie Lebensmittelkenntnisse, Gesundheitswissen, Verzehrsgewohnheiten, Zeitkompetenz etc. in stark vereinfachter Form skizziert und mit den Teilnehmer/-innen und ihren Alltagslösungen erörtert. Die Teilnehmenden erhielten kurze Impulse und wurden von der Referentin, die die Funktion einer Moderatorin übernahm, im gegenseitigen Austausch unterstützt. Zur Erhöhung der Identifikation wurde Wissen zu Körperfunktionen mit Rückmeldungen zur Körperwahrnehmung kombiniert sowie Auswirkungen von Belastungen bei verschiedenen Konstitutionstypen und Verhaltensweisen diskutiert.

Ergebnisse

Daten wurden nach Selbstauskunft und Häufigkeiten erhoben und spiegeln daher eine Tendenz wider. Eine Überprüfung einzelner Daten mit statistischen Methoden auf Signifikanz war aufgrund des knappen finanziellen Budgets nicht möglich.

Gruppenzusammensetzung:
Die Teilnehmerzahl und Zusammensetzung in Gruppe W1 war zum Zeitpunkt T1 und T3 vergleichbar. In Gruppe W2 schrumpfte die Teilnehmerzahl arbeits- bzw. urlaubsbedingt von ursprünglich 32 Personen in T1 auf 21 Personen in T3; trotzdem war dadurch keine grobe Verzerrung von Ergebnissen zu erwarten, da die Gruppenzusammensetzung in Bezug auf Alter und Geschlecht gleich blieb. Grup-

pe W3 wies eine hohe Abweichung in der Gruppenzusammensetzung zwischen T1 und T3 auf. Dadurch ist eine Vergleichbarkeit der Ergebnisse nur bedingt gegeben, es können jedoch Tendenzen herausgearbeitet werden.

Beurteilung des BMI:

Hohe BMI-Werte als Risikoindikator für Herz-Kreislauferkrankungen, Diabetes und orthopädische Beschwerden wurden in den Gruppen teilweise von Frauen, teilweise von Männern angeführt. Von insgesamt 68 Teilnehmerinnen und Teilnehmern wiesen 18 Personen zum Zeitpunkt T1 einen BMI > 27 < 30 und damit ein erhöhtes Risiko auf; bei T3 waren dies noch sechs Personen. Neun Teilnehmer/-innen (acht Männer, eine Frau) zeigten eine deutliche Gewichtsabnahme bis zu sieben Kilogramm, eine mäßige Gewichtszunahme von rund einem Kilo wurde bei fünf Teilnehmer/-innen (zwei Männern, drei Frauen) festgestellt. Ein stark erhöhtes Risiko mit BMI > 30 zum Zeitpunkt T1 hatten 25 Teilnehmer/-innen. Nach der Intervention zeigten nur noch 23 einen BMI > 30. Eine Indikation zur Verbesserung des Risikoprofils war bei T1 für 43 Teilnehmer/-innen angezeigt, nach der Maßnahme noch bei 29 Teilnehmer/-innen (37 %). Bei zwei Personen dieser Teilgruppe waren Ernährungsverhalten und Zigarettenkonsum stark auffällig und mit mangelnder sportlicher Betätigung kombiniert.

Tabelle 2
Anthropometrische Daten

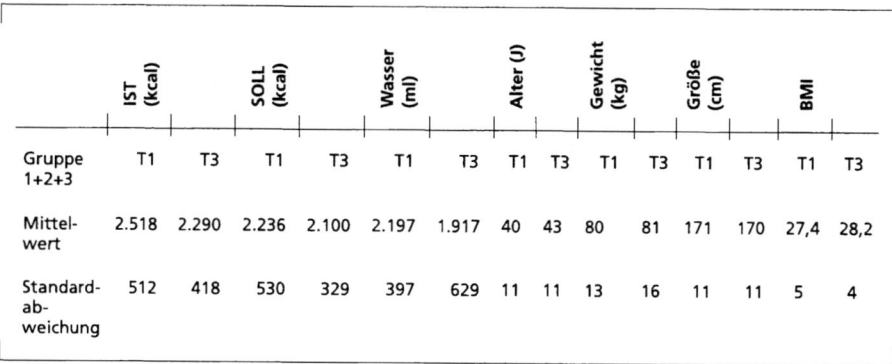

	IST (kcal)		SOLL (kcal)		Wasser (ml)		Alter (J)		Gewicht (kg)		Größe (cm)		BMI	
Gruppe 1+2+3	T1	T3	T1	T3	T1	T3	T1	T3	T1	T3	T1	T3	T1	T3
Mittel-wert	2.518	2.290	2.236	2.100	2.197	1.917	40	43	80	81	171	170	27,4	28,2
Standard-ab-weichung	512	418	530	329	397	629	11	11	13	16	11	11	5	4

Tabelle 3
Interventionsbedarf entsprechend BMI-Klassifizierung

BMI > 27 < 30	erhöhtes Risiko	T1: 18 Teilnehmer/-innen (26 %)	T3: 6 Teilnehmer/- innen (4 %)
BMI > 30	stark erhöhtes Risiko	T1: 25 Teilnehmer/-innen (37 %)	T3: 23 Teilnehmer/-innen (34 %)

Abbildung 2

Veränderung des BMI mit Gruppeneinteilung zum Risikobereich

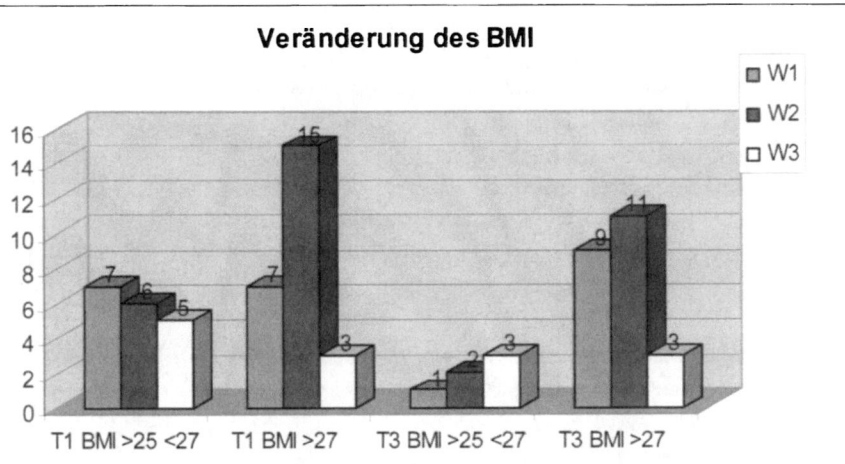

Veränderung des BMI

W1: Dauernachtschicht, ethnisch stark heterogen
W2: Kontischicht (> 50 % deutschstämmig)
W3: Kontischicht (95 % deutsche Staatsbürgerschaft, z. T. Migrationshintergrund)

Lebensmittelauswahl und Speisenkombination

In den frei formulierten Rückmeldungen gaben viele Teilnehmerinnen und Teilnehmer an, nun Mengen und Zusammensetzung von Nahrungsmitteln besser einschätzen zu können; dies konnte mit der Food-Frequency bestätigt werden, bei der die Ist-/Soll-Abweichung in T1 mit 2.518 kcal vs. 2.236 kcal wesentlich höher war als in T3 mit 2.290 kcal vs. 2.100 kcal (die Standardabweichungen waren vergleichbar). Eine exakte Auswertung der Daten mit statistischen Methoden war aufgrund des knappen Budgets nicht möglich.

Trotz geringerer Energiezufuhr hatte sich bei T3 die Versorgung mit Mikronährstoffen geringfügig verbessert. Die höhere Versorgung mit Ballaststoffen, Folsäure und Kalium spricht für die Ergänzung der Brotmahlzeiten mit Frischgemüse oder Salaten; das Plus an mehrfach ungesättigten Fettsäuren, Eisen und Jod zeigt, dass Fisch oder Schinken die einfache Wurst als Brotbelag ersetzen konnte (vgl. Abbildungen 3 und 4). Die Vitamin D-Aufnahme ist stark tages- bzw. jahreszeitenabhängig, zudem wird der Vitamin D-Gehalt in der verwendeten Datenbank (Bundeslebensmittelschlüssel II.3) nicht bei allen Lebensmitteln vollständig abgebildet.

151

Abbildung 3
Erfüllung der empfohlenen Zufuhrwerte T1

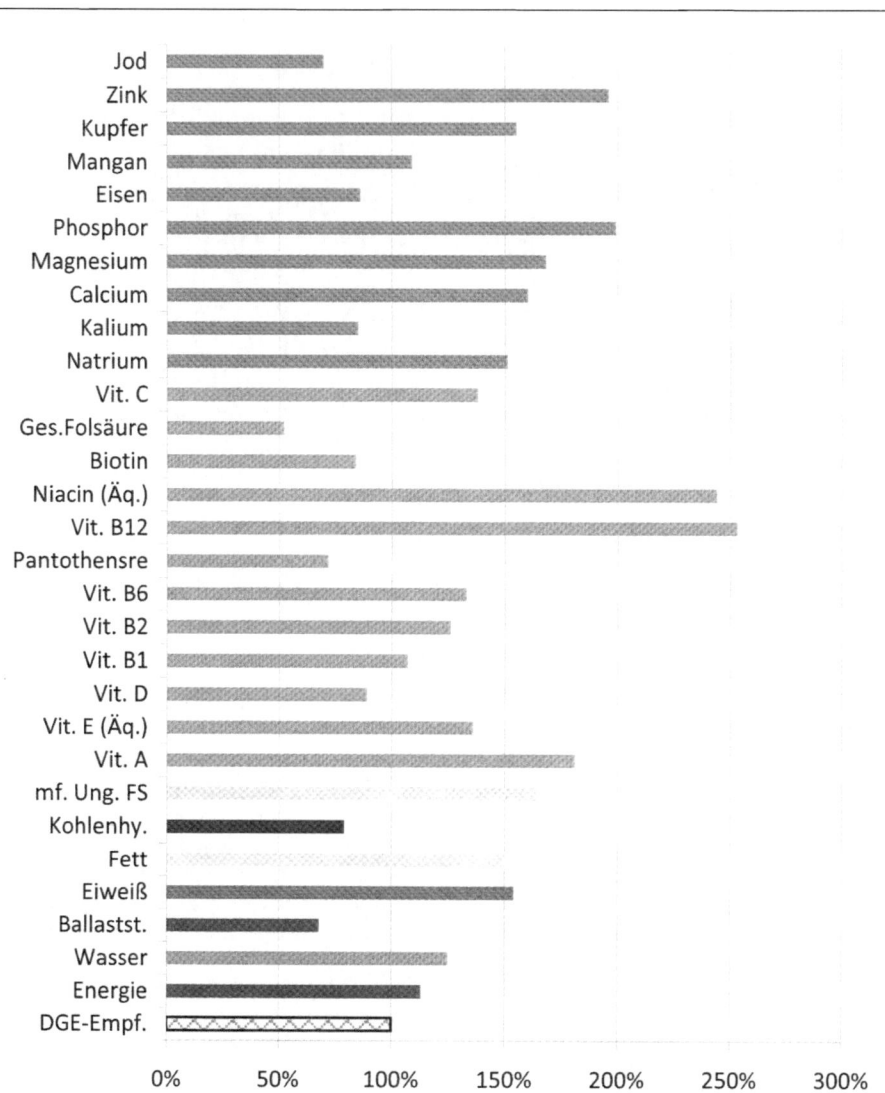

T1: Gruppen W1, W2, W3 (Abt. St.B)

Abbildung 4
Erfüllung der empfohlenen Zufuhrwerte T3

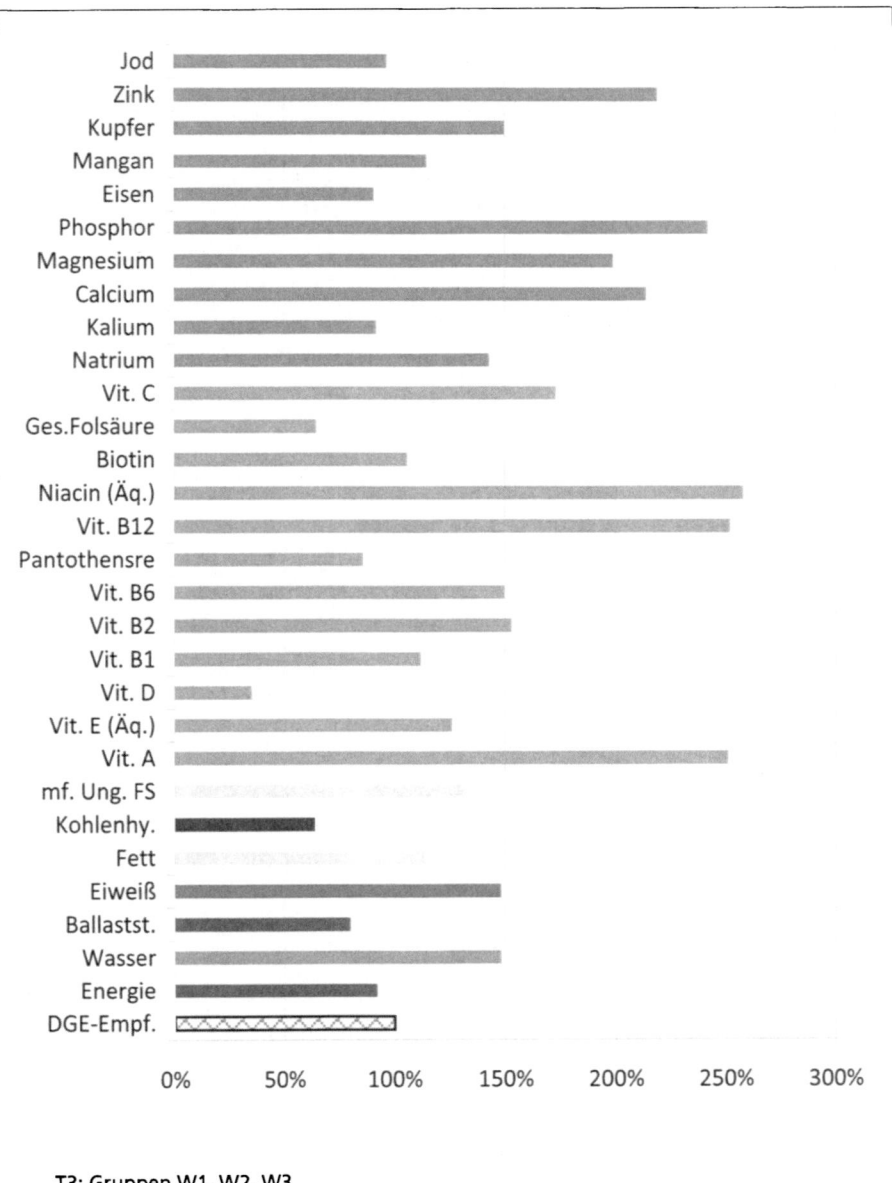

T3: Gruppen W1, W2, W3

Tabelle 4:
Auswertung der Ernährungsfragebögen nach der Food-Frequency-Methode[4]

Indikatoren	T0	nach T3	Mögliche Effekte
Einfachzucker	Überversorgung	leichte Überversorgung	Senkung glykämischer Index
Fett, gesättigte Fettsäuren	Überversorgung	geringerer Verzehr	Risikoreduktion Herz-Kreislauferkrankungen
Tierisches Eiweiß	Überversorgung	in etwa gleich	Beeinflussung der Calciumbilanz
Natrium	Überversorgung	geringerer Verzehr	Blutdruckentlastung
Ballaststoffe	Unterversorgung	bessere Versorgung	Regulierung der Verdauung, Senkung Darmkrebsrisiko, Cholesterinaufnahme und Insulinsekretion
Vitamin D	Unterversorgung	bessere Versorgung	Knochenerhalt, Risikoreduktion Metabolisches Syndrom
Folsäure	Unterversorgung	bessere Versorgung	Senkung des Risikos für Arteriosklerose und Colon-carcinom, diverse Stoffwechsel-interaktionen
Eisen	Unterversorgung	bessere Versorgung	Abnahme von Müdigkeit, Verbesserung der Immun-abwehr
Kalium	Unterversorgung	bessere Versorgung	Unterstützung der Funktionen von Darm, Herz und Muskulatur

Ernährungsverhalten – Einstellungsänderungen

Einstellungsänderungen wurden mittels eines Fragebogens zur Speisenauswahl, zu Assoziationen und zur Beliebtheit von Nahrungsmitteln, Pausenverhalten etc. überprüft. Die Food-Frequency-Bögen wurden mittels Rangordnungstest auf die Häufigkeit von Lebensmittelgruppen untersucht. In der Gruppe W1 mit dem höchsten Anteil an Teilnehmer/-innen mit Migrationshintergrund waren die Unterschiede am geringsten; dies war überwiegend durch den bereits hohen und be-

---

4   Winkler, G./Döring, A.: Validation of a short qualitative food frequency list used in seve-
     ral German large scale surveys, in: Zeitschrift für Ernährungswissenschaft 37, 1998, 3,
     S. 234–241.

liebten Verzehr diverser Gemüsegerichte bedingt. In Gruppe W2 gingen die Fragebögen verloren. Gruppe W3 zeigte ebenfalls eine verbesserte Einstellung zu Gemüse und Obst. Die Auswahl zur Stillung von Hunger auf Süßes wurde erweitert, wodurch auch der sogenannte Heißhunger seltener auftrat.

Abbildung 5
Einstellungsänderungen gegenüber Gemüse und Obst

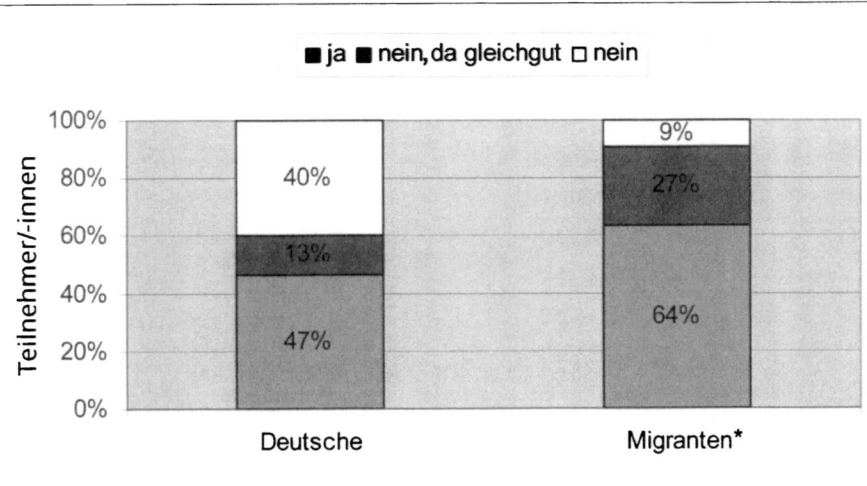

Verbesserung der Einstellung = ja

* Als „Migranten" wurden diejenigen Teilnehmer/-innen zusammengefasst, die nach Selbstauskunft bei ihren Verzehrsgewohnheiten noch eine starke Verbindung zu ihren Herkunftsländern bzw. denen der Eltern hatten.

Tabelle 5
Veränderungen bei Beliebtheit und Einstellung gegenüber Gemüse und Obst

	W1	W2	W3
Beliebtheit	⇧ Gemüse & Vollkorn ⇩ Zuckerzufuhr	⇧ Gemüse & Vollkorn Süßes häufiger in Form von Milchprodukten	⇧ Gemüse ⇩ Süßes
Einstellungsänderung	ja: 14 (Verbesserung) nein: 12 (inkl. 5 mit „schon immer gut")	– – –	ja: 10 (Verbesserung) nein: 4 (inkl. 3 mit „schon immer gut")

Abbildung 6
Lebensmittelauswahl gem. Food-Frequency bei T1

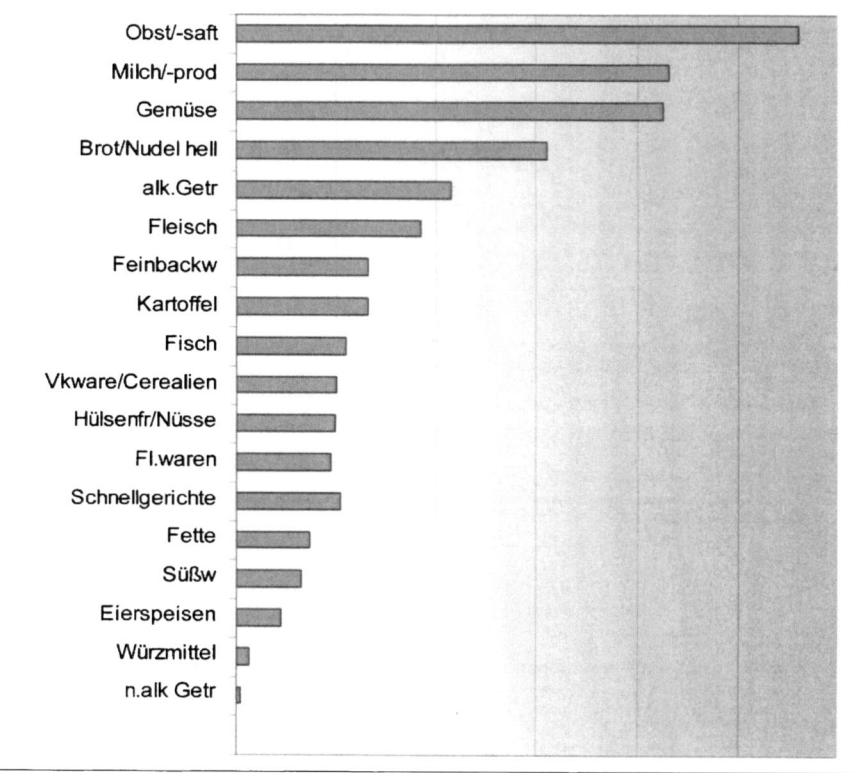

Gr. 1+2 +3   T1: Rangordnung Speisenauswahl (g)

Obst/-saft
Milch/-prod
Gemüse
Brot/Nudel hell
alk.Getr
Fleisch
Feinbackw
Kartoffel
Fisch
Vkware/Cerealien
Hülsenfr/Nüsse
Fl.waren
Schnellgerichte
Fette
Süßw
Eierspeisen
Würzmittel
n.alk Getr

Abschlussbefragung (n = 55)

Bei 55 von insgesamt 68 Teilnehmer/-innen lief der Abschlussfragebogen zurück. Die Antwortmöglichkeiten waren „stimmt", „stimmt überwiegend" und „stimmt nicht". Die Aussagen wurden wie folgt zusammengefasst:
- 92,7 % wissen nun, was für eine gesunde Ernährung bei Nachtschicht-Arbeit wichtig ist,
- 91,0 % möchten in Zukunft auf eine bessere Ernährung achten,
- 88,9 % wollen dem Thema Ernährung nun mehr Aufmerksamkeit widmen,
- 69,1 % haben über das Thema Ernährung mit ihrem Partner/ihrer Partnerin gesprochen,
- 58,2 % haben ihre Verzehrgewohnheiten geändert,
- 60,0 % bewerteten den Umfang des Gesundheitsangebots als optimal,
- 96,4 % fanden, dass die Inhalte verständlich vermittelt wurden.

Abbildung 7
Lebensmittelauswahl gem. Food-Frequency bei T3

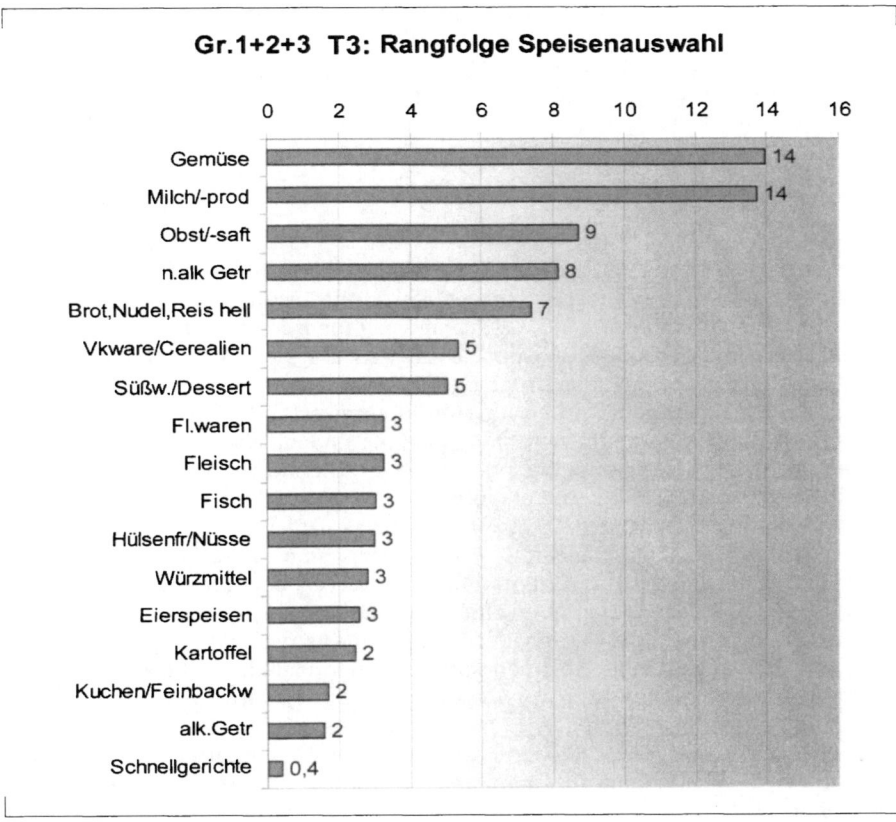

Gr.1+2+3 T3: Rangfolge Speisenauswahl

Gemüse	14
Milch/-prod	14
Obst/-saft	9
n.alk Getr	8
Brot,Nudel,Reis hell	7
Vkware/Cerealien	5
Süßw./Dessert	5
Fl.waren	3
Fleisch	3
Fisch	3
Hülsenfr/Nüsse	3
Würzmittel	3
Eierspeisen	3
Kartoffel	2
Kuchen/Feinbackw	2
alk.Getr	2
Schnellgerichte	0,4

Bei der Frage, wie die Intervention weitergeführt werden sollte, bekundeten 45 Personen Interesse an weiteren Informationen (nein: 3, keine Nennung: 2)

Aus dem Teilnehmerkreis kamen folgende Vorschläge:
- weitere Lernstattrunden durchführen,
- Informationen ins Intranet des Unternehmens stellen bzw. auch jenen Mitarbeiter/-innen Informationen bieten, die nicht am Projekt teilnehmen konnten,
- zusätzliche Angebote außerhalb der Arbeitszeit legen,
- thematische Aushänge machen,
- private Informationsquellen nutzen (z.B. über ein Schwarzes Brett),
- Prospekte/Lesematerial auslegen,
- zahlreiche weitere inhaltliche Anregungen, von A wie „Automatenbestückung" bis Z wie „(mehr) Zeit für Diskussionen".

Die Zusatzveranstaltungen für Partner/-innen oder Familienangehörige wurden von zwei Werkstätten angenommen, wenn auch mit geringer Teilnehmerzahl (n = 10), eine Werkstatt nahm das Angebot jedoch nicht wahr. Als wichtigste Gründe für die Nichtteilnahme an der Zusatzveranstaltung mit Partner/-in wurden genannt: keine Zeit (60 %), kein Interesse des Partners (25,7 %), kein eigenes Interesse (5,7 %), zu hoher Zeitaufwand (8,6 %), „kenne mich zu gut, dass ich weiß, dass es nichts helfen wird (0,6 %).

Diskussion

Schichtarbeiter/-innen brauchen Vorsorge und Fürsorge, Unterstützung durch Schulungen und zeitgerechte Angebote. Damit diese Zielgruppe Gesundheitsfördermaßnahmen annehmen kann, muss eine Vertrauensbasis geschaffen werden. Insbesondere Risikogruppen reagieren sensibel auf Datenschutz, Stigmatisierung und Einschränkung.[5] Die Vorbereitung der Maßnahme durch eine Werkstattbegehung, aber auch das Kennenlernen von Führungskräften und Arbeitsbedingungen ist für eine glaubwürdige Präventionsmaßnahme unabdingbar. Im vorgestellten Projekt wurde als Arbeitsweise die sogenannte sprechende Methodik angewandt, wie sie in den letzten Jahren sowohl in der Anthropologie[6] als auch in der Medizin[7] zum Tragen kommt. Bei diesem Ansatz, der auf dialogischem Denken und humanistischer Medizin beruht, lässt man den Teilnehmer sprechen anstatt ihm Fragen zu stellen oder ihn als Akzeptant zu degradieren; der Referent wird Moderator, der Teilnehmer Koreferent. In einem Austausch auf Augenhöhe soll gegenseitiges Lernen ermöglicht werden, der Teilnehmer erlebt eine Ausweitung seiner Möglichkeiten anstatt eine Reglementierung. Insbesondere im „Intimbereich" Ernährung erhöht dies die Akzeptanz von Maßnahmen und verbessert eine flexible Umsetzung. Eine Bestätigung fand diese Vorgehensweise in der Rückmeldung, dass knapp 70 % der Teilnehmenden auch mit ihren Lebenspartner/-innen über die Inhalte der Maßnahme sprachen, andere erbaten Unterlagen für Mitarbeiter/-innen, „die an der Schulung nicht teilnehmen durften".

Trotz geringer Veränderung bei den Mittelwerten zu BMI und Nährstoffdeckung ist festzustellen, dass einzelne Teilnehmer/-innen – und sogar Mitarbeiter/-innen, die arbeitszeitbedingt nicht an der Maßnahme teilnehmen konnten – deutlich profitiert haben. Als maßgeblich für den Erfolg einer Maßnahme konnte die Kooperation mit Gruppenleitern und Betriebsräten angesehen werden, wodurch Ziele und Verfahren erläutert werden konnten. Mit der vorgestellten teilnehmerzentrierten Präventionsmaßnahme ist es gelungen, Schichtarbeiter/-innen unterschiedlicher Ethnizität zu aktivieren und auch das Betriebsklima zu verbessern. Die Teilnehmer/-innen lernten voneinander, verbesserten ihre Lebensmit-

---

5   Vgl. Duncan, Peter: To screen or not to screen: a question of ethics, in: Health Education Journal 49, 1990, S. 120–122.
6   Vgl. Rösing, Ina: Subtiler Ethnozentrismus. Das modische Interesse an Magie und die ethnomedizinische Forschung, in: Das Ulmer Universitätsmagazin 21, 1999, 166, S. 11–14.
7   Vgl. z. B. den Ansatz an der Universität Tübingen oder an der Europa-Universität Viadrina Frankfurt (Oder).

telauswahl sowie Speisenkombination und kamen trotz Rückgang der Energiezufuhr den Verzehrsempfehlungen der DGE für Hauptnährstoffe wie auch für Mikronährstoffe näher. Die überwiegende Zahl der Teilnehmenden gab an, nun Inhaltsstoffe in Lebensmitteln und Speisen besser zu erkennen resp. zu verstehen und bei der Auswahl im Betriebsrestaurant sowie beim Einkauf mehr auf diese „innere" Wertigkeit zu achten.

Bei Interventionen zur Verbesserung des Ernährungsstatus kann laut der hier erbrachten Ergebnisse auf eine detaillierte Einzelanalyse verzichtet werden. Ein Häufigkeitsprotokoll zu Lebensmittelgruppen ist ausreichend und reduziert den Zeit- und Kostenaufwand für alle Beteiligten. Die Defizite in unserer heutigen Ernährung liegen in der mangelnden Zufuhr an Ballaststoffen, Folsäure und Vitamin D sowie im zu hohen Verzehr von Mono- und Disacchariden – bei Schichtarbeiter/-innen häufig über Kaffee – sowie von Fetten. Schlüsselfaktor ist dafür das Verhältnis von Gemüse zu Fleisch bzw. Fleischwaren. Für die Zielgruppe Schichtarbeiterinnen und Schichtarbeiter sind fettarme, fleischbetonte Mahlzeiten als leicht verdauliche Speisen zwar sehr geeignet, doch sie verstärken das in Industrieländern bestehende Defizit an Ballaststoffen mit all seinen Folgen. Schichtarbeiter/-innen verzichten gemäß ihrem Bauchgefühl meist auf füllende oder blähende Speisen wie Brokkoli oder Vollkornbrot u.ä. Hingegen wird für die Nachtarbeit eher „Leichtes" bevorzugt, was sich in einer vorangegangenen Pilotstudie in Form von „zwei Liter Kaffee mit je sechs Würfelzucker" darstellte. Ein derartiges Ess- bzw. Trinkverhalten ist jedoch nicht „falsch", sondern letztlich nur angepasst und physiologisch zunächst sogar richtig, da es wenig Verdauungsarbeit erfordert. Im „sprechenden Ernährungscoaching" geht es nun darum, gemeinsam mit den Teilnehmer/-innen machbare Lösungen zu finden und die Palette an Möglichkeiten auszuweiten. So ist ein fettreicheres Gericht, wie z.B. Moussaka oder Kartoffelgratin, das am frühen Nachmittag vor Antritt einer Nachtschicht mit der Familie gegessen werden kann, aus der Sicht biophysiologischer Rhythmen zeitlich richtig platziert, also erlaubt, während das gleiche Gericht als Spätmahlzeit ungeeignet ist. Gleiches gilt für eine eiweißbetonte Mahlzeit wie beispielsweise ein großes Stück Fleisch mit einer leichten Beilage. Während der Schicht sind z.B. folgende Speisen als leicht verdauliche Stärkung geeignet: ein Shake mit Haferschmelzflocken, ein Smoothie (Ganzfruchtgetränk) – selbstgemacht oder aus dem Automaten – oder ein echtes türkisches Spinattäschchen (Hefeteig) mit einer Tasse Suppe. Der Eiweißüberschuss am Abend ist günstig, da überschüssiges Eiweiß binnen fünf Stunden in Blutzucker umgewandelt wird. Eine mäßige Ballaststoffzufuhr vor und während der Nachtschicht zur Entlastung des Verdauungstrakts muss jedoch tagsüber wieder ausgeglichen werden. Da dies in der Durchschnittsbevölkerung bereits schlecht gelingt, müssen für Schichtarbeiter/-innen besondere Brücken gebaut werden. Eine Auflistung von Lieblingsspeisen oder häufig verzehrten Speisen ermöglicht eine zeitliche Zuordnung und kann auf Verbotslisten verzichten. Wie die Auswertung der Einstellungsfragebögen ergab, kommt Lust auf Gemüse häufig nur bei gekochter Ware auf, d.h. in der Kombination mit Käse oder Gewürzen. Hier gilt es, den Einzelnen bei seinen Möglichkeiten und Gelüsten anzusprechen. Küchenmuffel haben häufig auch schlechte Produktkenntnisse – die Präsentation von Lebensmitteln zum Probieren sowie von Packungen aus dem Conveniencebereich erleichtert über die Wiedererkennung die Umsetzung, z.B. den Einkauf. In unserem Projekt wurden geeignete, fettarme oder gemüsereiche Gerichte der Werksverpflegung unter dem Aktionsmotto „Scharf auf Gesundheit" mit einem Peperoni-Logo ausgewiesen.

Um Nachhaltigkeit zu erreichen, müssen „Sinnanschlüsse" entwickelt werden. Das kann an nachfolgendem Beispiel verdeutlicht werden:
- Durch Schichtarbeit und zuckerreiche Ernährung steigt das Gewicht an.
- Bei der Arbeit am Band oder in Arbeitsanzügen herrschen hohe Temperaturen. Ein verbindendes Glied ist dabei Wasser, d.h. die Intervention könnte darin bestehen, den Mitarbeiter/-innen „kostenloses Trinkwasser" zur Verfügung zu stellen.

Die Emotionen und Sensorik ansprechenden Schulungsinhalte könnten sein:
- Getränke im Vergleich (z.B. Wasserverkostung, Qualitätsunterschiede, Geschmack),
- Wasser als „Fettburner" (Fettabbau als Hydrolyse, Zündung von Magnesium mit Wasser),
- Pfiffige Gemüsegerichte im Betriebsrestaurant, kalorienarme, wasserreiche Lebensmittel, Beispielteller zur Mengenverteilung für die Selbstverpflegung,
- Messung der Körperzusammensetzung (Wassergehalt, Muskelmasse, Fettmasse, Gewicht) und Darstellung der Ergebnisse an einer Pinnwand als kleines anonymes Ranking,
- Wasser als Leistungsförderer (ohne Wasser sitzen wir tatsächlich „auf dem Trockenen").

Lebenspartner/-innen oder Familienmitgliedern sollte die Möglichkeit gegeben werden, an Schulungsmaßnahmen teilzunehmen. Diese fungieren als Kollaborateure wie auch als Multiplikatoren, was letztlich Kosten, Zeit und Ressourcen spart! In dem gewählten Betrieb wurde die Zusatzveranstaltung für die Partner/-innen nicht im gewünschten Ausmaß angenommen. Als wichtiger Grund wurde Zeitnot angeführt, häufig waren beide Ehepartner Schichtarbeiter/-innen, die sich die Familienarbeitszeit teilten. Sprachprobleme scheinen eine zusätzliche Rolle zu spielen. Hier könnte die Sensibilisierung der Familie für die betriebliche Maßnahme von der ortsansässigen Krankenkasse, z.B. durch Maßnahmen für Jugendliche, weitergeführt werden.

Trotzdem erscheint eine Gruppenschulung (wie hier vorgestellt) mit bis zu 30 Teilnehmer/-innen und verschiedenen Sprachkenntnissen für Hochrisiko-Personen wenig geeignet. Gut profitierten Teilnehmer/-innen mit geringem Interventionsbedarf, d.h. mit maximal zwei Risikofaktoren geringen Ausmaßes (BMI < 30, mäßige Raucher), also aus einer Zielgruppe mit Indikation zu Präventionsmaßnahmen gem. § 20 SGB V. Teilnehmer/-innen mit der Kombination Übergewicht plus Rauchen plus kein Sport zeigten weniger Selbstwirksamkeit bei ihren Rückmeldungen und müssten daher einer verhaltensorientierten Intervention zugeführt werden. Hier gerät die beschriebene Methodik an ihre Grenzen. Eine Verknüpfung der Maßnahme mit Angeboten zur individuellen Stressbewältigung und zum Erlernen von Regenerationstechniken erscheint für die Zielgruppe der stark übergewichtigen Schichtarbeiter/-innen sogar lohnender als Sportangebote. Allerdings könnte mit der Gruppenschulung die Hemmschwelle für individuell ausgerichtete Interventionen reduziert werden.

Die vorgestellte Arbeitsweise kann als Vorstufe für eine Open-Space-Methode genutzt werden, bei der mit weit größeren Gruppen gearbeitet werden kann und das Ziel nicht vordefiniert ist.[8] Die Zusammensetzung bzw. der Hintergrund von

8 Vgl. Forster, Petra: Zeitdimensionen des Geschmacks – eine gelingende Kommunikation in der Ernährungsberatung, in: Tagungsband XII. Dreiländertagung der Schweizerischen, Deutschen und Österreichischen Gesellschaften für Ernährung (SGE, DGE, ÖGE), 5./6. September 2008.

Schichtarbeitsgruppen ist häufig multiethnisch. Hier ist eine feine Balance zwischen dem Input Wissen rund um Physiologie und Ernährungskultur und Gesprächsförderung wichtig. In der Ansprache der Zielgruppe wurden daher Bezugspunkte gegeben, wie Esskultur und religiöse, rituelle oder symbolbezogene Aspekte. Zum Beispiel rangiert die Bedeutung eines Huhns in Rumänien höher als in Deutschland und hat dort Mehrfachfunktion, Mais gilt in Norditalien als Nationalspeise, in Österreich jedoch bereits als Armenspeise.[9]

Arbeitsgruppen von ca. 20 bis maximal 30 Personen sind ideal, um sowohl Gruppenarbeiten durchführen zu können als auch ein Zusammengehörigkeitsgefühl der Teilnehmenden und ein Vertrauensverhältnis zu den Referent/-innen zu entwickeln. Für größere Betriebe können aus den Gruppen Tutor/-innen gewonnen und dezentrale Strukturen aufgebaut werden, z.B. indem Gruppensprecher/-innen für Gesundheitsfragen eingesetzt und Gesundheitszirkel, Koch- und Sportgruppen eingerichtet werden. Von unserer Gruppe wurde ein gemeinsames Grillfest veranstaltet und einige der Teilnehmer/-innen gründeten spontan eine Sportgruppe.

Mitsprache und Partizipation

Nur Zuhören ermüdet und trifft häufig nicht ins Herz. Daher geht es bei Gesundheitsfördermaßnahmen nicht nur um die Vermittlung fachlicher Informationen, sondern auch um gegenseitige Achtung und Beachtung von Erfahrungen wie auch Belastungen. Einen Ethikkodex dazu hat die englische Vereinigung Sheps (Society of Health Education and Promotion Specialists) zusammengestellt.[10] Essen ist menschlich, jeder Mensch trifft dazu täglich – mehr oder weniger bewusst – mindestens 60 Entscheidungen, das sind rund 22.000 pro Jahr. Ändert sich das Leben, ändern sich auch die Speisen, das sogenannte Essverhalten. Schichtarbeiter/-innen brauchen (mehr als andere Arbeiter/-innen):

- Zeitkompetenz,
- Wissen zu Chronobiologie und Körperfunktionen,
- Ernährungswissen, insbesondere über die Zusammensetzung und Zusammenstellung von Nahrungsmitteln,
- Haushaltsmanagement oder Wissen zur Lebensmittelkennzeichnung,
- flexible Speisenangebote in Kantine, Bistro und Automaten,
- Verlässlichkeit in der Arbeitsplanung wie im Versorgungsangebot,
- Wissen zu Arbeitsschutz und Arbeitsrecht,
- Sonne.

9   Schmid, Brigitte: Ethnische Ernährungsweisen und ihre Veränderungen – Ernährungsgewohnheiten von italienischen, griechischen und türkischen Migrantinnen in Süddeutschland, in: Ernährung und Raum: Regionale und ethnische Ernährungsweisen in Deutschland. 23. Wissenschaftliche Jahrestagung der Arbeitsgemeinschaft Ernährungsverhalten e.V. (AGEV) am 11.–12. Oktober 2001, Berichte der Bundesforschungsanstalt für Ernährung (BFE-R-02-01), Karlsruhe 2001, S. 101–120.
10 Vgl. Naidoo, Jennie/Wills, Jane: Fragen der Ethik in der Gesundheitsförderung, in: Lehrbuch der Gesundheitsförderung, hrsg. v. Bundeszentrale für gesundheitliche Aufklärung (BZgA), Köln 2003, S. 111–129.

Schlussfolgerung

Studienergebnisse weisen bis zu ihrem Einsatz in der Gesundheitsförderung oft einen Zeitversatz von drei bis fünf Jahren auf, die Betroffenen selber hingegen sind stets am Puls der Zeit, konfrontiert mit ihren Arbeitsbedingungen und den Herausforderungen im Supermarkt und anderswo. Stets gilt es, deren Erfahrungen und Werturteile aufzunehmen und mit diesen zu arbeiten, d.h. zunehmend teilnehmerzentrierte Methoden in der Gesundheitsförderung einzusetzen. Die größte Produktivität an Beiträgen und Vorschlägen ergab sich aus der heterogensten Gruppe W1, bei der unterschiedliche kulturelle Erfahrungen eingebracht werden konnten und sehr engagierte Führungskräfte die Maßnahme mittrugen. Diese bunte Mischung und das damit verbundene hohe Maß informeller und formeller, horizontaler und vertikaler Kommunikation trugen entscheidend zur Identifikation der Mitarbeiterinnen und Mitarbeiter mit dem Unternehmen bei. Die Heterogenität unterstützte zudem gegenseitige Achtung und Akzeptanz und führte zum Rückgang von Fehlzeiten. Dies bedeutet, in der Konzeptphase die Zustimmung aller Beteiligten bzw. deren Vertreter zu erlangen sowie deren Nöte wie auch Stärken anzuerkennen.

Abbildung 8
Schichtarbeitergruppe im Projekt „Ernährungscoaching"

Literatur

Duncan, Peter:
To screen or not to screen: a question of ethics. Health Education Journal 49, 1990,
S. 120–122.

Forster, Petra:
Zeitdimensionen der Geschmacks – eine gelingende Kommunikation in der Ernährungs-
beratung. Posterpräsentation, in: Tagungsband XII. Dreiländertagung der
Schweizerischen, Deutschen und Österreichischen Gesellschaften für Ernährung (SGE,
DGE, ÖGE), 5./6. Sept. 2008 (CD-ROM).

Naidoo, Jennie/Wills, Jane:
Fragen der Ethik in der Gesundheitsförderung, in: Lehrbuch der Gesundheitsförderung,
hrsg. v. Bundeszentrale für gesundheitliche Aufklärung (BZgA), Köln 2003, S. 111–129.

Rösing, Ina:
Subtiler Ethnozentrismus. Das modische Interesse an Magie und die ethnomedizinische
Forschung, in: Das Ulmer Universitätsmagazin 21, 1999, 166, S. 11–14.

Schmid, Brigitte:
Ethnische Ernährungsweisen und ihre Veränderungen – Ernährungsgewohnheiten von
italienischen, griechischen und türkischen Migrantinnen in Süddeutschland, in:
Ernährung und Raum: Regionale und ethnische Ernährungsweisen in Deutschland.
23. Wissenschaftliche Jahrestagung der Arbeitsgemeinschaft Ernährungsverhalten e.V.
(AGEV) am 11.–12. Oktober 2001. Berichte der Bundesforschungsanstalt für Ernährung
(BFE-R-02-01), Karlsruhe 2001, S. 101–120.

Schulkin, Jay:
Allostatis, homeostatis and the costs of physiological adaptation, Cambridge University
Press 2004.

Seifert, Hartmut:
Alternsgerechte Arbeitszeiten, in: Aus Politik und Zeitgeschichte, 18-19/2008, S. 23–30.

Winkler, G./Döring, A.:
Validation of a short qualitative food frequency list used in several German large scale
surveys, in: Zeitschrift für Ernährungswissenschaft 37, 1998, 3, S. 234–241.

Wirtz, Anna/Nachreiner, Friedhelm/Beermann, Beate/Brenscheidt, Frank/Siefer, Anke:
Lange Arbeitszeiten und Gesundheit, hrsg. v. Bundesanstalt für Arbeitsmedizin und
Arbeitsschutz, Dortmund 2009.

Zur Gesundheit der Mitarbeiterinnen und Mitarbeiter in der Ernährungswirtschaft[1]

Werner Mall/Rolf D. Müller/Gerhard Westermayer

Abstract

Im Folgenden wird ein Modell zur Analyse betrieblicher Gesundheitsindikatoren vorgestellt, das durch die Gesellschaft für Betriebliche Gesundheitsförderung mbH entwickelt wurde. Es handelt sich dabei um ein neues, wissenschaftlich fundiertes Verfahren der Organisationsentwicklung. Anhand der Nahrungs- und Genussmittelbranche sowie eines Einzelunternehmens, namentlich der Moll Marzipan GmbH, werden die Analyseansätze und -methoden kurz beschrieben. Im Ergebnis kann festgehalten werden, dass sowohl die wirschaftliche Gesundheit des Unternehmens als auch die individuelle Gesundheit der Mitarbeiter/-innen mithilfe derselben Maßnahmen nachhaltig beeinflussbar sind.

Einleitung

Ziel des Branchenprojekts

Die AOK Berlin – Die Gesundheitskasse hat sich zum Ziel gesetzt, Unternehmen des Nahrungs- und Genussmittelgewerbes in Fragen des Arbeits- und Gesundheitsschutzes aktiv zu unterstützen. Dazu hat die AOK Berlin mit Unterstützung der Gesellschaft für Betriebliche Gesundheitsförderung mbH (BGF GmbH) eine Branchenanalyse in Berlin geplant und durchgeführt. Die Analyse soll dazu dienen, die *spezifischen* gesundheitsfördernden Arbeitsbedingungen der Beschäftigten in dieser Branche und deren Einfluss auf die Gesundheit zu ermitteln. Aus den Analyseergebnissen wurde ein Kurzfragebogen entwickelt, den einzelne Unternehmen der Branche im Sinne eines „Selbstchecks" nutzen können, um die Gesundheit ihrer Mitarbeiter/-innen in Hinblick auf ein branchenbewährtes Vorgehen zu fördern.

Mit dem Selbstcheck kann ein Unternehmen sein spezifisches Betriebsgesundheitsprofil ermitteln und so herausfinden, wie es um die Gesundheit und Motivation seiner Mitarbeiter/-innen steht. Das Unternehmen kann sein Profil mit dem

---

1   Bei diesem Beitrag handelt es sich um eine Branchenanalyse des Nahrungs- und Genussmittelgewerbes und um die Vorstellung eines Beispielprojekts der Moll Marzipan AG, erstellt im Auftrag der AOK Berlin – Die Gesundheitskasse.

Branchenprofil in Beziehung setzen und somit im Vergleich mit seinen Mitbewer-
bern einen „Gesundheits-Benchmark" durchführen. Stellt es fest, dass es bei bestimmten Punkten im Vergleich zur Branche schlechter dasteht, kann daraus ein
zielgerichteter Handlungs- und eventuell auch Beratungsbedarf abgeleitet werden. Das Unternehmen hat dann die Möglichkeit, die – speziell auf die einzelnen
gesundheitsrelevanten Aspekte der Arbeitssituation zugeschnittene – Beratungs-
leistungen der AOK und gegebenenfalls anderer am Projekt beteiligter Akteure
zu nutzen.

Beteiligte Institutionen

Zu Beginn des Projekts wurde ein Projektsteuerkreis einberufen. Die Teilnehmer/
-innen dieses Steuerkreises repräsentieren zum einen das Spektrum an Dienst-
leistern und Institutionen der Prävention und Gesundheitsförderung und zum
anderen die Zielgruppe selbst (Industriebetriebe der Branche) bzw. geeignete Re-
präsentanten (Berufs-, Fach- oder Arbeitgeberverbände). Im Steuerkreis waren
Experten und Expertinnen folgender Institutionen aktiv:
- AOK Berlin – Die Gesundheitskasse (Auftraggeber des Projekts)
- IHK – Industrie- und Handelskammer
- Handwerkskammer
- FBG – Fleischereiberufsgenossenschaft
- Vereinigung der Unternehmensverbände in Berlin und Brandenburg e.V.
- Bäcker-Innung
- Konditoren-Innung
- Institut für Qualitätswissenschaften, Technische Universität Berlin
- Vertreter/-innen aus folgenden Unternehmen: Reemtsma, Philip Morris, Frei-
  berger Lebensmittel, Coca Cola Erfrischungsgetränke AG, Moll Marzipan
  GmbH, DEK Deutsche Extrakt Kaffee GmbH, Stollwerck GmbH, Berliner Bären-
  siegel GmbH und Berliner-Kindl-Schultheiss-Brauerei

Das Vorgehen

Nach dem bewährten Motto „von den Daten zu den Taten" wurde zunächst für
eine solide Datengrundlage gesorgt. Am Anfang stand eine Arbeitsunfähigkeitsanalyse der AOK-versicherten Beschäftigten des Nahrungs- und Genussmittelgewerbes, in der alle Betriebe mitberücksichtigt wurden, die im Datensatz der AOK
Berlin unter dem Wirtschaftszweig 15 und 16 klassifiziert sind.[2] Diese Analyse gab
Aufschluss über die Entwicklung der wichtigsten Krankenkennziffern über vier
Jahre. Auf Grundlage dieser Arbeitsunfähigkeitsdaten wurden von den Teilneh-
mer/-innen des Steuerkreises Hypothesen formuliert, die im Rahmen der Branchenanalyse überprüft wurden.

---

2   Das Statistische Bundesamt veröffentlicht die Klassifikation der Wirtschaftszweige. Un-
    ter dem Wirtschaftszweig 15 (WZ 15) werden Betriebe des Ernährungsgewerbes und
    unter dem Wirtschaftszweig 16 (WZ 16) Unternehmen der Tabakverarbeitung klassifi-
    ziert.

Hierzu wurde eine Re-Analyse[3] vorhandener Befragungsdaten namhafter Betriebe der Nahrungs- und Genussmittelbranche durchgeführt. Die Ergebnisse der Re-Analyse für das Nahrungs- und Genussmittelgewerbe sind zum einen die branchenspezifischen Einschätzungen zu den Gesundheitsindikatoren, Gesundheitspotenzialen und -gefährdungen. Zum anderen wurden diejenigen Aspekte der Arbeitsbedingungen ermittelt, die den größten Einfluss auf die Gesundheit der Beschäftigten der Branche haben und daher auch „Treiber" genannt werden.

Die Ergebnisse der Branchen-Re-Analyse wurden im Rahmen von Expertengesprächen erfolgreich auf ihre Gültigkeit überprüft. Sie bilden die Basis für das Endprodukt dieses Branchenprojekts: den CD-ROM-Selbstcheck. Er beruht auf denjenigen Gesundheitspotenzialen und -gefährdungen, die sich im Rahmen der Re-Analyse als wirksamste Treiber der Gesundheitsindikatoren herausgestellt haben. Der Selbstcheck erlaubt es Unternehmen, sich im Vergleich zum Branchendurchschnitt selbst einzuschätzen und aus den Ergebnissen ohne – oder auf Wunsch auch mit – externer Unterstützung Maßnahmen abzuleiten.

Arbeitsunfähigkeitsanalyse

Im Folgenden werden die Hauptergebnisse der Arbeitsunfähigkeitsanalyse unter den AOK-versicherten Beschäftigten im Nahrungs- und Genussmittelgewerbe (Wirtschaftszweige 15 und 16) dargestellt.

Der Krankenstand[4] der AOK-versicherten Beschäftigten in der Nahrungs- und Genussmittelbranche lag im Jahr 2008 mit 6,1 % im Vergleich zu allen AOK-Versicherten der Berliner Wirtschaft (5,5 % Krankenstand in 2008) über dem Durchschnitt. Die AOK-Versicherten in der Nahrungs- und Genussmittelbranche sind zwar seltener, dafür aber deutlich länger krankgeschrieben als die AOK-Versicherten in Berlin gesamt.

Bei der Betrachtung der einzelnen Beschäftigtengruppen zeigten sich u.a. folgende Auffälligkeiten:
- Hinsichtlich der Altersgruppen wird deutlich, dass die älteren AOK-Versicherten ab 50 Jahre erhöhte Krankenstände aufweisen, die durch überdurchschnittlich lange Krankschreibungen bedingt sind. Am deutlichsten zeigt sich dies bei den Beschäftigten ab 60 Jahre, die 2008 einen sehr hohen Krankenstand von 9,7 % und eine lange Ausfalldauer von im Schnitt 25,0 Tagen pro Fall aufweisen. Die geringsten Krankenstände (unter 3 % in 2008) weisen die jungen AOK-Versicherten bis 19 Jahre auf.
- Bei der Betrachtung der Betriebsgrößen fällt auf, dass der Krankenstand der AOK-Versicherten prinzipiell mit zunehmender Betriebsgröße ansteigt. So haben die Beschäftigten in Betrieben mit mehr als 200 Versicherten im Jahr 2008 einen überdurchschnittlich hohen Krankenstand von 8,1 %. Dies liegt an häufigeren und längeren Krankschreibungen. Die geringsten Krankenstände

---

3   Bei einer Re-Analyse handelt es sich um eine in der Wissenschaft vielfach eingesetzte Methode, schon vorhandene Daten unter bestimmten Gesichtspunkten neu auszuwerten.

4   Die Berechnung des Krankenstandes erfolgt auf Grundlage der Krankheitshäufigkeit sowie -dauer.

weisen dementsprechend die Beschäftigten in Betrieben mit bis zu zehn Versicherten (3,9 %) auf.

Hinsichtlich der Entwicklung der Diagnosearten der AOK-Versicherten in der Nahrungs- und Genussmittelbranche von 2003 bis 2008 sowie der Bedeutung der Hauptgruppen im Vergleich zu allen AOK-Versicherten der Berliner Wirtschaft zeigten sich folgende Auffälligkeiten:

- Die *Muskel-Skelett-Krankheiten* verursachen bei den AOK-Versicherten in der Nahrungs- und Genussmittelbranche einen höheren Anteil am Gesamtkrankenstand als in Berlin insgesamt. Außerdem ist im Gegensatz zu Berlin gesamt bei den Beschäftigten in den Wirtschaftszweigen 15 und 16 ein leichter, aber kontinuierlicher Anstieg in der Bedeutung dieser Hauptgruppe zu beobachten. Die durchschnittliche Krankschreibungsdauer hat sich in der Nahrungs- und Genussmittelbranche in den letzten vier Jahren nicht verändert, wohingegen die Häufigkeit seit 2006 kontinuierlich zugenommen hat.
- Hinsichtlich des Krankenstandes stehen in der Nahrungs- und Genussmittelbranche mit Ausnahme des Jahres 2007 die *Verletzungen* an zweiter Stelle. Bei den AOK-Versicherten von Berlin gesamt spielt diese Hauptgruppe nur die drittgrößte Rolle. Der Anteil der Verletzungen am Krankenstand ist in Berlin gesamt seit 2004 etwa gleich hoch, während der Anteil in der Nahrungs- und Genussmittelbranche seit 2006 leicht rückläufig ist. Die durchschnittliche Krankschreibungsdauer bei den Verletzungen lag 2008 bei 21,0 Tagen pro Fall und die Auftretenshäufigkeit bei 11,7 Fällen pro 100 Versichertenjahre.
- *Krankheiten des Atmungssystems* sind bei den AOK-Versicherten von Berlin gesamt aufgrund ihrer Auftretenshäufigkeit für den Krankenstand von zweitgrößter Bedeutung. In der Nahrungs- und Genussmittelbranche steht diese Hauptgruppe seit 2004 (mit Ausnahme 2007) an dritter Stelle. Es zeigt sich keine eindeutige Entwicklung über die Jahre: Sowohl in der Nahrungs- und Genussmittelbranche als auch in Berlin gesamt sind die Anteile am Krankenstand in den Jahren 2003, 2005 und 2007 höher als 2004, 2006 und 2008. Die durchschnittliche Krankschreibungsdauer sinkt in der Nahrungs- und Genussmittelbranche von 10,6 Tagen in 2004 auf 9,6 Tage pro Fall in 2008.
- Die *psychischen und Verhaltensstörungen* sind sowohl in der Nahrungs- und Genussmittelbranche als auch in Berlin gesamt für den Krankenstand von viertgrößter Bedeutung. Allerdings ist das Niveau in den Wirtschaftszweigen 15 und 16 bis 2007 etwas geringer als in Berlin gesamt. Im Jahr 2008 lag der Anteil der psychischen Erkrankungen am Krankenstand in der Nahrungs- und Genussmittelbranche bei 10,8 % und in Berlin gesamt bei 10,0 %. Die durchschnittliche Dauer von psychischen Erkrankungen ist in den WZ 15 und 16 in 2008 auf 32,7 Tage pro Fall gestiegen (2007: 25,1 Tage/Fall). Auch die Auftretenshäufigkeit hat sich von 2006 bis 2008 leicht erhöht.

Die Experten und Expertinnen des Steuerkreises haben die oben beschriebene Darstellung des Krankheitsgeschehens als repräsentativ für die Branche eingeschätzt.

Die Ergebnisse der Branchen-Re-Analyse (Mitarbeiterbefragungen)

Die re-analysierten Daten wurden aus vier Mitarbeiterbefragungen gewonnen, die in den letzten zehn Jahren in dieser Branche durchgeführt wurden. Insgesamt besteht die Stichprobe aus 882 Beschäftigten, zusätzlich wurden die Mitarbeiter/-innen der Firma Moll Marzipan direkt befragt.

Die Besonderheit des Vorgehens der AOK Berlin und der Gesellschaft für Betriebliche Gesundheitsförderung mbH besteht darin, dass nicht nur eine beschreibende Darstellung der Befragungsergebnisse – z. B. mithilfe von Mittelwerten – vorgenommen werden. Vielmehr wird vor allem auf der Grundlage eines wissenschaftlich fundierten Gesundheitsmodells (vgl. Abbildung 1) durch sogenannte Multiple Regressionsanalysen ermittelt, welche der erhobenen Arbeitsbedingungen (Gesundheitspotenziale und -gefährdungen) den größten Einfluss auf die ebenfalls erhobenen Gesundheitsindikatoren haben. Diese Methode ermöglicht es, passgenau dort anzusetzen, wo die größte Wirkung erzielt werden kann.

Abbildung 1
Modell zur Diagnose Betrieblicher Gesundheit

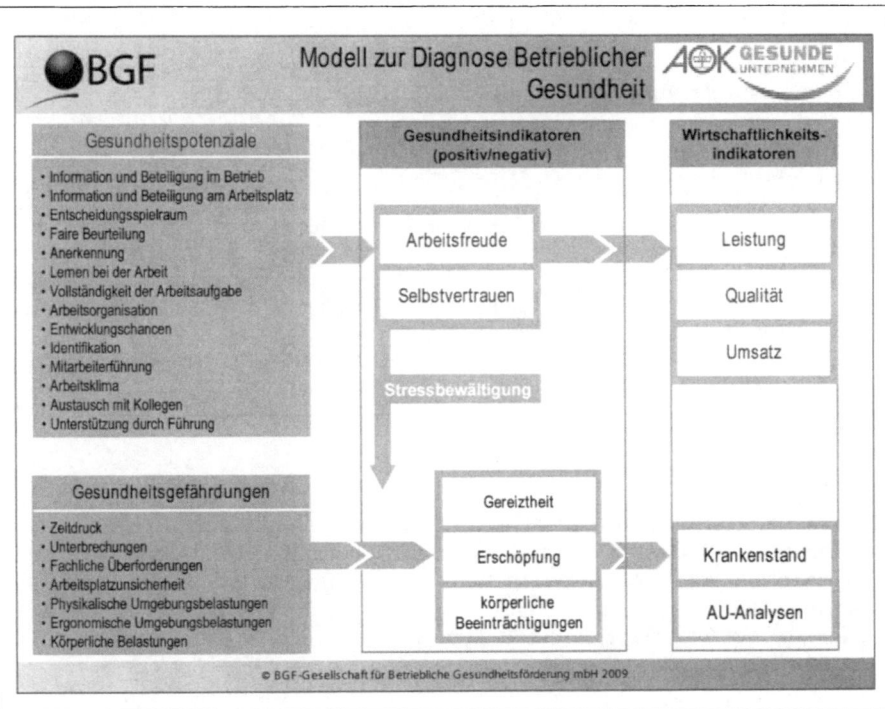

Treiberanalyse: Die größten Einflussfaktoren der Branche

Tabelle 1 zeigt, dass einige wenige Gesundheitspotenziale und Gesundheitsgefährdungen einen sehr großen Einfluss auf die Gesundheit der Beschäftigten des
Berliner Nahrungs- und Genussmittelgewerbes haben. Bei den Gesundheitspotenzialen steht „Lernen bei der Arbeit" im Zentrum, das vier der fünf Gesundheitsindikatoren beeinflusst. Bei den Gesundheitsgefährdungen stehen körperliche Belastungen und Zeitdruck im Vordergrund, die beide den höchsten Einfluss auf alle
drei negativen Gesundheitsindikatoren Gereiztheit, Erschöpfung und körperliche
Beeinträchtigungen haben.

Tabelle 1
Die größten Einflussfaktoren der Branche auf Skalenebene

| Einfluss der Gesundheits-potenziale und -gefährdungen auf die Gesundheit in der Branche gesamt | Einflussfaktoren | | |
	1. Einflussfaktor	2. Einflussfaktor	3. Einflussfaktor
Arbeitsfreude Varianzaufklärung: 56,5 %	Lernen bei der Arbeit	Identifikation	Anerkennung der Leistung
Selbstvertrauen Varianzaufklärung: 14,2 %	Arbeitsklima	Lernen bei der Arbeit	Identifikation
Gereiztheit Varianzaufklärung: 34,0 %	körperliche Belastungen	Zeitdruck	UNFAIRE Beurteilung
Erschöpfung Varianzaufklärung: 34,3 %	körperliche Belastungen	Zeitdruck	KEIN Lernen bei der Arbeit
Körperliche Beeinträchtigungen Varianzaufklärung: 45,0 %	körperliche Belastungen	Zeitdruck	KEIN Lernen bei der Arbeit

(Die Zeilen sind links mit „Gesundheitsindikatoren" beschriftet.)

Der Selbstcheck

Auf Basis der erhobenen Daten in der Branchenanalyse wurde, wie oben beschrieben, ermittelt, welche Potenziale und Gefährdungen mit den jeweiligen
Gesundheitsindikatoren der Beschäftigten in der Branche zusammenhängen. Im
branchenspezifischen Kurzfragebogen sind nur diese Fragen enthalten. Der Fragebogen, der auf Grundlage der Re-Analyse entwickelt wurde, bildet das Herzstück
des Selbstchecks auf der CD-ROM[5].

5   Für nähere Informationen zur Selbstcheck-CD-ROM wenden Sie sich bitte an Herrn
    Wohlfeil von der AOK Berlin-Brandenburg (jens.wohlfeil@bb.aok.de) oder an die
    BGF GmbH (www.bgf-berlin.de).

Für den Unternehmer stellen die Gesundheitsindikatoren *Zielfelder* dar. Die im Fragebogen erfassten Aspekte der Arbeit (Gesundheitspotenziale und -gefährdungen) sind konkrete *Handlungsfelder*. Wenn das gesundheitliche Befinden der Beschäftigten verbessert werden soll, muss entsprechend bei den Gesundheitspotenzialen bzw. den Gesundheitsgefährdungen angesetzt werden.

Der Selbstcheck soll den Unternehmen des Berliner Nahrungs- und Genussmittelgewerbes helfen, gemeinsam mit den Beschäftigten gesundheitsförderliche und -gefährdende Aspekte der Arbeit in einem systematischen, zielführenden Prozess zu ermitteln. Ziel ist es, Möglichkeiten zur Behebung von Problemen bzw. zur Ausschöpfung von Potenzialen eigenständig oder in Zusammenarbeit mit Experten oder Beratern zu erarbeiten, um so die Gesundheit der Beschäftigten am Arbeitsplatz nachhaltig zu fördern.

Das Verfahren zur Selbstbeurteilung besteht aus vier Schritten:

(1) *Befragung der Mitarbeiterinnen und Mitarbeiter*: Das Verfahren zur Selbstbeurteilung basiert auf einer standardisierten Mitarbeiterbefragung zu gesundheitsrelevanten Aspekten der Arbeit, die von den Unternehmen selbst durchgeführt werden kann.

(2) *Erstellung eines betriebsspezifischen Ergebnisprofils* des gesundheitlichen Befindens der Beschäftigten, der Gesundheitspotenziale und der Gesundheitsgefährdungen der Arbeit im Unternehmen: Die einzelnen, in der Befragung ermittelten Einschätzungen der Mitarbeiter/-innen werden zu Mittelwerten verrechnet und anschließend in einem betriebsspezifischen Profil dargestellt.

(3) *Branchenvergleich*: Das unternehmensspezifische Profil wird in das Branchenprofil eingetragen und ermöglicht somit den Vergleich mit anderen Unternehmen der Branche.

(4) *Festlegung des Handlungsbedarfs*: Schließlich wird dem Unternehmer bzw. den verantwortlichen Leitungsebenen im Unternehmen in Auseinandersetzung mit dem eigenen Profil im Branchenvergleich die Gelegenheit gegeben, zukünftige Ziel- und Handlungsfelder der betrieblichen Gesundheitsförderung festzulegen. Die identifizierten Zielfelder zeigen, bei welchen Aspekten des gesundheitlichen Befindens der Mitarbeiter/-innen Verbesserungsbedarf besteht. Die identifizierten Handlungsfelder weisen darauf hin, welche Gesundheitsgefährdungen in Zukunft zu reduzieren und welche Gesundheitspotenziale auszuschöpfen sind, um die angestrebten Ziele zu erreichen.

Der Selbstcheck gibt den Berliner Unternehmen der Nahrungs- und Genussmittelbranche somit die Möglichkeit, eine solide Datengrundlage in drei Bereichen zu ermitteln, und zwar Daten

- zu den gesundheitsrelevanten Bedürfnissen und Erwartungen der Mitarbeiterinnen und Mitarbeiter,
- zu den gesundheitsrelevanten Arbeitsbedingungen der Branche sowie
- zu bedeutsamen Aspekten des gesundheitlichen Befindens der Beschäftigten.

Auf diese Weise schafft der Selbstcheck die Möglichkeit, sich über die als notwendig erachteten hemmenden und fördernden Bedingungen von Gesundheit auszutauschen. Die Unternehmen können angesichts ihrer eigenen Zielvorstellungen und Erwartungen und vor dem Hintergrund des Branchenvergleichs Handlungsbe-

Abbildung 2
Branchenprofil der Nahrungs- und Genussmittelbranche

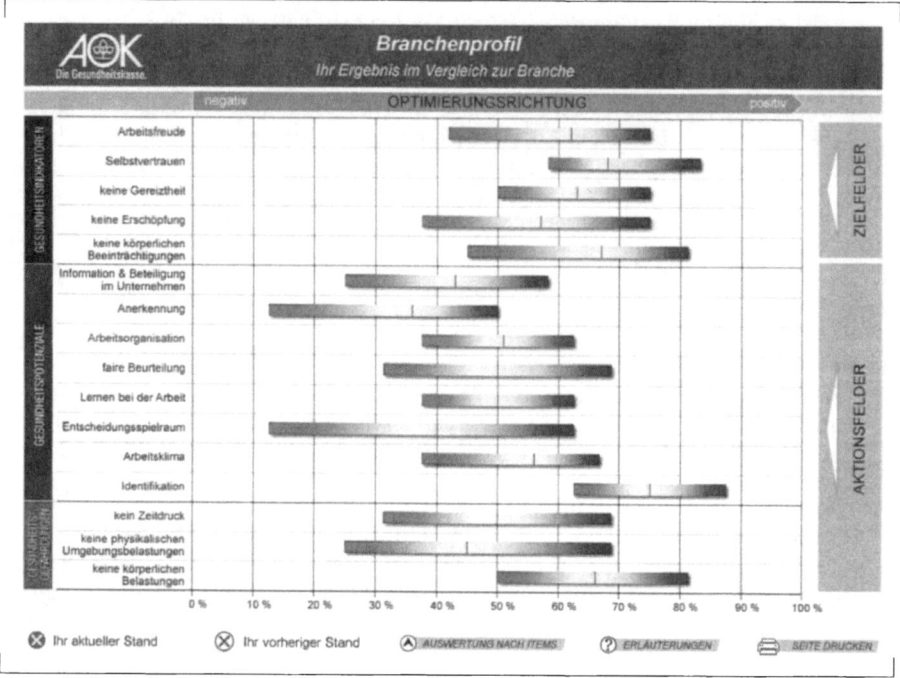

darfe abschätzen, ihren jeweiligen Stellenwert festlegen und Problemlösungsstrategien entwickeln (vgl. Abbildung 2). Stellt ein Unternehmen fest, dass es in bestimmten Bereichen besonders gut dasteht, kann es im Dialog mit den Beschäftigten die Ursachen ermitteln und die gute Praxis eines Bereiches auf andere Bereiche übertragen.

Moll Marzipan – Von den Daten zu erfolgreichen Taten

Als Best Practice-Beispiel haben wir die Firma Moll Marzipan AG ausgewählt. Das Unternehmen ist aus verschiedenen Gründen gut geeignet, um zu erläutern, wie aus dem oben beschriebenen branchenbezogenen Vorgehen präzise Schritte zur Verbesserung der Gesundheit und – das war für die Moll Marzipan besonders wichtig – wesentliche Schritte zur Verbesserung der wirtschaftlichen Gesundheit des Unternehmens umgesetzt wurden.

Das erste Treffen mit Dr. Armin Seitz, Gesellschafter und Geschäftsführer der Moll Marzipan GmbH, fand im Jahr 2007 statt. Moll Marzipan zeigte typische Merkmale eines Unternehmens in der Krise: Es wurden Verluste gemacht, die Arbeit war vielfach unkoordiniert und es kam in der Folge zu Qualitätsproblemen in der Produktion. Das Commitment der Mitarbeiterinnen und Mitarbeiter mit dem

Unternehmen war zwar groß, aber der Einsatz verpuffte häufig durch schlechte Organisation oder fehlende Selbstdisziplin. Man arbeitete in der Regel von einem Tag auf den anderen und nicht weiter vorausschauend. Mehrfach wurde versucht, Total Quality Management-Systeme einzuführen, doch fehlte es hier an der Akzeptanz der Mitarbeiter/-innen, da diese Systeme von jungen „Anzugträgern" implementiert wurden, die meist noch keine Produktionshalle von innen gesehen hatten. Auch war der Krankenstand im Unternehmen überdurchschnittlich hoch.

Entsprechend groß war die Skepsis von Dr. Seitz im Sommer 2007, als ihm die beiden Mitarbeiter der AOK und BGF GmbH das Projekt vorstellten.

Doch er ließ sich schnell davon überzeugen, dass das systematische Suchen nach vorhandenen und verdeckten Gesundheitspotenzialen sich auch in wirtschaftlichen Vorteilen niederschlagen wird, wenn konsequent an der Stärkung dieser Potenziale gearbeitet wird. Im Ergebnis beteiligte sich die Moll Marzipan AG am damals startenden Branchenprojekt. Im Rahmen dieses Projektes wurde bei Moll Marzipan eine eigene Mitarbeiterbefragung durchgeführt und es konnten auch spezifische Treiber identifiziert werden. Bei sehr hohen Korrelationen (zwischen 0,63 und 0,82) wurden folgende Zusammenhänge gefunden:

Arbeitsfreude und Selbstvertrauen sind bei Moll Marzipan abhängig von Entscheidungsspielräumen, Lernchancen bei der Arbeit, Identifikationsmöglichkeiten, fachlicher Unterstützung durch Führung sowie fachlichen Überforderungen. Gereiztheit, Erschöpfung und körperliche Beeinträchtigungen ließen sich erwartungsgemäß zwar durch körperliche Belastungen, physikalische Umgebungsbelastungen und Unterbrechungen erklären, überraschend war jedoch, dass hier auch Möglichkeiten der Identifikation, Information und Beteiligung sowie fachliche Unterstützung durch Führung eine wichtige Rolle spielten.

Diese unerwarteten Ergebnisse führten zusammen mit einer wichtigen unternehmenspolitischen Entscheidung zu einem völlig neuen, auf den Ergebnissen des Branchenprojekts basierenden Führungsstils. Dr. Seitz und sein englischer Partner Ken Turnbull hatten in einem Management-Buy-out Moll Marzipan aus dem Mutterkonzern herausgelöst und eine umfassende Qualitätsoffensive gestartet. Dieser gravierende Veränderungsprozess, der insgesamt als umfassende Reorganisation des Unternehmens betrachtet werden kann, wurde von der AOK Berlin und der BGF GmbH begleitet. Hierbei dienten die per Befragung identifizierten Treiber als Leitlinie der Veränderung. Die AOK Berlin und die BGF GmbH nutzten dabei ein neues Konzept der BGF-Partnerfirma ReMo GmbH, das „3 I-Konzept", das den Zusammenhang von neuer Unternehmensidentität, Imageaufbau und Identifikation der Mitarbeiterinnen und Mitarbeiter in den Mittelpunkt stellt. Gesundheit als Selbstzweck war den Managern in dieser Phase der Unternehmensentwicklung zu wenig. Bei der (Er)Findung einer neuen Identität für Moll Marzipan sollten Wertorientierungen aus der knapp 150-jährigen Tradition des Unternehmens verbunden werden mit Wertorientierungen, die sich aus den neuen Marktanforderungen ergaben und in mehreren Workshops mit dem Managementteam herausgearbeitet wurden. Daraus entstanden sehr schnelle und beeindruckende Erfolge: Der Krankenstand der Mitarbeiter/-innen ging deutlich zurück und die Firma schrieb bereits nach einem Jahr erstmals schwarze Zahlen – und das ohne Rückendeckung einer großen Konzernmutter.

Kern der erfolgreichen Veränderung war ein neuer Kommunikationsstil innerhalb des Managementteams („konstruktives Streiten"). Dieser orientiert sich an gemeinsam identifizierten Werthaltungen, die nicht nur jedem Moll-Mitarbeiter bzw. jeder Moll-Mitarbeiterin bekannt sind, sondern die Leitschnur eines gemeinsamen Handelns bieten. Die Treiberanalyse ermöglichte es den Führungskräften, ihr Menschenbild von den einfachen Produktionsmitarbeiter/-innen stark zu korrigieren: Die Führungskräfte waren zuvor niemals davon ausgegangen, dass die Mitarbeiterinnen und Mitarbeiter Entscheidungsspielräume, Lernen bei der Arbeit oder Identifikation für wichtig halten könnten – schon gar nicht, dass diese statistisch nachgewiesen die wichtigsten Motivations- und Gesundheitsfaktoren darstellten. So wurde gerade auf diese Faktoren im weiteren Verlauf des Projektes großen Wert gelegt. Die Begeisterung der Belegschaft war dann entsprechend groß, als sie zum ersten Mal in ihrer beruflichen Tätigkeit an einer Fortbildung teilnehmen konnten, die in Kooperation von AOK Berlin, der Universität Hamburg und der BGF Berlin GmbH angeboten wurde. Die Mitarbeiter/-innen hatten nämlich ein solches Angebot von ihrem Unternehmen nie erwartet

Die Fortbildung, das sogenannte ReSuM-Projekt[6], ist speziell für Mitarbeiterinnen und Mitarbeiter niedriger Einkommen konzipiert. Die Themen der Seminare beinhalten Stressbewältigung und die Entwicklung eigener Lebens- und Handlungsstrategien – Themen, die traditionell nur Führungskräften oder Mitarbeiter/-innen der Verwaltung angeboten worden waren. Das Gespräch über die „Treiber" hat die Gesprächskultur im Unternehmen aber auch insgesamt positiv verändert. Die Firma Moll Marzipan AG hat sich an weiteren Projekten beteiligt, z.B. an dem mit mehreren großen Berliner Unternehmen durchgeführten HealthCapital-Projekt zur Schichtarbeit (Kooperation von AOK Berlin, BGF GmbH, Somnico an der Charité Berlin). Einige ausgesuchte Mitarbeiter/-innen haben am Berliner Marathon teilgenommen und die Firma Moll wurde als Erfolgsmodell für gelungenes Betriebliches Gesundheitsmanagement in der Fernsehsendung Quivive präsentiert. Solche Aktionen verstärken den gewünschten Prozess der Bildung einer neuen Firmenidentität, es werden vielfältige Medien zum positiven Imageaufbau genutzt, was sich wiederum in einer höheren Identifikation der Mitarbeiter/-innen mit ihrem Unternehmen niederschlägt. Die Beschäftigten werden mittlerweile an vielen Entscheidungen beteiligt und sie haben nun die Möglichkeit, mit Unterstützung des Unternehmens aktiv zu lernen.

Alle identifizierten Potenziale werden gezielt genutzt, um die inzwischen höhere Belastung der Mitarbeiterinnen und Mitarbeiter gesünder bewältigen zu können. Zu den gestiegenen Belastungen zählen zum einen die höhere Produktion und die damit einhergehende Mehrarbeit sowie die im Zuge der umfangreichen Reorganisation stattgefundenen Veränderungen. Alle Beteiligten – Dr. Seitz, die Führungsmannschaft und nicht zuletzt die gesamte Belegschaft – haben gezeigt, dass große Neuerungen und höhere Herausforderungen keineswegs automatisch zu mehr Stress und Krankheit führen müssen. Im Gegenteil: Veränderungen müssen gezielt an den identifizierten Treibern ausgerichtet und zusammen mit der Belegschaft organisiert werden. Das bringt für alle beteiligten Parteien nicht nur mehr Arbeitsfreude und Selbstvertrauen, also Gesundheit nach dem System von AOK Berlin und BGF GmbH, sondern auch messbaren wirtschaftlichen Erfolg für das Unternehmen.

Die Vorteile, welche die Firma Moll aus dem beschriebenen Branchenprojekt für sich und seine Mitarbeiter/-innen erreichen konnte, waren selbstverständlich auch stark von dem dort gezeigten Engagement der Führung und der Belegschaft abhängig. Im Prinzip stehen diese Potenziale aber jedem Unternehmen der Ernäh-

---

6   ReSuM steht hierbei für: Ressourcen- und Stressmanagement für ungelernte Mitarbeiter.

rungswirtschaft in Berlin und Brandenburg zur Verfügung. Notwendig ist allerdings eine Entschlossenheit zu erfolgreichem Handeln sowie eine Analyse der eigenen Treiberstruktur. Hier können die AOK Berlin und das Gesundheitsnetzwerk HealthCapital wichtige Unterstützung geben.

Ernährung von älteren Menschen

■ Ernährung im Alter – Es ist nie zu spät[1]

Helga Strube

Abstract

Die steigende Lebenserwartung ist mit der Hoffnung verknüpft, auch im Alter selbstständig und gesund leben zu können. Gesundheitspolitische Ziele sind Autonomie und Lebensqualität bis ins Alter. Ein guter Ernährungsstatus ist eine elementare Voraussetzung dafür. Obwohl die Ursachen von vielen chronischen Erkrankungen noch nicht bis ins letzte Detail untersucht sind, bleibt festzustellen, dass eine bedarfsdeckende Ernährung und eine altersgemäße körperliche Aktivität mit dazu beitragen, dass immer mehr Menschen das hohe Alter in einer guten physischen und psychischen Konstitution erleben. Während in den mittleren Altersgruppen und bei gesunden jüngeren Senioren und Seniorinnen Übergewicht/Adipositas und damit verbundene Erkrankungen dominieren, stellt für die Gruppe der Hoch- und Höchstbetagten Mangel- oder sogar Unterernährung aufgrund von unbemerkten Nährstoff- und Flüssigkeitsdefiziten – häufig einhergehend mit Erkrankungen wie Demenz – ein nicht zu unterschätzendes Problem dar. Die Ernährungssituation selbstständig lebender Seniorinnen und Senioren ist in der Regel besser als die von älteren Menschen in Heimen. Da die Therapie der Mangelernährung im hohen Alter sehr schwierig und mühsam ist, kommt der Prävention eine entscheidende Rolle zu. Vor diesem Hintergrund bedarf es gerade in Senioreneinrichtungen besonderer Anstrengungen, um eine bedarfsgerechte Ernährung sicherzustellen, ohne dass die Freude am Essen und Trinken verloren geht.

Einleitung

Immer mehr Menschen haben heute die Chance, nicht nur alt, sondern sehr alt zu werden. Während im Jahr 1994 rund 4.600 über 100-Jährige gezählt wurden, waren es im Jahr 2003 bereits über 10.000.[2] Der größte Teil älterer Menschen lebt in Privathaushalten und fast dreiviertel der ca. zwei Millionen pflegebedürftigen

---

1   Bei diesem Beitrag handelt es sich um einen Nachdruck aus der Zeitschrift Bundesgesundheitsblatt – Gesundheitsforschung – Gesundheitsschutz 49, 2005, S. 547–557.
2   Vgl. aid infodienst e.V./Deutsche Gesellschaft für Ernährung (DGE) e.V. (Hrsg.): Ernährung im hohen Alter. Ratgeber für Angehörige und Pflegende (DGE-Medienservice), Bonn 2004.

Menschen wird zu Hause von ambulanten Pflegediensten oder von der Familie betreut.[3] Für die Erhaltung von Gesundheit, Wohlbefinden, Leistungsfähigkeit und insbesondere für die Selbstständigkeit im Alter spielt neben genetischer Disposition, körperlichem und geistigem Training sowie psychosozialen Faktoren die Ernährung eine bedeutende Rolle. Nicht zuletzt ist eine gesunde und ausgewogene Ernährung eine elementare Voraussetzung für Autonomie und Lebensqualität bis ins hohe Alter. Während in den mittleren Altersgruppen und bei gesunden jüngeren Seniorinnen und Senioren Übergewicht/Adipositas und damit verbundene Erkrankungen dominieren, stellt für die Gruppe der Hoch- und Höchstbetagten Mangel- oder sogar Unterernährung aufgrund von unbemerkten Nährstoff- und Flüssigkeitsdefiziten – häufig einhergehend mit Kau- und Schluckbeschwerden und Erkrankungen wie Demenz – ein nicht zu unterschätzendes Problem dar.[4] Die Ernährungssituation selbstständig lebender Senioren und Seniorinnen ist in der Regel besser als die von älteren Menschen in Heimen, wie die Bonner Seniorenstudie zeigen konnte.[5] Da die Therapie der Mangelernährung im hohen Alter sehr schwierig und mühsam ist, kommt der Prävention eine entscheidende Rolle zu. Vor diesem Hintergrund bedarf es gerade in Senioreneinrichtungen besonderer Anstrengungen, eine bedarfsgerechte Ernährung sicherzustellen, ohne dass die Freude am Essen und Trinken verloren geht. Zusammenfassend ist festzuhalten, dass die Ernährungssituation älterer Menschen sehr unterschiedlich ist und differenziert betrachtet werden sollte. Obwohl die Bedeutung einer vollwertigen Ernährung für die Erhaltung von Gesundheit und Lebensqualität gut belegt ist, findet dieser Bereich bei der Betreuung älterer Menschen bisher nicht die nötige Beachtung. Dieser Beitrag hat deshalb zum Ziel, das Bewusstsein für die Bedeutung der Ernährung im Alter zu stärken und interessierten Meinungsbildnern einen aktuellen Überblick über relevante Ernährungsaspekte im Alter zu geben.

Der Text ist wie folgt gegliedert: Einleitend wird die Rolle der Ernährung als Lebensstilfaktor für die Gesundheit beleuchtet. Weitere Abschnitte befassen sich mit der Ernährungssituation älterer Menschen, die zu Hause leben, sowie mit der Situation in der Geriatrie. Ferner werden die Veränderungen im Alter und deren Konsequenzen für die Ernährung beschrieben. Weiter werden die aktuellen Ernährungsempfehlungen der Deutschen Gesellschaft für Ernährung dargestellt sowie Initiativen und Projekte zur Verbesserung der Ernährung im Alter.

Ernährung, Gesundheit und Lebensstil im Alter

Die Gründe für die gestiegene Lebenserwartung und die bessere Gesundheit älterer Menschen sind nicht nur allein im medizinisch-technischen Fortschritt und weniger gefährlichen und belastenden Arbeitsplatz- und Lebensbedingungen zu sehen, sondern auch in einem gesünderen Lebensstil und in einer besseren Ernäh-

---

3   Vgl. Heseker, Helmut: Ernährung im Alter (Vortrag). Fortbildungsveranstaltung der Deutschen Gesellschaft für Ernährung e.V., Lübeck 2004.
4   Vgl. Heseker, Helmut: Häufigkeit, Ursachen und Folgen der Mangelernährung im Alter, in: Ernährungs-Umschau 50, 2003, S. 444–446.
5   Vgl. Stehle, Peter: Ernährung älterer Menschen, in: DGE e.V. (Hrsg.): Ernährungsbericht 2000, im Auftrag des Bundesministeriums für Gesundheit und des Bundesministeriums für Ernährung, Landwirtschaft und Forsten, DGE e.V., Frankfurt a.M., S. 147–178.

rung. Obwohl die Ursachen von vielen chronischen Erkrankungen noch nicht bis in letzte Detail untersucht sind, bleibt festzustellen, dass eine bedarfsdeckende ausgewogene Ernährung und eine altersgemäße körperliche Aktivität mit dazu beitragen, dass immer mehr Menschen das hohe Alter in einer guten physischen und psychischen Konstitution erleben. Eine ausgewogene Ernährung – schon während Kindheit und Jugend – ist die beste Grundlage für eine hohe Lebenserwartung und eine geringe Krankheitsanfälligkeit im Alter.[6] Allerdings gibt es weder den typischen alten Menschen noch einen typischen Altersverlauf. Darüber hinaus spielt die Häufigkeit und Schwere unterschiedlicher Krankheiten im Alter eine entscheidende Rolle. Es gibt zahlreiche Ursachen von Ernährungsproblemen: ungünstige Ernährungsgewohnheiten, Appetitmangel, veränderter Geschmacks- und Geruchssinn, schlechter Zustand des Gebisses und mangelnde Mund- und Zahnpflege, erhöhter Vitamin- und Mineralstoffbedarf durch Medikamentenkonsum, eingeschränkte Verdauung und ungenügende Verwertung der Nahrungsinhaltsstoffe, Alkoholkonsum, Vorhandensein von mehreren Erkrankungen (Multimorbidität), Nebenwirkungen von Medikamenten, psychische Störungen, Einsamkeit und finanzielle Schwierigkeiten.[7]

Fragt man erfolgreich gealterte Hochbetagte nach den Ursachen für ihr hohes Alter, dann werden fast immer die Themen Essen, Trinken und reichlich körperliche Aktivität bzw. Bewegung genannt. Insbesondere gutes Essen und regelmäßige Mahlzeiten werden von den meisten alten Menschen als Quelle von Gesundheit und Kraft geschätzt. Die Grundlagen für das Ernährungsverhalten im Alter werden bereits in der Kindheit gelegt. Lebenslange Gewohnheiten, Vorlieben und Abneigungen sind geprägt und gefestigt. Ferner bestimmen die persönlichen Lebensumstände, die körperliche und geistige Verfassung, Einkommen und Bildung sowie Einkaufsmöglichkeiten mit, was täglich auf den Tisch kommt. Dennoch sind auch im Alter Ernährungsumstellungen möglich. Wichtige Voraussetzungen dafür sind Einstellung, Interesse und Motivation. Mit dem Ausscheiden aus dem Erwerbsleben verfügen Seniorinnen und Senioren über die Zeit, sich mit der eigenen Gesundheit und Ernährung näher zu beschäftigen. Der Großteil der „jungen Alten" ist „generell sehr an Gesundheits- und Ernährungsfragen interessiert, um die eigene Selbstständigkeit möglichst lange zu erhalten und um diesen Lebensabschnitt aktiv und lebenswert gestalten zu können".[8] Gesunderhaltende Lebensstilfaktoren im Alter sind:

- bedarfsgerechte Ernährung,
- Verzicht auf Rauchen,
- körperliche und geistige Aktivität,
- seelische Ausgeglichenheit,
- soziale Kontakte.[9]

6   Vgl. Heseker, Ernährung im Alter.
7   Vgl. Arens-Azevedo, Ulrike: Ernährung im Alter (Vortragsmanuskript): „Is(s)t im Alter alles anders?", Fortbildungsveranstaltung der Deutschen Gesellschaft für Ernährung (DGE) e.V., Hannover 2005.
8   Vgl. Volkert, Dorothee: Richtig essen – lange leben: Motivation von Senioren (Vortrag). Verband der Diplom-Oecotrophologen e.V. (VDOe)-Jahrestagung 2005, Bonn 2005.
9   Vgl. Volkert, Dorothee: Ernährung im Alter, in: Phoenix – Ärztemagazin der CMA 1, 2005, S. 8–10.

Alt ist nicht gleich alt – zwischen Pflegeheim und Weltreise

Die Gruppe der alten Menschen ist sehr heterogen – sie reicht vom aktiven 65-Jährigen über den multimorbiden 80-Jährigen bis zum kachektischen 100-Jährigen. Die Lebensphase des Alters umfasst eine Zeitspanne von über vierzig Jahren. Die WHO differenziert diese Altersgruppe wie folgt:[10]

- 65–74 Jahre: ältere Menschen (junge, aktive Alte)
- 75–90 Jahre: Hochbetagte
- 90–100 Jahre: Höchstbetagte
- über 100 Jahre: Langlebige

Allerdings wird diese Einteilung bzw. die Zahl der Lebensjahre mittlerweile als wenig aussagekräftig betrachtet. Die großen Unterschiede in der Lebens- und Gesundheitssituation der Seniorinnen und Senioren zeigen, dass allein das biologische Alter kein Maßstab für körperliche und geistige Fitness ist. Insbesondere die Ernährungsbedürfnisse Älterer sind weniger von der Zahl der Lebensjahre als vom physiologischen Zustand abhängig. Sie sind bei mobilen, aktiv am Leben teilnehmenden Personen anders als bei hilfsbedürftigen oder gar bettlägerigen, pflegebedürftigen Personen gleichen Alters. Da sich im Alter die physiologischen Bedingungen noch stark verändern, hat sich folgende Einteilung nach Funktionserhalt etabliert.[11] Hier wird unterschieden, wie viel Hilfe ein Senior oder eine Seniorin im Alltag benötigt:

- „go goes": unabhängig lebend
- „slow goes": hilfsbedürftig
- „no goes": pflegebedürftig

Ernährungssituation älterer Menschen, die zu Hause leben

Wie es um die Ernährungssituation von Seniorinnen und Senioren steht, die älter als 65 Jahre sind und noch im eigenen Haushalt leben und selbstständig sind, war für den 9. Ernährungsbericht 2000 der Deutschen Gesellschaft für Ernährung (DGE) eine wichtige Fragestellung.[12] In Zusammenarbeit mit dem Institut für Ernährungswissenschaft der Universität Bonn wurden dazu in einer Studie mehr als 1.900 Frauen und Männer befragt. Ermittelt wurden Körpergewicht, Körpergröße sowie Ernährungsgewohnheiten, Lebensmittelauswahl, Energie- und Nährstoffzufuhr. Ergebnis: Etwa die Hälfte der Studienteilnehmer/-innen bezeichnete ihren Gesundheitszustand als gut oder sehr gut. Sie sind überwiegend rüstig, können das Haus verlassen und einkaufen oder andere Besorgungen erledigen. Rund die Hälfte der Älteren ist noch sportlich aktiv. Sie wandern, schwimmen oder fahren Rad. Mangelnder Appetit, Kau- und Schluckbeschwerden, die gebrechlichen alten Menschen oft das Essen verleiden, kommen bei diesen mobilen Senioren und Seniorinnen selten vor. Sie legen Wert auf regelmäßige Mahlzeiten – fast alle neh-

---

10 Vgl. Arens-Azevedo, Ernährung im Alter.
11 Ebd.
12 Vgl. Deutsche Gesellschaft für Ernährung (DGE) e.V. (Hrsg.): DGE: Ernährung rüstiger Senioren insgesamt gut, aber teilweise zu einseitig. Ergebnisse des Ernährungsberichts 2000 der DGE, DGE-Aktuell 12, Frankfurt a.M. 2001.

men täglich eine warme Mahlzeit ein. Im Gegensatz zu jüngeren Menschen essen sie überwiegend zu Hause. Männer werden nach dem traditionellen Rollenverständnis dieser Generation von ihren Partnerinnen „bekocht". Frauen, die nicht mehr für sich selbst kochen können, erhalten von ihren Kindern oder anderen Angehörigen Hilfe. Serviceangebote, wie z.B. „Essen auf Rädern", werden von rüstigen Senioren und Seniorinnen kaum in Anspruch genommen.

Täglich Obst, Gemüse, Milchprodukte und stärkehaltige Beilagen, mehr Misch- und Vollkornbrot als Weißbrot und mehr als einen Liter Flüssigkeit am Tag als Getränk – diese Mindestanforderungen an eine gesunde Ernährung werden von den meisten Studienteilnehmer/-innen erfüllt. Allerdings wird zu oft Fleisch und Wurst, aber zu selten oder gar nicht Fisch verzehrt. Nährstoffreiche Lebensmittel wie Gemüse und Obst, Milch- und Vollkornprodukte stehen meist nur einmal täglich auf dem Speiseplan; manche Senioren und Seniorinnen essen gar kein Obst. Der DGE-Ernährungsbericht 2000 kommt zu dem Ergebnis: Obwohl die zu Hause lebenden älteren Menschen insgesamt einen guten Ernährungszustand haben, könnten auch sie gesundheitlich von Änderungen in ihren Ernährungsgewohnheiten profitieren und z.B. mehr Obst und Gemüse verzehren. Diese Empfehlungen gelten besonders für ältere Männer. Ihre Essgewohnheiten sind insgesamt ungünstiger als die der Frauen. Im Hinblick auf das Körpergewicht zeigt die Studie bei den rüstigen älteren Menschen eher einen Trend zum Übergewicht. Mit zunehmendem Alter nimmt die Prävalenz von Übergewicht ab.[13]

Die Last mit den Kilos – Übergewicht/Adipositas

Die Ergebnisse des Bundesgesundheitssurveys 1998 bestätigen einen Zusammenhang zwischen Altersverteilung und der Häufigkeit von Übergewicht und Adipositas.[14] So haben 23,4 % der Männer in der Altersgruppe zwischen 60 und 69 Jahren und 22,2 % der Frauen einen Body-Mass-Index zwischen 30 und 35 kg/m². Bei einem Body-Mass-Index (BMI) von 30 kg/m² und darüber spricht man von Adipositas. Den Zusammenhang zwischen Alter und Adipositas bestätigt auch eine umfangreiche Analyse der Entwicklung der Adipositas in Deutschland im Zeitraum von 1985 bis 2003. Diese Auswertung basiert auf den Daten der vier nationalen Gesundheitssurveys des Robert Koch-Instituts für die Zeit von 1985 bis 1998 und den Daten des Bertelsmann-Gesundheitsmonitors für die Jahre 2002 und 2003 und beinhaltet insgesamt 12.984 Männer und 13.630 Frauen im Alter von 25 bis 69 Jahren.[15] Dabei zeigte sich, dass die Adipositasprävalenz bei Männern im Alter von 60 bis 69 Jahren um etwa das Dreifache höher ist als bei Männern im Alter von 25 bis 29 Jahren (24,3 % vs. 7,5 %). Bei den Frauen war der entsprechende Unterschied noch deutlich stärker ausgeprägt. Bei ihnen ist die Adipositasprävalenz bei 60- bis 69-Jährigen um etwa das Vierfache höher als bei den 25- bis 29-Jährigen (32,5 % vs. 8,0 %).

---

13 Vgl. Deutsche Gesellschaft für Ernährung, Ernährung rüstiger Senioren.
14 Vgl. Benecke, Andrea/Vogel, Heiner: Übergewicht und Adipositas. Gesundheitsberichterstattung des Bundes, Heft 16, hrsg. vom Robert Koch-Institut, Berlin 2005.
15 Vgl. Helmert, Uwe/Strube, Helga: Die Entwicklung der Adipositas in Deutschland im Zeitraum von 1985 bis 2002, in: Das Gesundheitswesen 66, 2004, S. 409–415.

Besorgniserregend ist des Weiteren, dass eine starke Adipositas (BMI > = 35 kg/m²) bei 60- bis 69-Jährigen bereits bei jeder zehnten Frau festgestellt wurde. Bei den gleichaltrigen Männern betrug die entsprechende Adipositasrate dagegen lediglich 3 %.

Bei jüngeren Seniorinnen und Senioren dominieren Übergewicht bzw. Adipositas und die damit verbundenen Folgeerkrankungen wie Diabetes mellitus. Unter den Todesursachen stehen die Krankheiten des Herz-Kreislaufsystems weiterhin an erster Stelle. Unter ihnen tritt der akute Herzinfarkt am häufigsten auf. Eine hohe Zahl der Sterbefälle ist auch auf bösartige Tumoren zurückzuführen.[16]

Ernährungssituation älterer Menschen in Einrichtungen der Geriatrie und Altenhilfe

In Seniorenheimen und geriatrischen Krankenhäusern mit überwiegend hochbetagten Bewohner/-innen und Patientinnen und Patienten sind Ernährungsdefizite besonders häufig. In einer groß angelegten Studie, der Heidelberger Bethanien-Ernährungsstudie,[17] wurde bei 300 Patientinnen und Patienten eines geriatrischen Krankenhauses im Alter von 75 Jahren eine Querschnittsuntersuchung des Ernährungs- und Gesundheitszustandes durchgeführt. Die Ergebnisse zeigten, dass fast ein Viertel der älteren Menschen nach dem klinischen Erscheinungsbild als unterernährt einzustufen war. Die Sterblichkeitsrate war bei den unterernährten Personen deutlich höher als bei den gut ernährten, übergewichtigen Patientinnen und Patienten. Daraus lässt sich ableiten, dass ein guter Ernährungszustand für ältere Menschen von entscheidender Bedeutung ist. Für den Ernährungsstatus der Bewohner/-innen in den Altenpflegeeinrichtungen ist festzustellen, dass die Ernährungssituation, insbesondere was die Prävalenz von Mangelernährung bei alten und pflegebedürftigen Menschen betrifft, bisher fast gar nicht erforscht ist. Die Schwankungsbreite publizierter Studiendaten für die Langzeitpflege in Alten- und Pflegeheimen ist sehr groß. Demnach sind zwischen 40 und 85 % der Bewohner/-innen mangelernährt.[18] Genauere Daten wurden in einer kleineren und aktuellen Studie veröffentlicht. In der Paderborner Altenheimstudie (PAHS)[19] konnte sehr differenziert gezeigt werden, dass von den teilnehmenden 47 Seniorinnen, die noch selbstständig essen (Altersdurchschnitt 85 Jahre), 13 % unter- bzw. mangelernährt waren. Die mittlere Energiezufuhr war mit 1.620 kcal/Tag geringer als der Richtwert. Die Nährstoffzufuhr wird als nicht bedarfsdeckend beschrieben, insbesondere im Hinblick auf die Versorgung von Vitamin C, Vitamin B, Folsäure und Calcium.

16 Vgl. Leitzmann, Claus/Müller, Claudia/Michel, Petra/Brehme, Ute/Hahn, Andreas/Laube, Heinrich: Ernährung in Prävention und Therapie, Stuttgart 2001, S. 143–149.
17 Vgl. Schlierf, Günter: Mangelernährung geriatrischer Patienten, in: Deutsche Gesellschaft für Ernährung e.V. (Hrsg.), Ernährungsbericht 1996, im Auftrag des Bundesministeriums für Gesundheit und des Bundesministeriums für Ernährung, Landwirtschaft und Forsten, Frankfurt a.M. 1996, S. 233–246.
18 Vgl. Schreier, Maria Magdalena/Bartholomeyczik, Sabine: Mangelernährung bei alten und pflegebedürftigen Menschen. Ursachen und Prävention aus pflegerischer Perspektive, Hannover 2004, S. 29–30.
19 Vgl. Becker. Doris: Ernährungsrisiken erkennen und beheben. Qualitätssicherung durch gezieltes Essen und Trinken, Hannover 2003, S. 23.

Für das häufige Auftreten von Ernährungsdefiziten in Altenheimen können viele Gründe angeführt werden. Aufgrund des sehr hohen Alters beim Eintritt in eine Senioreneinrichtung weisen die Betroffenen eine Vielzahl von Erkrankungen auf. Da Ernährungsdefizite häufig von betreuenden Ärztinnen und Ärzten sowie Familienangehörigen nicht wahrgenommen werden und das Körpergewicht nicht regelmäßig beobachtet wird, ist der Ernährungszustand bei vielen Hochbetagten, die ins Heim gehen, nicht optimal. Im Altenheim können die neue Umgebung und das unbekannte Essensangebot zusätzlich noch einen negativen Einfluss auf den Appetit haben. Nicht selten wird aufgrund von Unwissenheit und Zeitmangel der verantwortlichen Mitarbeiter/-innen nicht angemessen gehandelt.[20]

Deutlich wird, dass die Ernährungssituation gesunder jüngerer Seniorinnen und Senioren sich nicht grundsätzlich von den mittleren Altersgruppen unterscheidet. „Junge alte Menschen" sind oft übergewichtig, weil sie im Alter einen inaktiveren Lebensstil haben und trotz geringerem Energiebedarf genauso viel essen wie vorher. Hingegen treten bei hochbetagten, chronisch kranken Menschen, insbesondere in geriatrischen Einrichtungen, häufig Defizite in der Ernährungs- und der Flüssigkeitszufuhr auf. Mit zunehmendem Alter steigt das Risiko für eine Mangel- oder Unterernährung, wie in der Bethanien-Studie festgestellt wurde.

Veränderungen im Alter und Konsequenzen für die Ernährung

Alterungsprozesse und körperliche Veränderungen werden unter anderem durch Veranlagung geprägt. Der persönliche Lebensstil kann den Abbau jedoch beeinflussen, bremsen oder beschleunigen. Dazu zählt neben körperlicher Bewegung und geistiger Aktivität nicht zuletzt die Ernährung. Aus den bisher vorliegenden wissenschaftlichen Befunden lässt sich ableiten, dass bedarfsgerechte Ernährung und altersgemäße Bewegung zwar nicht zu ewigem Leben verhelfen, doch ist es unbestritten, dass zum erfolgreichen Altern eine dem Alter angepasste Ernährung gehört, die eine Fehl- und Mangelernährung vermeiden hilft.

Altersbedingte Veränderungen machen den Organismus anfälliger für Mangelernährung und Dehydratation und erfordern mehr Sensibilität für die Ernährung. Physiologische Altersveränderungen gehen meist mit Funktionseinbußen einher und betreffen auch die Ernährung. Zu den wichtigsten Veränderungen im Alter zählen: Verringerung des Energiebedarfs, Muskeleiweißabbau (Sarkopenie), verminderte Appetitregulation, Mundtrockenheit, Abnahme des Durstempfindens, eingeschränkte Nierenfunktion, reduzierte Vitamin D-Bildung in der Haut und erhöhte Neigung zur Obstipation. Im Alter verschlechtert sich auch die Fähigkeit, Phasen niedriger Energieaufnahme, z.B. im Krankheitsfall, durch vermehrtes Essen und Trinken in der Folgezeit wieder auszugleichen. Jüngere Menschen sind besser als ältere in der Lage, nach einem Gewichtsverlust wieder zuzunehmen.[21]

20 Vgl. Heseker, Häufigkeit, Ursachen und Folgen.
21 Vgl. Arens-Azevedo, Ernährung im Alter; Deutsche Gesellschaft für Ernährung (DGE) e.V. (Hrsg.): Beratungs-Standards, Bonn 2001.

Körperzusammensetzung, Energiebedarf und Gewicht

Auch die Körperzusammensetzung ist von Altersveränderungen betroffen. Im Vergleich zu jüngeren Erwachsenen haben ältere Menschen einen geringeren Körperwassergehalt und einen höheren Körperfettanteil. Mit zunehmendem Alter ist nicht nur eine Zunahme, sondern auch eine Umverteilung des Körperfetts zu beobachten. Es konnte gezeigt werden, dass mehr Fett im Unterhautfettgewebe des Rumpfes abgelagert wird als in den Extremitäten.[22]

Zu den wichtigsten altersbedingten Veränderungen zählt die Abnahme des Energiebedarfs. Der Grundumsatz (Energiebedarf für Stoffwechselaktivitäten, Atmung, Herztätigkeit) nimmt mit zunehmendem Alter deutlich ab. Gleichzeitig ist durch die verminderte körperliche Aktivität ebenfalls der Leistungsumsatz (Energiebedarf für Muskelarbeit) reduziert.

Als Standardmethode zur Beurteilung des Körpergewichts gilt der Body-Mass-Index.

Er errechnet sich aus der Formel
BMI = Körpergewicht in kg/Körperlänge im m^2.

Wie neuere Untersuchungen zeigen, darf ein älterer Mensch etwas mehr wiegen als ein jüngerer, der optimale BMI, also der BMI mit der höchsten Lebenserwartung, steigt mit zunehmendem Alter an[23] (vgl. Tabelle 1).

Ein Body-Mass-Index von 29 ist bei über 65-jährigen Seniorinnen und Senioren, im Gegensatz zum BMI bei jüngeren Personen, durchaus im akzeptablen Bereich.[24]

Tabelle 1
BMI in Abhängigkeit vom Alter (nach National Research Council, USA 1989)

Alter in Jahren	BMI (kg/m²)
19–24	19–24
25–34	20–25
35–44	21–25
45–54	22–27
55–64	23–28
über 65	24–29

Quelle Hassel, Iris: Mit Herz und Verstand – gesunde Ernährung und Diätetik im Seniorenheim. Der praktische Leitfaden für mehr Lebensqualität im Alter, Weeze 2003, S. 25.

22 Vgl. Volkert, Dorothee: Ernährung im Alter: Altersveränderungen. Wiesbaden 1997, S. 46–96.
23 Vgl. aid infodienst e. V./DGE, Ernährung im hohen Alter; Hassel, Iris: Mit Herz und Verstand – gesunde Ernährung und Diätetik im Seniorenheim. Der praktische Leitfaden für mehr Lebensqualität im Alter, hg. v. JOMO GV-Partner, Beratungs- und Software GmbH, Weeze 2003, S. 25.
24 Hassel, Mit Herz und Verstand, S. 44.

Veränderungen des Verdauungssystems

Innerhalb des Verdauungssystems gibt es zahlreiche Veränderungen. So verringern sich die Organmassen von Leber und Bauchspeicheldrüse, besonders betroffen ist davon die Fettverdauung, da Lipasen (fettspaltende Enzyme) und die zur Verdauung notwendigen Gallensäuren nicht mehr ausreichend gebildet werden. Die Entgiftungsleistung der Leber ist eingeschränkt. Die Darmbewegungen sind verlangsamt, es kommt häufiger zu Verstopfungen. Auch die Leistungsfähigkeit des Magens ist im Alter beeinträchtigt. Die Folgen sind eine verminderte Funktionsfähigkeit und das gehäufte Auftreten einer atrophischen Gastritis. Die Atrophie verursacht eine verringerte Magensäureresektion und eine verminderte Sekretion von Pepsinogen und Intrinsic-Faktor. Dadurch wird die Bioverfügbarkeit u.a. von Eisen, Folsäure und Vitamin B12 eingeschränkt.[25] Um eine ausreichende Nährstoffzufuhr im Alter zu erreichen, insbesondere wenn nur noch kleinere Mengen gegessen und vertragen werden, sind fünf bis sechs kleinere Mahlzeiten empfehlenswert, die ausgewogen und abwechslungsreich zusammengestellt sein sollten.

Im Alter verformt sich der Kiefer und es kommt häufig zu Zahnverlusten. Zurzeit benötigen von den über 80-Jährigen fast alle eine Vollprothese. Die dadurch bedingten Kaustörungen sind ein nicht unwesentlicher Risikofaktor für Mangelernährung.[26] Bei Kaustörungen sind Maßnahmen wie Pürieren oder Zerkleinern von Lebensmitteln hilfreich. Nicht zu vergessen die Gebisssanierung sowie eine konsequente Zahn- und Mundpflege. Die Speisenaufnahme kann ebenfalls aufgrund einer verminderten Speichelsekretion und dadurch bedingter Mundtrockenheit sowie durch Schluckstörungen beeinträchtigt sein. Schluckstörungen müssen nicht eine natürliche Folge des Alterungsprozesses sein, sondern treten häufig nach einem Schlaganfall auf bzw. werden durch Medikamente verursacht. Sie können zu einer erheblichen Beeinträchtigung der Nahrungsaufnahme führen. Bei Schluckstörungen ist eine aufrechte Sitzposition beim Essen empfehlenswert. Hochbetagte Menschen sollten dazu animiert werden, möglichst selbstständig zu essen, um die Geschwindigkeit der Nahrungsaufnahme zu bestimmen. Konsistenz, Zubereitungsart und Auswahl der Lebensmittel sollten individuell dem Grad der Beeinträchtigung angepasst sein.

Geschmacks- und Geruchswahrnehmung

Mit dem Alter nimmt die Leistung der Sinnesorgane ab. Betroffen sind davon alle sensorischen Wahrnehmungen wie Geruch und Geschmack. Bei den über 75-Jährigen sind Geruchs- und Geschmackswahrnehmung stark reduziert. Die Grundgeschmacksarten wie sauer, süß, salzig oder bitter werden erst bei deutlich höheren Konzentrationen erkannt. Neben diesen rein altersbedingten Veränderungen können die sensorischen Wahrnehmungen auch durch die Einnahme von Medikamenten oder durch verschiedene Leiden wie z.B. demenzielle Erkrankungen oder einen Schlaganfall deutlich beeinträchtigt sein. Weitere Ursachen für Geschmacksbeeinträchtigungen können Veränderungen der Mundschleimhaut, verstärkter

---

25 Vgl. Volkert, Ernährung im Alter: Altersveränderungen.
26 Vgl. Arens-Azevedo, Ernährung im Alter.

oder verminderter Speichelfluss, schmerzhafte Risse und Schwellungen von Mundschleimhaut und Zunge sowie Krankheiten der Zähne sein. Empfehlenswert ist bei der Zubereitung der Speisen nicht nur der verstärkte Einsatz von Gewürzen und Kräutern sondern auch die Berücksichtigung der individuellen Bedürfnisse, um den Appetit zu steigern.[27]

Appetitverlust

Alte Menschen klagen häufig über mangelnden Appetit, der eine unregelmäßige Einnahme der Mahlzeiten zur Folge haben kann. Gründe dafür können soziale Isolation, Einsamkeit (allein schmeckt es nicht) sowie einschneidende Veränderungen sein, z.B. der Umzug in ein Heim oder der Verlust des Lebenspartners bzw. der -partnerin. Ebenso wirkt sich ein hoher Medikamentenkonsum zusätzlich negativ auf Appetit, Geschmacksempfinden und Speichelsekretion aus. Gegen Appetitlosigkeit helfen viele kleine nährstoffreiche, sehr wohlschmeckende Mahlzeiten und eine angenehme ruhige Essensatmosphäre, Gesellschaft beim Essen und gut gelüftete Räume. Auch das Anbieten von Lieblingsgerichten, z.B. aus der Kindheit, ausreichendes Würzen und schönes Geschirr wirken Appetit fördernd.

Veränderungen im Wasser- und Elektrolythaushalt

Besonders labil sind die Regulation des Wasser- und Elektrolythaushaltes sowie die Blutdruckregulation. Ursachen für diese Entwicklung sind Organveränderungen, vor allem an der Niere. Die Durchblutung der Niere ist bei einem 90-jährigen Menschen im Vergleich zu einem 20-jährigen um etwa die Hälfte reduziert. Diese Veränderungen sollten vor allem bei der Dosierung von Medikamenten bedacht werden. Wasser- und Elektrolythaushalt werden vom Zwischenhirn gesteuert. Hier wird auch das Durstempfinden ausgelöst. Der ältere Mensch empfindet kaum noch Durst, obwohl der Körper ausreichend Flüssigkeit benötigt, um seine Stoffwechselleistungen aufrechtzuerhalten. Deshalb sind Erscheinungen der Austrocknung (Dehydratation) bei älteren Menschen vergleichsweise häufig.

Störungen des Stoffwechselgleichgewichts können im Alter nur schlecht ausgeglichen werden. Zur Gegenregulierung benötigt der Körper viel mehr Zeit. Mögliche Folgen einer zu geringen Flüssigkeitszufuhr sind Verdauungsbeschwerden wie Obstipation, Störungen des Herz-Kreislaufsystems und der Nierenfunktion, ebenso Verwirrtheitszustände bis hin zur Bewusstlosigkeit. Die ersten klinischen Symptome einer unzureichenden Trinkmenge sind u.a. Mundtrockenheit und ausgetrocknete Schleimhäute. Bei Flüssigkeitsmangel ist nicht nur eine erschwerte Regulation der Körpertemperatur zu beobachten, sondern die körperliche und geistige Leistungsfähigkeit ist insgesamt vermindert. Verwirrtheitszustände, Apathie, Schwindel und Schwäche treten bei starkem Flüssigkeitsmangel auf. Im Extremfall kann Wassermangel zu Kreislauf- und Nierenversagen bis hin zur Bewusstlosigkeit führen.[28] Die wichtigste Empfehlung ist daher: Im Alter sollte nicht aufgrund von Durst, sondern nach einem festen Trinkplan getrunken werden.

27   Ebd.
28   Vgl. Leitzmann et al., Ernährung in Prävention und Therapie, S. 143–149.

Veränderungen am Knochen- und Muskelsystem

Vom Abbau der Knochenmasse sind insbesondere Frauen nach der Menopause stark betroffen. Die Osteoporose (Knochenschwund) ist eine ernährungsmitbedingte Stoffwechselkrankheit, die durch eine stark reduzierte Knochenmasse gekennzeichnet ist. Die Knochen werden porös und es kommt schneller zu Knochenbrüchen, auch bei geringer Belastung. Bei einer manifesten Osteoporose können die älteren Menschen stark behindert sein. Bewegungseinschränkungen der Hände, Finger und Arme können das Essen und Trinken erschweren. Durch eine teilweise oder gar komplette Immobilität ist die selbstständige Alltagsführung wie das Einkaufen erschwert oder gar nicht mehr möglich.

Ein schlechter Ernährungszustand im Alter ist mit beeinträchtigter Muskelfunktion und allgemeiner Schwäche verbunden. Es besteht ein erhöhtes Risiko für Stürze und Frakturen.[29] Die Knochenmasse kann im Alter durch entsprechende Maßnahmen wie Pharmakotherapie, Bewegung und ausreichende Versorgung mit Kalzium und Vitamin D bedingt aufgebaut werden. Ihr Abbau ist aber bei aktiver und regelmäßiger Bewegung wesentlich weniger stark als bei Bettlägerigkeit oder weitgehender Bewegungsunfähigkeit. Ferner ist die verringerte Vitamin D-Syntheseleistung der Haut im Alter zu berücksichtigen. Eine ausreichende Zufuhr von Calcium und Vitamin D sowie regelmäßige körperliche Bewegung im Freien tragen deshalb wesentlich zum Erhalt der Knochenmasse bei und können eine Osteoporose beim alten Menschen bessern.[30]

Abnahme der Muskelmasse

Muskulatur und Muskelkraft nehmen mit zunehmendem Alter immer mehr ab. Der Muskelschwund im Alter hat gravierende gesundheitliche und funktionelle Beeinträchtigungen zur Folge: Anstieg des Sturz- und Frakturrisikos, Instabilität des Stoffwechsels und eine generelle Abnahme der Mobilität, sodass Alltagsaktivitäten nicht mehr bewältigt werden können. Der Verlust von Muskelmasse – er kann bis zum 80. Lebensjahr bis zu 40 % betragen – ist in hohem Maße davon abhängig, inwieweit ältere Menschen körperlich noch aktiv sind. Die Abnahme von Muskelmasse ist auch mit einem deutlichen Verlust von Muskelkraft verbunden. Verlust von Muskelmasse und Zunahme von Fettmasse haben unmittelbare Auswirkungen auf den Grundumsatz und den Energieumsatz. Die Empfehlungen für eine deutliche niedrige Energieaufnahme pro Tag sind im Wesentlichen dadurch begründet.

Um Muskel- und Knochenmasse im Alter zu erhalten, ein entscheidender Faktor für Mobilität und Autonomie, ist es unabdingbar, körperlich aktiv zu bleiben.[31] Die wichtigsten körperlichen Veränderungen im Alter und die Konsequenzen für die Ernährung sind in Tabelle 2 zusammengefasst.

29 Vgl. Schlierf, Mangelernährung geriatrischer Patienten.
30 Vgl. Deutsche Gesellschaft für Ernährung (DGE) e.V. (Hrsg.): Senioren in der Gemeinschaftsverpflegung (Ringordner), Bonn 2003.
31 Vgl. Heseker, Häufigkeit, Ursachen und Folgen; Arens-Azevedo, Ernährung im Alter.

Tabelle 2

Wichtige körperliche Veränderungen im Alter und die Konsequenzen für die Ernährung

Organ	Körperliche Veränderungen im Alter	Konsequenzen für die Ernährung
Muskelsystem	Abnahme der Muskelmasse, Zunahme des Körperfettanteils	Abnahme des Grundumsatzes, Verminderung des Energiebedarfs, Verringerung der Verzehrsmengen
Knochensystem	Verringerung der Knochenmasse	Ausreichende Versorgung mit Calcium und Vitamin D
Verdauungssystem	Verringerung des Organgewichts, Atrophie der Schleimhäute, Rückbildung des Kiefers	Vermeidung fettreicher Gerichte, Verringerung der Verzehrsmengen, mehrere kleine nährstoffreiche Mahlzeiten am Tag
Niere	Verringerung des Organgewichts, Abnahme der funktionsfähigen Einheiten	Reichliche Aufnahme von Getränken

Quelle Arens-Azevedo, Ulrike/Behr-Völtzer, Christine: Ernährung im Alter, Hannover: Vincentz Network 2002.

Essen und Trinken im Alter – zwischen Bedarf und Bedürfnis

Eine vollwertige Ernährung im Alter hat zum Ziel, die Lebensqualität zu erhalten bzw. zu verbessern, einen guten Ernährungszustand zu gewährleisten und Mangelernährung vorzubeugen, die physische und psychische Leistungsfähigkeit zu erhalten und vorzeitiger Krankheitsanfälligkeit und Pflegebedürftigkeit vorzubeugen. Die Deutsche Gesellschaft für Ernährung (DGE) e.V. hat für die Nährstoff- und Energiezufuhr im Jahr 2000 aktuelle Referenzwerte herausgegeben.[32] Die Referenzwerte sind als Richtschnur für gesunde und mobile über 65-jährige Senioren und Seniorinnen zu sehen und nach persönlicher Lebenssituation zu verändern. Die individuellen Unterschiede nehmen im Alter zu, da die Gruppe der über 65-Jährigen sehr heterogen ist. Da sich neben den körperlichen Veränderungen auch Veränderungen in Lebensstil und Lebensumfeld auf die Ernährung auswirken, ist es wichtig, die gesamte Lebenssituation in die Bemühungen um eine ausgewogene vollwertige Ernährung mit einzubeziehen. Jahrzehntelange Ernährungsgewohnheiten, individuelle Vorlieben, Abneigungen und Unverträglichkeiten sowie die Selbstbestimmung sind ebenso zu berücksichtigen wie die aktuelle Ge-

---

32 Vgl. Deutsche Gesellschaft für Ernährung (DGE) e.V. (Hrsg.): Referenzwerte für die Nährstoffzufuhr, Frankfurt a.M. 2000, S. 31.

sundheitssituation. Die Gründe für die Lebensmittelauswahl sind vielfältig. Appetit, Gesundheit, Kultur, Tradition und Zeit sind einige der zahlreichen Faktoren, die den Speisenplan bestimmen. Essen und Trinken gibt Lebensfreude und ist gleichzeitig ein zirkulärer Prozess, der neben physiologischen Bedingungen sensorische, kommunikative, soziale, psychische und ökonomische einschließt. Je besser es schmeckt und je mehr Freude Essen und Trinken bereitet, umso größer ist der positive Effekt auf das Wohlbefinden. Das gilt besonders für Lebenssituationen im Alter und schließt Gegebenheiten ein, die durch altersbedingte Einschränkungen und/oder Erkrankungen geprägt sind. Eine ganz spezielle Situation ist die Verpflegung in Senioreneinrichtungen. Die besondere Herausforderung besteht bei Planung und praktischer Umsetzung der Kostformen darin, nicht nur den entsprechenden Energie- und Nährstoffbedarf zu berücksichtigen, sondern auch die individuelle Essbiografie.

Insgesamt gilt es, einen akzeptablen Kompromiss zu schließen zwischen ernährungsmedizinischer Notwendigkeit (u.a. Prävention einer Mangelernährung) und dem Genussaspekt, der Freude und der Lebenszufriedenheit, die Essen und Trinken, gerade im Alter, vermitteln.[33] Die wissenschaftlichen Grundlagen für die Empfehlungen sind die D-A-CH Referenzwerte (die Abkürzung D-A-CH steht für die üblichen Länderkennzeichen Deutschland, Österreich und Schweiz) für die Nährstoffzufuhr 2000, die von der Deutschen Gesellschaft für Ernährung e.V. in Zusammenarbeit mit den Fachgesellschaften in Österreich und der Schweiz herausgegeben wurden (vgl. Tabelle 3).

Tabelle 3
Empfehlungen der Deutschen Gesellschaft für Ernährung (DGE) zur täglichen Energie- und Nährstoffzufuhr für über 65-jährige Männer und Frauen

Nährstoffe	65 Jahre und älter	
	Männer	**Frauen**
Energiezufuhr bei Normalgewicht und altersangepasster körperlicher Aktivität (kcal /kJ Tag)*	2.300 / 9.628	1.800 / 7.531
Eiweiß (0,8 g/kg KG)	54	44
Fett, Anteil in % der täglich aufgenommenen Nahrungsenergie	30	
Kohlenhydrate, in % der täglich aufgenommenen Nahrungsenergie	> 50	
Ballaststoffe (g/Tag)	mind. 30	

33 Vgl. Frenz, Renate: Gesund älter werden. Was Sie bei der Ernährung ihrer älteren Tischgäste beachten sollten. Modernes Küchenmanagement (MKM), Stuttgart 2000; DGE, Beratungs-Standards.

Fortsetzung Tabelle 3

Nährstoffe	65 Jahre und älter	
	Männer	Frauen
Wasserzufuhr über Getränke (ml/Tag)	1.310	
Vitamin A (mg Retinol-Äquivalent/Tag)	1,0	0,8
Vitamin D (μg/Tag)	10	
Vitamin B$_{12}$ (μg/Tag)	3,0	
Folsäure (μg Folat-Äquivalente/Tag)	400	
Vitamin C (mg/Tag)	100	
Calcium (mg/Tag)	1.000	
Eisen (mg/Tag)	10	10

g = Gramm; mg = Milligramm; μg = Mikrogramm; kcal = Kilokalorien; kJ = Kilojoule; ml = Milliliter

* Richtwerte für die durchschnittliche Energiezufuhr bei Personen mit einem BMI im Normbereich und mit entsprechender körperlicher Aktivität – unter Berücksichtigung der entsprechenden Faktoren (PAL-Werte für diese Altersgruppe)[34]

Im Gegensatz zum verminderten Energiebedarf im Alter benötigt der Körper die meisten Vitamine und Mineralstoffe in gleicher Menge wie früher oder sogar mehr davon. Die Kunst in höherem Lebensalter heißt deshalb: Genau so viele lebenswichtige Stoffe wie Vitamine und Mineralstoffe aufnehmen wie früher, aber mit kleineren Lebensmittelmengen.

Durch die verstärkte Auswahl von Gemüse, Obst, Milch- und Vollkornprodukten, magerem Fleisch, Seefisch und einer Nährstoff schonenden Zubereitung kann bei geringerer Energiemenge eine ausreichende Versorgung mit essentiellen Nährstoffen gesichert werden. Besonders ist auf eine reichliche Zufuhr von Flüssigkeit im Alter zu achten. Als Getränke – empfohlene Menge 1,5 Liter – sind Mineralwasser, Früchte- und Kräutertees oder mit Wasser verdünnte Säfte empfehlenswert. Eine ausreichende Trinkmenge ist außerdem wichtig, um die im Alter verbreitete Obstipation zu vermeiden. Deshalb sind ballaststoffreiche Lebensmittel (Vollkornprodukte, Gemüse, Hülsenfrüchte, Obst) wünschenswert.[35]

34 DGE, Referenzwerte für die Nährstoffzufuhr, S. 31; Deutsche Gesellschaft für Ernährung (DGE) e.V. (Hrsg.): Die Nährstoffe. Bausteine für Ihre Gesundheit, Bonn 2004.
35 Vgl. DGE, Senioren in der Gemeinschaftsverpflegung; aid infodienst e.V./DGE, Ernährung im hohen Alter.

Umsetzung in die Praxis

Eine altersgerechte Ernährung sollte:
- wohlschmeckend und bekömmlich sein,
- auf den Energiebedarf abgestimmt sein,
- individuelle Bedürfnisse berücksichtigen,
- alle notwendigen Nährstoffe in ausreichender Menge enthalten,
- die Widerstandskräfte stärken,
- die körperliche und geistige Leistungskraft stärken bzw. erhalten und
- von bestmöglicher Qualität sein.

Für Seniorinnen und Senioren gelten generell die gleichen Ernährungsempfehlungen wie für jüngere Erwachsene. Allerdings ist die Vielzahl der unterschiedlichen Ernährungsratschläge insbesondere für ältere Menschen verwirrend. Ein Wegweiser und ein Symbol für eine vollwertige Lebensmittelauswahl ist der Ernährungskreis der Deutschen Gesellschaft für Ernährung (DGE). Der Ernährungskreis im Vergleich zu anderen Visualisierungsformen von Ernährungsempfehlungen die einzige bildhafte Darstellung, in der die Segmentgröße zugleich ein Maß für die Lebensmittelmenge ist. Die Größe der Segmente, die auf der Grundlage der Referenzwerte für die Nährstoffzufuhr berechnet wurden, zeigt das Mengenverhältnis der verschiedenen Lebensmittelgruppen zueinander. Der Ernährungskreis macht deutlich, dass bei einer vollwertigen Ernährung pflanzliche Lebensmittel wie Getreideprodukte, vorzugsweise aus Vollkorn, sowie Gemüse und Obst im Mittelpunkt stehen. Ergänzt wird diese Basis idealerweise durch fettarme Milchprodukte, Fleisch, Fisch und Eier, pflanzliche Fette und Öle sowie eine ausreichende Flüssigkeitszufuhr. Die Lebensmittelauswahl gemäß DGE-Ernährungskreis ist eine verlässliche Grundlage, um eine vollwertige Ernährung im Alter umzusetzen. Die bedarfsgerechte und ausreichende Zufuhr von Nährstoffen, Ballaststoffen und sekundären Pflanzenstoffen kann damit sichergestellt werden und so einen Beitrag zur Prävention ernährungsmitbedingter Gesundheitsstörungen leisten. Da kein einziges Lebensmittel alle lebensnotwendigen Nährstoffe in ausreichender Menge enthält – mit Ausnahme der Muttermilch für Säuglinge – kommt es auf die richtige Kombination an. Der Ernährungskreis der Deutschen Gesellschaft für Ernährung zeigt auf einen Blick, wie eine vollwertige Ernährung mit allen lebensnotwendigen Nährstoffen aussieht und unterteilt das reichhaltige Lebensmittelangebot in sieben Gruppen (vgl. Abbildung 1).

Jede dieser Gruppen enthält ganz bestimmte Nährstoffe in unterschiedlichen Mengen. Je größer das Feld ist, desto größer sollten die verzehrten Mengen aus dieser Gruppe sein. Lebensmittel aus den kleinen Segmenten sollten sparsam eingesetzt werden. Der Ernährungskreis bietet gerade für Seniorinnen und Senioren einen einfachen und schnellen Überblick für eine gesundheitsbewusste Auswahl der Lebensmittel. Eine zentrale Position nehmen Getränke ein, die durch ein Wasserglas repräsentiert werden. Die Kernaussage des Ernährungskreises lautet zusammengefasst: Täglich aus allen sieben Lebensmittelgruppen auszuwählen, die dargestellten Mengenverhältnisse zu berücksichtigen und die Lebensmittelvielfalt der einzelnen Gruppen zu nutzen.[36]

---

36 Vgl. DGE, Die Nährstoffe.

Abbildung 1
DGE-Ernährungskreis

Bedeutung des Trinkens im Alter

Trinken ist für alle Altergruppen unerlässlich und wird normalerweise rechtzeitig mit einem Gefühl von Durst signalisiert. Da mit zunehmendem Alter das Durstgefühl abnimmt, bemerken alte Menschen nicht, dass sie zu wenig trinken. Häufig bestehen auch falsche Vorstellungen über den Flüssigkeitsbedarf und die Angst vor häufigen Toilettengängen oder es gibt Schwierigkeiten bei der Getränkebeschaffung. Viele Seniorinnen und Senioren sind es nicht gewohnt, während des Essens zu trinken. Hilfreich ist es, schon morgens sichtbar Getränke bereitzustellen und zu jeder Mahlzeit ein großes Glas Wasser zu trinken. Eine andere Möglichkeit ist es, für die benötigte Flüssigkeitsmenge von 1,5 bis 2 Liter einen Tages-Trinkplan aufzustellen,[37] der beispielsweise so aussehen könnte:

---

37 Vgl. Hassel, Mit Herz und Verstand, S. 45.

194

TAGES-TRINKPLAN
2 Tassen Tee (Kaffee) – morgens zum Frühstück
2 Glas Saftschorle – vormittags
1 Glas Mineralwasser, 1 Tasse Brühe – mittags
1-2 Tassen Tee (Milchkaffee) – nachmittags
1 Glas Mineralwasser / Bier / Wein – abends zum Essen
1 Glas Mineralwasser oder 1 Tasse Kräutertee – spät am Abend

Kritische Nährstoffe im Alter

Viele Senioren, besonders alleinstehende Männer, haben eine deutliche Unterversorgung an einzelnen Vitaminen und Mineralstoffen. Zu den kritischen Vitaminen zählen u.a. Vitamin D, Vitamin B12 und Folsäure. Vitamin D spielt im Knochenstoffwechsel eine wichtige Rolle und kann im Zusammenspiel mit Calcium und Vitamin K das Auftreten einer Osteoporose verzögern. Vitamin D wird unter anderem vom Körper selbst gebildet, wenn Sonne auf die Haut trifft. Im Alter nimmt die Eigenproduktion ab, viele ältere Menschen sind zumindest zeitweise ans Haus gebunden, sodass eine Versorgungslücke entstehen kann. Da nur bestimmte Lebensmittel, zum Beispiel Fettfische (Hering oder Makrele), Leber, Margarine und Eigelb, Vitamin D in ausreichender Menge liefern, kann es deshalb sinnvoll sein, nach Rücksprache mit dem Hausarzt Vitamin D zusätzlich aufzunehmen. Vitamin B12 muss dem Körper komplett von außen zugeführt werden. Die Versorgungssituation mit Vitamin B12 bei alten Menschen ist als äußerst problematisch anzusehen. Atrophische Veränderungen der Magenschleimhaut führen bei etwa 15 % der über 65-Jährigen zu einem Mangel an Vitamin B12. In Absprache mit dem Arzt bzw. der Ärztin ist bei älteren Personen, die an atrophischer Gastritis leiden, eine Vitamin B12-Supplementierung empfehlenswert. Auch die Folsäureversorgung ist bei Seniorinnen und Senioren kritisch. Folsäure oder Folat kommt vor allem in grünem Gemüse, Salat und Vollkornprodukten vor. Neben einer einseitigen Ernährung können die dauerhafte Einnahme von bestimmten Medikamenten (z.B. Zytostatika) sowie ein hoher Alkoholkonsum einen Folatmangel verursachen. Ferner können lange Steh- und Warmhaltezeiten und das Weichkochen von Speisen, wie es z.B. in Altenheimen durchaus üblich ist, die Situation verschärfen. Wird zu wenig Folsäure aufgenommen, kann das Risiko für eine Arteriosklerose steigen. Die Folsäureaufnahme ist in allen Altersgruppen ein Problem. Bei der Mineralstoffversorgung im Alter treten u.a. subnormale Werte beim Calcium auf.[38]

Wie Untersuchungen gezeigt haben, gibt es bei multimorbiden älteren Menschen häufig deutliche Defizite in der Nährstoffversorgung, die vor dem Hintergrund von gleichzeitiger Appetitlosigkeit über die normale Nahrungszufuhr nicht ausgeglichen werden können. Die Frage nach dem Nutzen einer entsprechenden Supplementierung von Mirkonährstoffen muss in der sehr heterogenen Gruppe der Senioren und Seniorinnen differenziert nach dem individuellen Ernährungsstatus betrachtet werden. Die amerikanischen Empfehlungen für die Ernährung von über 70-Jährigen weisen bereits darauf hin, dass die Versorgung mit Vita-

---

38 Vgl. Hahn, Andreas/Ströhle, Alexander/Wolters, Maike: Ernährung. Physiologische Grundlagen, Prävention, Therapie, Stuttgart 2005.

min D, Calcium und Vitamin B12 kritisch ist und dass eine Supplementierung wahrscheinlich notwendig ist.[39]

Mangelernährung und die Folgen

Hochaltrigkeit muss nicht mit Mangelernährung verbunden sein. Dennoch sind verschiedene Autoren der Meinung, dass Malnutrition eine der häufigsten und am wenigsten beachteten Krankheiten im Alter ist. Im schlimmsten Fall kann eine Mangelernährung bei chronisch kranken alten Menschen zum Tod führen. Die Datenlage über die Prävalenz der Mangelernährung im Alter ist ungenau und unzureichend.[40]

Studien zufolge haben bis zu 85 % der älteren Menschen in Institutionen und bis zu 31 % der noch zu Hause lebenden Senioren und Seniorinnen mindestens einen, aber meistens mehrere subnormale Ernährungsparameter.[41] Unterernährung kann ebenso wie Mangelernährung vielfältige Ursachen haben, z.B. psychosoziale, körperliche, altersbedingte und krankheitsbedingte Faktoren.[42]

Die Problematik der Mangelernährung und des Flüssigkeitsdefizits im Alter bzw. in der stationären Altenpflege wurde über viele Jahre ignoriert. Erst in jüngster Zeit rücken diese Probleme in den Vordergrund, nicht zuletzt, weil sie als Qualitätskriterium für die Pflege gelten. Mangelernährung und Dehydratation sind ernst zu nehmende Probleme, da hierdurch die Lebenserwartung der Betroffenen verkürzt sein kann und zudem die Lebensqualität bzw. das Wohlbefinden stark eingeschränkt wird. Darüber hinaus gelten sie als Ursache von Schwäche/Müdigkeit, Sturz- und Frakturgefahr, Infektanfälligkeit, Dekubitus sowie als Ursache für längere Pflegebedürftigkeit und häufigere Krankenhausaufenthalte.[43]

Es gibt keine einheitliche Definition von Mangelernährung (Malnutrition). Mangelernährung im Alter entsteht zumeist durch eine verminderte Nährstoffaufnahme und ist in der Regel verbunden mit einem Nährstoffmangel (Proteine, Fette, Kohlenhydrate, Flüssigkeit, Ballaststoffe) sowie einem Mangel an Vitaminen und Mineralstoffen.[44]

Ein sichtbares Zeichen einer Mangelernährung ist die Abnahme des Körpergewichts. Als Parameter für eine Unterernährung gilt ein Body-Mass-Index unter 18,5 kg/m². Mangelernährung in der Altenpflege wird häufig von den Pflegekräften, Ärzten und Ärztinnen, aber auch von den Angehörigen nicht rechtzeitig erkannt und übersehen, da der Ernährungsstatus der alten Menschen nicht kontinuierlich und systematisch analysiert und bewertet wird. Die Ergebnisse aus den

39   Vgl. Hassel, Mit Herz und Verstand, S. 53.
40   Vgl. Seiler, Walter O./Stähelin, Hannes B.: Malnutrition im Alter, in: Biesalski, Hans K./Fürst, Peter/Kasper, Heinrich/Kluthe, Reinhold/Pölert, Wolfgang/Puchstein, Christoph/Stähelin, Hannes B. (Hrsg.): Ernährungsmedizin. Nach dem Curriculum Ernährungsmedizin der Bundesärztekammer, Stuttgart/New York 1999, S. 279–287; Schreier, Maria Magdalena: Mangelernährung bei alten und pflegebedürftigen Menschen (Vortragsfolien), Witten/Gießen 2005.
41   Vgl. Seiler et al., Malnutrition im Alter.
42   Ebd.
43   Vgl. Verbraucherzentrale Bundesverband (vzbv) e. V. (Hrsg.): Essen im Alter. Zu wenig? Zu viel? Das Falsche? Dossier zu Seniorenernährung in Deutschland, Berlin 2004.
44   Schreier, Mangelernährung.

Qualitätsprüfungen der Medizinischen Dienste der Krankenkassen (MDK) zeigen, dass sich die Ernährungszustände der pflegebedürftigen alten Menschen innerhalb kurzer Zeit deutlich bessern, wenn bei den Verantwortlichen in den Einrichtungen eine Sensibilisierung erreicht wurde und entsprechende Maßnamen durchgeführt werden.[45] Da die Therapie der Mangelernährung im Alter äußerst schwierig ist, hat die Erhaltung eines guten Ernährungszustandes bis ins hohe Alter eine hohe Bedeutung. Wichtig ist es deshalb, dass die verantwortlichen Fachkräfte in den Einrichtungen die Prävention der Mangelernährung als gemeinsame interdisziplinäre Herausforderung begreifen und diese Diagnose ebenso ernst nehmen wie eine chronische Krankheit. Gezielte Schulungsmaßnahmen für Mitarbeiter/-innen aus den Bereichen Küche, Pflege und Hauswirtschaft heben nicht nur das diätetische Fachwissen an, sondern schaffen darüber hinaus ein Bewusstsein bei den Verantwortlichen für den hohen Stellenwert von Essen und Trinken im Alter. Bei hochbetagten Seniorinnen und Senioren, die zu Hause leben, genügt oftmals ein Blick in den Kühlschrank, um Ernährungsdefizite festzustellen. Bei der Auswahl der täglichen Lebensmittel sind einfache Regeln nützlich. Sie könnten in Form eines Merkblattes in der Küche aufgehängt werden:

Tägliche Mindestmengen an Lebensmitteln im hohen Alter[46]
    1 warme Mahlzeit
    1 Stück Obst
    1 Portion Gemüse oder Salat
    1 Glas Milch und Joghurt, Käse oder Quark
    1 Scheibe Vollkornbrot
    1 Stück Fleisch, Fisch oder 1 Ei

Perspektiven – Initiativen und Projekte zur Verbesserung der Ernährungssituation

Der Stellenwert einer ausreichenden Ernährung und Bewegung für die Erhaltung von Gesundheit und Lebensqualität ist gut belegt. Allerdings finden beide Bereiche in der Betreuung alter Menschen bislang noch nicht die notwendige Aufmerksamkeit. Dennoch zeichnet sich ein Bewusstseinswandel ab, dass es Handlungsbedarf gibt, die Situation zu verbessern – besonders bei Heimbewohner/-innen, da sie bezüglich ihrer Ernährung eine Risikogruppe darstellen.

Kampagne „Fit im Alter"

Mit dem Ziel, die Ernährungssituation von Seniorinnen und Senioren zu verbessern, wurde im September 2003 vom Bundesministerium für Verbraucherschutz, Ernährung und Landwirtschaft (BMVEL), heute Bundesministerium für Ernährung, Landwirtschaft und Verbraucherschutz (BMELV), die Kampagne „Fit im Alter – Ge-

45   Kurzmann, Karin: Ernährung und Flüssigkeitsversorgung als ein Qualitätskriterium in der Pflege (Vortrag). Fachtagung: Ernährung in der stationären Altenpflege – zwischen Wunschkost und Sondennahrung, Bremen 2004.
46   Volkert, Ernährung im Alter: Altersveränderungen.

sund essen, besser leben" gestartet.[47] Die zahlreichen Aktionen und Aktivitäten sollen dazu beitragen, verstärkt auf die Ernährungs- und Lebenssituation von älteren Menschen in Deutschland aufmerksam zu machen. Im Mittelpunkt dieser Initiative des Bundesernährungsministeriums stehen bundesweite kostenlose Schulungsangebote bzw. ein Beratungsservice der Deutschen Gesellschaft für Ernährung (DGE) für Mitarbeiterinnen und Mitarbeiter der Senioreneinrichtungen aus den Bereichen Verpflegung, Hauswirtschaft, Pflege und Qualitätsmanagement. Das Angebot der DGE umfasst u.a. die Themen: Ernährung im Alter, verschiedene Kostformen und ihre Umsetzung in Senioreneinrichtungen, bis hin zu Fragen des Qualitätsmanagements. Ebenfalls werden neue kreative Verpflegungskonzepte für die Ernährung von Demenzkranken wie „Finger Food" und „Eat by Walking" vorgestellt. Darüber hinaus gibt es für ambulante Pflegedienste und Anbieter eines Menüservices (Essen auf Rädern) Schulungsangebote von der DGE.[48] Als weitere Kooperationspartner beteiligen sich die Verbraucherzentralen mit unentgeltlichen Kursen und Vorträgen für zu Hause lebende Seniorinnen und Senioren an der bundesweiten Kampagne.

PATRAS – Paderborner Trainingsstudie

Um eine nachhaltige Verbesserung der Ernährung und Mobilität im Alter zu erreichen, wurde von der Fachgruppe Ernährungs- und Verbraucherbildung der Universität Paderborn in Kooperation mit dem Caritas Verband Paderborn das Programm PATRAS entwickelt. Das umfassende praxisnahe Programm enthält ein spezielles Verpflegungskonzept zur Verbesserung für Einrichtungen der Altenpflege.[49] Das Besondere am PATRAS-Konzept ist ein Muskelkräftigungsprogramm für ältere Menschen, um die Mobilität dieser Zielgruppe in der Altenpflege zu verbessern.[50]

Das Bremer Institut für Präventionsforschung und Sozialmedizin (BIPS) betreibt neben seinen wissenschaftlichen Studien seit mehr als zwanzig Jahren mit zahlreichen Programmen und Aktivitäten eine intensive und erfolgreiche Ernährungsaufklärung. Seit einigen Jahren ist ein Schwerpunkt der Arbeitsgruppe Ernährung und Public Health die Konzeption und Durchführung von Fortbildungsmaßnahmen für Senioreneinrichtungen, insbesondere in Kooperation mit der Bremer Heimstiftung, einem großen Träger von Wohn- und Pflegeeinrichtungen. Die interdisziplinär angelegten und kontinuierlich durchgeführten Schulungen haben zum Ziel,

---

47 DGE, Senioren in der Gemeinschaftsverpflegung.
48 Deutsche Gesellschaft für Ernährung (DGE) e.V. (Hrsg.): Ernährungsaspekte in Senioreneinrichtungen. DGE-aktuell 04/2005 v. 11.05.2004.
49 Heseker, Helmut/Odenbach, Volker (Hrsg.): Ernährung von Senioren und Pflegebedürftigen. Praxisleitfaden für eine bedarfsgerechte Versorgung im Alter, Hamburg 2005.
50 Heseker, Helmut: PATRAS. Ein Programm zur Verbesserung der Ernährung und Mobilität im Alter. Fachgruppe Ernährung und Verbraucherbildung, Department Sport & Gesundheit der Universität Paderborn (persönliche Mitteilung vom 22.11.2005).

Wissen und Kompetenzen der Verantwortlichen zu verbessern, damit Ernährungsrisiken wie Mangelernährung vermieden oder rechtzeitig erkannt und behandelt
werden. Die Schulungen streben folgende Effekte an: Sensibilisierung der verantwortlichen Mitarbeiter/-innen der Bremer Heimstiftung für Symptome von Mangelernährung, Optimierung des Verpflegungsangebotes, insbesondere im Bereich
der Diätetik, durch Anhebung des Fachwissens, Vermittlung von praktischen
Kenntnissen und Fertigkeiten, u.a. Erprobung von speziellen Rezepten, sowie die
Förderung eines Bewusstseins für den zentralen Stellenwert der Ernährung (Essen
und Trinken) in der Altenpflege als Lebensaktivität. Die Erfahrungen aus der Praxis
zeigen aber, dass darüber hinaus auch die Verbesserung der Kommunikation äußerst wichtig ist, um die Ernährungsbedürfnisse älterer Menschen zu berücksichtigen. Vor diesem Hintergrund, insbesondere der Zunahme von Demenzerkran-
kungen, gibt es ein wachsendes Unbehagen an der „Pflegelastigkeit" heutiger
stationärer Einrichtungen in der Altenpflege. In der Diskussion um notwendige
Veränderungsprozesse der derzeitigen Strukturen in der Altenpflege steht das
„Hausgemeinschafts-Konzept" besonders im Fokus. Dieses Modellvorhaben, das
die Bremer Heimstiftung seit einigen Jahren im Stiftungsdorf Rablinghausen betreibt, stellt den Gedanken der Hausgemeinschaften in den Mittelpunkt. Grund-
idee ist, das „Primat der Pflege" durch das „Primat des Wohnens" zu ersetzen. In
der Praxis heißt dies, den Anteil der hauswirtschaftlichen Versorgung nicht als Be-
gleitdienst zur Pflege aufzufassen, sondern als die Hauptaufgabe in der Betreuung
älterer Menschen zu verstehen. So wurde die zentrale Großküche abgeschafft und
durch kleinere Wohnküchen ersetzt, in denen sich die Senioren und Seniorinnen
aktiv am gemeinschaftlichen Kochen beteiligen können. Damit die hauswirtschaftlichen Fachkräfte für diese neuen Aufgaben und die stärkere Bewohnerorientie-
rung hinreichend qualifiziert sind, werden sie z.B. für die Themen Altenernährung
und Ernährung bei Demenz vom BIPS in speziellen Seminaren geschult.

Um Demenzerkrankte zum Essen zu motivieren, werden Speisen durch sinnliche Erlebnisse attraktiver gemacht. „Finger Food", intensive Farben und Gerüche
wie Kaffeeduft tragen dazu bei, die Lust am Essen zu fördern. Das Hausgemein-
schaftskonzept bietet für alte Menschen ein hohes Maß an Häuslichkeit und Nor-
malität und ist zukunftsweisend, insbesondere in der Verpflegung dementer alter
Menschen.[51]

Projekt des Albertinen-Hauses in Hamburg:
Aktive Gesundheitsförderung im Alter

Ein niedrigschwelliges interdisziplinäres Präventionsprogramm für selbstständige
Ältere mit dem Ziel, Lebensqualität und Eigenständigkeit möglichst lange zu er-
halten, wird erfolgreich (1. Preis – Deutscher Präventionspreis 2005) in Hamburg
durchgeführt. Im Albertinen-Haus, einem Zentrum für Gerontologie, finden z.B.
Gruppenveranstaltungen mit Vorträgen über Ernährung und Bewegung statt.
Wahlweise wird eine Einzelberatung zu sozialen Fragen angeboten. Bestehende
Netzwerke und Einrichtungen für Seniorinnen und Senioren werden mit einbezo-
gen. Ein interdisziplinäres Expertenteam, bestehend aus einer Ernährungsberate-

---

51 Vgl. Böttjer, Monika/Strube, Helga (Hrsg.): Neue Impulse für bewohnerorientierte Verpflegungskonzepte, Hannover 2006.

rin, einem Physiotherapeuten und einer Sozialpädagogin, setzt das Programm unter ärztlicher Leitung in die Praxis um.[52]

Schlussbetrachtung

Die steigende Lebenserwartung ist mit der Hoffnung verknüpft, auch im Alter selbstständig und gesund leben zu können. Gesundheitspolitische Ziele sind Autonomie und Lebensqualität bis ins Alter. Ein guter Ernährungsstatus ist eine elementare Voraussetzung dafür. Es ist zu erwarten, dass es in Zukunft einerseits mehr hochbetagte Menschen geben wird, die aktiv und unabhängig leben. Auf der anderen Seite wird aber auch die Gruppe der Alten größer werden, die chronisch krank und auf ständige Hilfe bzw. Pflege angewiesen sind. Dazu ist es notwendig, die einzelnen Menschen zu befähigen, aber auch die erforderliche bedarfsgerechte Betreuung, Unterstützung und Versorgung zu gewährleisten. Wege dazu sind:

Zum einen muss die Ernährungskompetenz von alten Menschen mit eigenem Haushalt gestärkt werden. Gerade bei älteren Frauen ist das Interesse an Ernährungsfragen hoch, auch sind Sachverstand und Kochkenntnisse in dieser Generation vorhanden. Hier sind zielgruppenspezifische Angebote über verschiedene Zugangswege nötig. Altersbedingte Veränderungen des Körpers und die Ess- und Trinkprobleme sind individuell unterschiedlich. Deshalb wird eine individuelle Ernährungsberatung im Alter wichtiger. Damit es bei immobilen Hochbetagten nicht zu Versorgungslücken kommt, sind wohnortnahe Einkaufsmöglichkeiten unverzichtbar.

Zum anderen muss die Versorgungssituation in Altenheimen verbessert werden. Dies wird immer wichtiger, insbesondere aufgrund der Multimorbidität und der Zunahme von demenziellen Erkrankungen, um Defizite in der Ernährungs- und Flüssigkeitsversorgung zu vermeiden. Die verantwortlichen Multiplikatoren aus den Bereichen Küche, Pflege und Hauswirtschaft müssen auf der Grundlage neuer wissenschaftlicher Erkenntnisse entsprechend qualifiziert werden, eine mit den alten Menschen abgestimmte bedarfs- und bedürfnisgerechte Verpflegung anzubieten. Regelmäßige und wiederholte Schulung bzw. Fortbildung der verantwortlichen Professionen sind erforderlich, um die nötige Sensibilisierung zu erreichen.

Literatur

aid infodienst e.V./Deutsche Gesellschaft für Ernährung (DGE) e.V. (Hrsg.):
Ernährung im hohen Alter. Ratgeber für Angehörige und Pflegende (DGE-Medienservice), Bonn 2004.

Arens-Azevedo, Ulrike:
Ernährung im Alter: „Is(s)t im Alter alles anders?". Fortbildungsveranstaltung der Deutschen Gesellschaft für Ernährung (DGE) e.V., Hannover 2005 (Vortragsmanuskript), URL: http://www.dge.de/pdf/fitimalter/Stuttgart-2006/B-Ernaehrung-im-Alter-AA.pdf [Stand 10.05.2010].

---

52 Vgl. Meier-Baumgartner, Hans Peter/Dapp, Ulrike/Anders, Jennifer: Aktive Gesundheitsförderung im Alter. Ein neuartiges Präventionsprogramm für Senioren, Stuttgart 2004.

Arens-Azevedo, Ulrike/Behr-Völtzer, Christine:
Ernährung im Alter, Hannover: Vincentz Network 2002.

Becker, Doris:
Ernährungsrisiken erkennen und beheben. Qualitätssicherung durch gezieltes Essen und Trinken, Hannover 2003.

Benecke, Andrea/Vogel, Heiner:
Übergewicht und Adipositas. Gesundheitsberichterstattung des Bundes, Heft 16, hrsg. v. Robert Koch-Institut, Berlin 2005, URL: http://www.rki.de/cln_006/nn_349116/DE/Content/GBE/Gesundheitsberichterstattung/GBEDownloadsT/uebergewicht, templateId=raw,property=publicationFile.pdf/uebergewicht [Stand 10.05.2010].

Böttjer, Monika/Strube, Helga (Hrsg.):
Neue Impulse für bewohnerorientierte Verpflegungskonzepte, Hannover 2006.

DGE – Deutsche Gesellschaft für Ernährung e.V. (Hrsg.):
Referenzwerte für die Nährstoffzufuhr, Frankfurt a. M. 2000.

DGE – Deutsche Gesellschaft für Ernährung e.V. (Hrsg.):
Ernährung rüstiger Senioren insgesamt gut, aber teilweise zu einseitig. Ergebnisse des Ernährungsberichts 2000 der DGE, DGE-aktuell 12, Frankfurt a.m. 2001, URL: http://www.dge.de/modules.php?name=News&file=article&sid=144 [Stand 10.05.2010].

DGE – Deutsche Gesellschaft für Ernährung e.V. (Hrsg.):
Beratungs-Standards, Bonn 2001.

DGE – Deutsche Gesellschaft für Ernährung e.V. (Hrsg.):
Senioren in der Gemeinschaftsverpflegung (Ringordner), Bonn 2003.

DGE – Deutsche Gesellschaft für Ernährung e.V. (Hrsg.):
Die Nährstoffe. Bausteine für Ihre Gesundheit, Bonn 2004.

DGE – Deutsche Gesellschaft für Ernährung e.V. (Hrsg.):
Ernährungsaspekte in Senioreneinrichtungen, DGE-Aktuell 04/2005, URL: http://www.dge.de/modules.php?name=News&file=article&sid=394 [Stand 10.05.2010].

Frenz, Renate:
Gesund älter werden. Was Sie bei der Ernährung ihrer älteren Tischgäste beachten sollten. Modernes Küchenmanagement (MKM), Stuttgart 2000.

Hahn, Andreas/Ströhle, Alexander/Wolters, Maike:
Ernährung. Physiologische Grundlagen, Prävention, Therapie, Stuttgart 2005.

Hassel, Iris:
Mit Herz und Verstand – gesunde Ernährung und Diätetik im Seniorenheim. Der praktische Leitfaden für mehr Lebensqualität im Alter, hrsg. v. JOMO GV-Partner, Beratungs- und Software GmbH, Weeze 2003.

Helmert, Uwe/Strube, Helga:
Die Entwicklung der Adipositas in Deutschland im Zeitraum von 1985 bis 2002, in: Das Gesundheitswesen 66, 2004, S. 409–415.

Heseker, Helmut:
Häufigkeit, Ursachen und Folgen der Mangelernährung im Alter, in: Ernährungs-Umschau 50, 2003, S. 444–446.

Heseker, Helmut:
Ernährung im Alter (Vortrag). Fortbildungsveranstaltung der Deutschen Gesellschaft für Ernährung e.V., Lübeck 2004.

Heseker, Helmut:
PATRAS. Ein Programm zur Verbesserung der Ernährung und Mobilität im Alter. Fachgruppe Ernährung und Verbraucherbildung, Department Sport & Gesundheit der Universität Paderborn (persönliche Mitteilung vom 22.11.2005).

Heseker, Helmut/Odenbach, Volker (Hrsg.):
Ernährung von Senioren und Pflegebedürftigen. Praxisleitfaden für eine bedarfsgerechte Versorgung im Alter, Hamburg 2005.

Kurzmann, Karin:
Ernährung und Flüssigkeitsversorgung als ein Qualitätskriterium in der Pflege (Vortrag). Fachtagung: Ernährung in der stationären Altenpflege – zwischen Wunschkost und Sondennahrung, Bremen 2004.

Leitzmann, Claus/Müller, Claudia/Michel, Petra/Brehme, Ute/Hahn, Andreas/ Laube, Heinrich:
Ernährung in Prävention und Therapie, Stuttgart 2001.

Meier-Baumgartner, Hans Peter/Dapp, Ulrike/Anders, Jennifer:
Aktive Gesundheitsförderung im Alter. Ein neuartiges Präventionsprogramm für Senioren, Stuttgart 2004.

Schlierf, Günter:
Mangelernährung geriatrischer Patienten, in: Deutsche Gesellschaft für Ernährung e.V. (Hrsg.): Ernährungsbericht 1996, im Auftrag des Bundesministeriums für Gesundheit und des Bundesministeriums für Ernährung, Landwirtschaft und Forsten, Frankfurt a.M. 1996, S. 233–246.

Schreier, Maria Magdalena/Bartholomeyczik, Sabine:
Mangelernährung bei alten und pflegebedürftigen Menschen. Ursachen und Prävention aus pflegerischer Perspektive, Hannover 2004.

Schreier, Maria Magdalena:
Mangelernährung bei alten und pflegebedürftigen Menschen (Vortragsfolien), Witten/Gießen 2005.

Seiler, Walter O./Stähelin, Hannes B.:
Malnutrition im Alter, in: Biesalski, Hans K./Fürst, Peter/Kasper, Heinrich/Kluthe, Reinhold/Pölert, Wolfgang/Puchstein, Christoph/Stähelin, Hannes B. (Hrsg.): Ernährungsmedizin. Nach dem Curriculum Ernährungsmedizin der Bundesärztekammer, Stuttgart/New York 1999, S. 279–287.

Stehle, Peter:
Ernährung älterer Menschen, in: Deutsche Gesellschaft für Ernährung e.V. (Hrsg.): Ernährungsbericht 2000, im Auftrag des Bundesministeriums für Gesundheit und des Bundesministeriums für Ernährung, Landwirtschaft und Forsten, DGE e.V., Frankfurt a.M., S. 147–178.

Verbraucherzentrale Bundesverband (vzbv) e.V. (Hrsg):
Essen im Alter. Zu wenig? Zu viel? Das Falsche? Dossier zu Seniorenernährung in Deutschland, Berlin 2004, URL: http://www.vzbv.de/mediapics/essen_im_alter_januar_ 2004.pdf?PHPSESSID=5c0a49452813a31cbb8ed985ebc5a273 [Stand 10.05.2010].

Volkert, Dorothee:
Ernährung im Alter: Altersveränderungen, Wiesbaden 1997.

Volkert, Dorothee:
Richtig essen – lange leben: Motivation von Senioren (Vortrag). Verband der Diplom-Oecotrophologen e.V. (VDOe)-Jahrestagung 2005, Bonn 2005.

Volkert, Dorothee:
Ernährung im Alter, in: Phoenix - Ärztemagazin der CMA 1, 2005, S. 8–10.

Ernährung und Wirtschaft

Gesundheitsökonomische Bedeutung von Ernährung

Thomas Reinhold/Bernd Brüggenjürgen/Stefan N. Willich

Abstract

Die ausreichende und gesunde Ernährung einer Bevölkerung ist eine wichtige Voraussetzung zur Realisierung ökonomischer Produktivität und somit zur Finanzierung nationaler Gesundheitssysteme. Umgekehrt ist das Vorhandensein funktionierender nationaler Gesundheitssysteme eine Grundvoraussetzung, um sich auch den medizinischen Folgen ungesunder Ernährungsweisen zuzuwenden. Alle Aspekte der menschlichen Ernährung bewegen sich demnach immer auf dem schmalen Grad zwischen gewünschten und unerwünschten Effekten. Dieser Beitrag widmet sich den komplexen ökonomischen Aspekten der menschlichen Ernährung speziell aus einem gesundheitsökonomischen Kontext. Den ökonomischen Folgen von Über- und Unterernährung wird in diesem Rahmen besondere Aufmerksamkeit geschenkt.

Zusammenhang von Ökonomie und Ernährung

Da Essen und Ernährung unser Alltagshandeln wie kaum ein anderes Themenfeld bestimmen, haftet diesen Begrifflichkeiten häufig etwas Profanes und Selbstverständliches an. Bei einer genaueren Betrachtung fällt hingegen auf, dass Ernährung nicht nur auf den physischen Akt der Nahrungsaufnahme und Energiegewinnung im menschlichen Organismus beschränkt bleibt. Vielmehr ist den Begriffen Essen und Ernährung zudem eine kulturelle, individuelle, gesellschaftliche oder auch religiöse Komponente zuzuschreiben.

Darüber hinaus sind allerdings auch die ökonomischen Aspekte der Ernährung nicht zu vernachlässigen. Wirtschaft und Ernährung sind seit eh und je zwei eng miteinander verbundene Themenfelder. Schon die Art, Menge und Qualität der Ernährung einer Bevölkerung ist in jedem Falle eng verknüpft mit der ökonomischen Leistungsfähigkeit einer Nation. Diese Erkenntnis ist natürlich nicht neu, vielmehr ist sie schon seit Anbeginn der Menschheit existent, hat bis heute nicht an Aktualität eingebüßt und wird auch in Zukunft bestehen. So war schon in der Frühzeit der Entwicklung der menschlichen Zivilisation der Zusammenhang zwischen ausreichender Ernährung, Gesunderhaltung der Bevölkerung und Leistungsfähigkeit der Bevölkerung ersichtlich und bekannt. Dabei ist die adäquate Ernährung der Bevölkerung eine Grundvoraussetzung für die Gesunderhaltung und ein langes, möglichst beschwerdefreies Leben, welches wiederum eine Bedingung für die möglichst hohe Produktivität und das damit verbundene Wohlstandswachstum einer Bevölkerung darstellt. Nicht zu vernachlässigen ist auch die Tatsache, dass allein schon die Lebensmittelherstellung damals wie heute einen bedeutenden Wirtschaftsbereich darstellt.

Doch neben allgemeinen wirtschaftlichen Aspekten ist die Ernährung auch in erheblichem Maße gesundheitsökonomisch relevant. Letztlich sind alle angesprochenen Aspekte zudem eng miteinander verknüpft (vgl. Abbildung 1).

Abbildung 1
Zusammenhang Ernährung, Volkswirtschaft, Gesundheitssystem, Gesundheitsökonomie

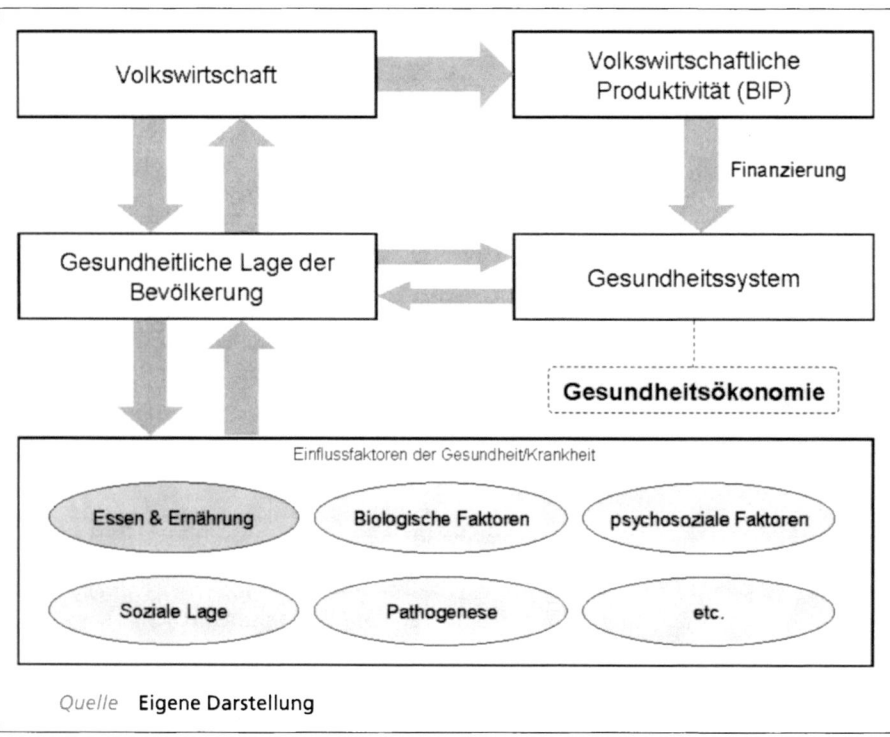

Quelle Eigene Darstellung

Ernährung, Erkrankung und Inanspruchnahme des Gesundheitswesens

Gesundheitsökonomie ist eine fachübergreifende Wissenschaft, die sich mit der Produktion, Verteilung und dem Konsum von knappen Gesundheitsgütern in der Gesundheitsversorgung beschäftigt.

Wird Ernährung in einem gesundheitsökonomischen Fokus betrachtet, stellt sich also insbesondere die Frage, inwieweit die Ernährung der Bevölkerung sich im Bereich des Gesundheitswesens manifestiert. Die Manifestation kann sich in Form einer ernährungsbedingten Inanspruchnahme oder auch Nichtinanspruchnahme der Ressourcen des Gesundheitssystems äußern.

So lassen sich prinzipiell positive und negative Aspekte unterscheiden, wobei die positiven Aspekte logisch ersichtlich sind. Die optimale Ernährung einer Bevölkerung bringt produktivitätssteigernde Effekte mit sich, durch die überhaupt erst eine Finanzierung des Gesundheitswesens möglich wird. Daneben wird die Häufigkeit und Schwere fehlernährungsbedingter Erkrankungen reduziert. Nicht zuletzt hat eine optimale Ernährung auch positive Auswirkungen auf die Entstehung bzw. die Heilungschancen weiterer, nicht direkt mit Ernährung assoziierter Erkrankungen.

Problematischer wird die Kategorisierung und Abschätzung der negativen Folgen des menschlichen Ernährungsverhaltens. Dabei stellt sich zunächst die Frage, in welchen Fällen überhaupt ernährungsbedingte negative Folgeerscheinungen auftreten. Beim Versuch einer Kategorisierung wird in der Regel zwischen verschiedenen Aspekten einer nichtoptimalen Ernährung oder Fehlernährung unterschieden. Zum einen kann Fehlernährung in Form von Unterernährung auftreten, zum anderen in Form von Überernährung. Daneben können allerdings beide Formen die Mangelernährung als eine weitere Komponente beinhalten.

Unterernährung

In modernen und entwickelten Industrienationen wird man dem Phänomen der Unterernährung ganzer Bevölkerungsschichten heute kaum mehr begegnen. Hauptursachen von Unterernährung sind hier besonders in falschem Ernährungsverhalten, körperlichen und geistigen Beeinträchtigungen oder Medikamenteneinnahme zu suchen. So gilt ein fortgeschrittenes Lebensalter als größter Risikofaktor für Unterernährung. Zu erklären ist dies wahrscheinlich auch durch das zunehmende Erkrankungsrisiko in höherem Alter. In einer Statistik der European Nutrition for Health Alliance (ENHA) wurde ermittelt, dass das Risiko einer Unterernährung zwischen dem 65. und dem 90. Lebensjahr von etwa 9 auf 19 % ansteigt.[1]

Ganz anders gestaltet sich diesbezüglich die Lage in Entwicklungsländern, bei denen die Unterernährung sich hauptsächlich als Folge ökonomischer Schwäche, sprich Armut, manifestiert. So erstellte das Welternährungsprogramm die sog. 2009 Hunger Map.[2] In dieser weltweiten Übersicht wurde zusammengefasst, welche Bevölkerungsanteile von Unterernährung betroffen sind. Während in Industrienationen weniger als 5 % der Bevölkerung von diesem Risiko bedroht sind, steigert sich der Anteil unterernährter Personen auf mehr als 35 % der Gesamtbevölkerung in Ländern Zentralafrikas. In Schwellenländern wie Indien sind etwa 20 bis 34 % der Bevölkerung, in China und Brasilien etwa 5 bis 9 % der Bevölkerung betroffen.

1   The European Nutrition for Health Alliance/British Association for Parenteral and Enteral Nutrition/ International Longevity Centre: Malnutrition among Older People in the Community: Policy Recommendations for Change, London 2006, URL: http://www.european-nutrition.org/files/pdf_pdf_38.pdf [Stand 01.07.2010].
2   United Nations World Food Programme: 2009 Hunger Map, URL: http://documents.wfp.org/stellent/groups/public/documents/liaison_offices/wfp185786.jpg [Stand 03.08.2010].

Die gesundheitsökonomischen Folgen oder Folgekosten von Unterernährung treten meist in Form von assoziierten Erkrankungen bzw. Folgeerkrankungen auf, die zu einer Inanspruchnahme von Ressourcen des Gesundheitswesens führen. Laut der 10. internationalen Krankheitsklassifikation ICD-10 (International Classification of Diseases) gelten beispielsweise die Diagnosen Kwashiorkor, Marasmus bzw. Marasmischer Kwashiorkor – beides schwere Energie- und Eiweißmangelerkrankungen – als direkt assoziiert mit der Unterernährung. Daneben führen alle Formen der Unterernährung auf lange Sicht zu einer Schwächung der inneren Organe, des Herz-Kreislauf- bzw. des Immunsystems. Damit wird die Manifestation von weiteren Folgeerkrankungen erleichtert, die wiederum ökonomische Konsequenzen nach sich ziehen. Insbesondere in Entwicklungsländern führen selbst banale Infektionserkrankungen (z.B. Durchfallerkrankungen) schnell und häufig schon in frühen Lebensjahren zum Tode. Insbesondere die Tatsache, dass viele Kinder in solchen Regionen von Unterernährung betroffen sind, führt aus gesundheitsökonomischer Sicht langfristig zu einer erheblichen Reduktion des Humankapitals, verbunden mit einer Verringerung der wirtschaftlichen Leistungsfähigkeit einer Nation und damit zu erheblichen gesellschaftlichen Kosten.

Überernährung

Seit Anfang des 20. Jahrhunderts haben sich in den industrialisierten Ländern die ernährungsbedingten gesundheitlichen Probleme grundlegend verändert. Dieser Wandel hat dazu geführt, dass Erkrankungen, die mit Überernährung assoziiert sind, massiv zugenommen haben. In westlichen Industrienationen wie Europa sind mittlerweile zwischen 4 und 37 % der Bevölkerung von Fettleibigkeit[3] betroffen.[4] Dabei gibt es hier zum Teil starke regionale Schwankungen. So ist die Zahl der Betroffenen in Ländern des westlichen Europa und Nordeuropas niedriger als in Süd- und Südosteuropa. Ein vergleichbares Bild ergibt sich auch beim Blick auf die USA. Nach aktuellen Zahlen des Center for Disease Control – dem US-amerikanischen Pendant des deutschen Robert Koch-Instituts – sind 34,1 % der US-Bürger/-innen übergewichtig, 32,2 % der Bevölkerung leiden sogar unter Fettleibigkeit.[5]

Gefördert wird diese Entwicklung durch einen zunehmend passiven Lebensstil, der zu einem Ungleichgewicht zwischen aufgenommener und verbrauchter Energie führt. Hinzu kommt ein weiteres ökonomisches Phänomen: Märkte funktionieren nur dann optimal und ohne Marktversagen, wenn sog. externe Effekte im Marktpreis eines Gutes abgebildet werden. Ist dies nicht der Fall, greift in der Regel der Staat ein und wird versuchen, durch eine gezielte Steuergesetzgebung den Konsumentenendpreis zu beeinflussen. Ein Beispiel dafür findet sich im Kraftfahrzeugmarkt. Die Tatsache, dass durch die Nutzung eines Kraftfahrzeugs nega-

---

3   Übergewicht ist definiert als Body Mass Index (BMI) zwischen 25 und 30, von Fettleibigkeit oder Adipositas wird ab einem BMI größer als 30 gesprochen.
4   Vgl. Berghöfer, Anne/Pischon, Tobias/Reinhold, Thomas/Apovian, Caroline M./Sharma, Arya M./Willich, Stefan N.: Obesity prevalence from a European perspective: a systematic review, in: BMC Public Health 2008, H. 8, S. 200.
5   Vgl. Center for Disease Control and Prevention: Prevalence of Overweight and Obesity among Adults: United States, 2003–2004, 2009, URL: http://www.cdc.gov/nchs/products/pubs/pubd/hestats/overweight/overwght_adult_03.htm [Stand 03.08.2009].

tive externe Effekte entstehen (steigende Unfallgefahr, Luftverschmutzung etc.), kann der Staat z.B. mit einer Erhöhung der Kfz-Steuer beantworten.

Strenggenommen entstehen auch durch Überernährung negative externe Effekte, beispielsweise steigende Gesundheitsausgaben, die von der Allgemeinheit getragen werden müssen. Diese negativen externen Effekte spiegeln sich aber nicht im Preis ungesunder Lebensmittel wider. Doch ließe sich zugegebenermaßen eine Lösung des Problems auch nicht über eine gezielte Steuergesetzgebung realisieren.

Dennoch gibt es in einigen Ländern (z.B. in der Schweiz) ernsthafte Diskussionen um eine verstärkte Besteuerung energiereicher Lebensmittel.[6] Zusätzlich kann es durch eine – nicht an gesundheitspolitischen Zielen orientierte – Subventionspolitik, wie sie z.B. zurzeit im EU-Agrarmarkt zu beobachten ist, zu weiteren Preisverzerrungen kommen, die dazu führen, dass ungesundes Konsumverhalten durch niedrige Marktpreise sogar noch gefördert wird. So wurde in den letzten Jahren Überproduktion im Bereich von Obst und Gemüse vernichtet, um den Marktpreis hochzuhalten, während die Subventionspolitik in anderen Bereichen, etwa bei Milch und Fleisch, für vergleichsweise niedrige Marktpreise sorgt. Hinzu kommt, dass Verbraucher/-innen teils nur über ungenügende Informationen verfügen, um adäquate Konsumentscheidungen zu treffen. In diesem Sinne wäre eine Ampelregelung zur Kennzeichnung von Lebensmitteln sicher ein wichtiger Schritt zur Schaffung von mehr Transparenz gegenüber den Endverbraucher/-innen. Auch die Bewerbung ungesunder Lebensmittel und Getränke wurde in der Vergangenheit in einigen Ländern wie Schweden und Norwegen gesetzlich beschränkt.[7]

Laut ICD-10-Krankheitsklassifikation gehören Übergewicht und Adipositas zu den direkt mit Überernährung assoziierten Erkrankungen. Daneben führt Überernährung aber, wie auch bei Unterernährung, langfristig zu einer Reihe von Folgeerkrankungen, die im Bereich von Fettstoffwechselstörungen, Herz-Kreislauferkrankungen, Erkrankungen des Bewegungsapparates sowie Krebserkrankungen zu finden sind.

Das Problem der Überernährung beschränkt sich allerdings nicht nur auf die Industriestaaten. Auch in Entwicklungs- und Schwellenländern lassen sich in den letzten Jahren zunehmend überernährungsbedingte Erkrankungen feststellen. Ursachen sind hier insbesondere Faktoren wie zunehmende Verstädterung, Veränderungen bei der Herstellung von Lebensmitteln und teils wachsender Wohlstand, der zu einer Veränderung ursprünglicher Ernährungsmuster führt. Dazu kommt ähnlich wie in den Industrienationen ein zunehmend passiver Lebensstil, der den Bedarf an zugeführter Energie reduziert.

6   Vgl. World Health Organization: Die Herausforderung Adipositas und Strategien zu ihrer Bekämpfung in der Europäischen Region der WHO: Zusammenfassung, Kopenhagen 2007,   URL: http://www.euro.who.int/__data/assets/pdf_file/0003/98247/E89858G.pdf [Stand 01.07.2010].
7   Ebd.

Daten zur Ressourceninanspruchnahme im Gesundheitswesen in Deutschland

Bei direkt mit Unterernährung assoziierten Erkrankungen zeigte sich in den vergangenen Jahren ein zunehmender Trend bei den Krankenhausaufenthalten auf heute etwa 12.000 stationäre Behandlungsfälle pro Jahr (vgl. Abbildung 2). Diese Krankenhausaufenthalte sind direkt mit der Diagnose Unterernährung assoziiert. Darüber hinaus ist davon auszugehen, dass Unter- und Mangelernährung bei zahlreichen weiteren Krankenhausaufenthalten einen nicht zu unterschätzenden Einfluss auf die Heilung und die Verweildauer hat und der gesundheitsökonomische Einfluss dieser Art der Fehlernährung somit noch weiter reicht, allerdings quantitativ nur schwer abschätzbar ist.

Abbildung 2
Zahl der Krankenhausfälle durch Unterernährung im Zeitverlauf

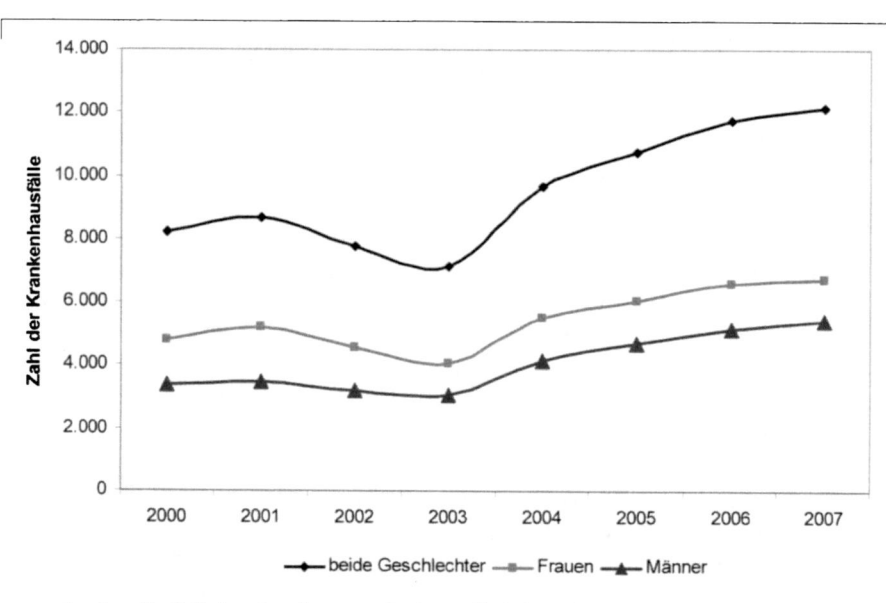

Quelle Statistisches Bundesamt: Die Gesundheitsberichterstattung des Bundes, 2009

Die durch unterernährungsbedingte Erkrankungen verursachte Inanspruchnahme von weiteren Leistungen des Gesundheitswesens (z. B. Besuche bei niedergelassenen Ärzten) ist hingegen kaum untersucht. Neben der direkten Kostenbelastung ist jedoch davon auszugehen, dass durch Erkrankungsbilder, die eng mit Unterernährung verbunden sind, erhebliche weitere Kosten auflaufen, die der gesellschaftlichen Ebene zuzuordnen sind. So wurde davon ausgegangen, dass allein im

Jahr 2007 für jeden Fall von Arbeitsunfähigkeit im Mittel zwischen 23 und 24 Arbeitsunfähigkeitstage angefallen sind.[8]

Bei Erkrankungen, die als direkte Folge von Überernährung auftreten, ist die Zahl jährlicher Krankenhausaufenthalte deutlich höher als im Fall der Unterernährung. Im Jahr 2007 waren über 30.000 Krankenhausaufenthalte direkt den überernährungsassoziierten Indikationen zuzuordnen (vgl. Abbildung 3). Vergleichbar ist allerdings ein auch hier steigender Trend der letzten Jahre, der zu einer zunehmenden Beanspruchung medizinischer Ressourcen führt.

Viele Patientinnen und Patienten werden im Anschluss an ihren stationären Akutaufenthalt zur Weiterbehandlung in eine Rehabilitationsklinik überwiesen. Im Jahr 2007 wurden in deutschen Reha-Kliniken 20.000 Personen wegen Adipositas oder sonstiger Überernährung behandelt. Die mittlere Verweildauer in der Rehabilitationsklinik lag in diesem Jahr bei 27,5 Tagen.[9]

Abbildung 3
Zahl der Krankenhausfälle durch Überernährung im Zeitverlauf

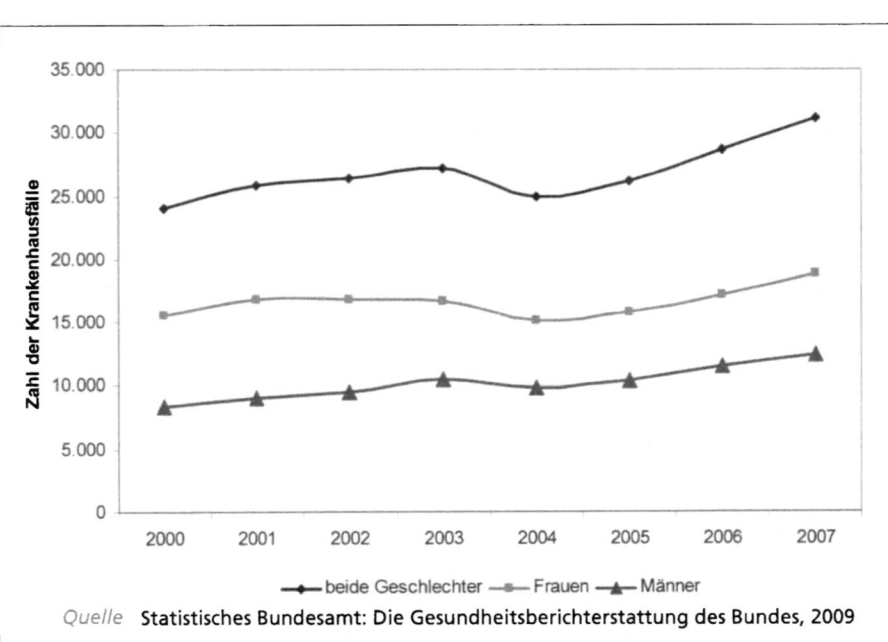

—◆— beide Geschlechter —■— Frauen —▲— Männer

Quelle Statistisches Bundesamt: Die Gesundheitsberichterstattung des Bundes, 2009

Bei den meisten Erkrankungen wird jedoch erst bei besonders schwerer Ausprägung oder bei Auftreten akuter Begleiterscheinungen ein stationärer Aufenthalt notwendig. Ein Blick auf Daten zur Ressourceninanspruchnahme in der statio-

---

8 Vgl. Statistisches Bundesamt: Die Gesundheitsberichterstattung des Bundes, 2009 (Online-Informationssystem), URL: www.gbe-bund.de [Stand 31.07.2009].
9 Ebd.

nären Versorgung gibt so vermutlich nur den Blick auf die Spitze des Eisberges frei. Doch auch in anderen Bereichen der medizinischen Versorgung werden für die Behandlung zahlreiche Ressourcen beansprucht. So zeigte eine im Jahr 2007 durchgeführte Untersuchung der KV-Nordrhein (vgl. Tabelle 1), dass Adipositas auf Rang 7 der häufigsten Behandlungsanlässe in niedergelassenen Arztpraxen rangiert.[10] Ausgehend von der Tatsache, dass auch andere Erkrankungen von Überernährung begünstigt werden, lässt ein erneuter Blick auf die Top 15 der erhobenen Rangliste vermuten, dass auch andere häufig diagnostizierte Krankheiten Erkrankungen, wie z.B. Rückenschmerzen, ischämische Erkrankungen oder Diabetes, von Überernährung und Fettleibigkeit begleitet werden und diese in ihrer Progression beschleunigen.

Tabelle 1
Häufigste Diagnosen der Behandlungsfälle in Arztpraxen (Rang und Anteil)

Diagnosen (Behandlungsanlass)	Rang	Häufigkeit in %
Essentielle (primäre) Hypertonie	1	30,8
Störungen des Lipoproteinstoffwechsels und sonstige Lipidämien	2	23,0
Rückenschmerzen	3	14,0
Chronische ischämische Herzkrankheit	4	10,0
Nicht primär insulinabhängiger Diabetes mellitus [Typ-II-Diabetes]	5	9,5
Sonstige nichttoxische Struma	6	9,3
Adipositas	7	8,7
Sonstige Krankheiten der Wirbelsäule und des Rückens	8	6,9
Sonstige Krankheiten der Leber	9	6,9
Gastritis und Duodenitis	10	6,5
Varizen der unteren Extremitäten	11	6,5
Störungen des Purin- und Pyrimidinstoffwechsels	12	6,4
Spondylose	13	6,3
Gonarthrose [Arthrose des Kniegelenkes]	14	5,8
Depressive Episode	15	5,6

Quelle Statistisches Bundesamt: Die Gesundheitsberichterstattung des Bundes, 2009

---

10   Ebd.

Ökonomische Konsequenzen im Überblick

Der Frage nach ökonomischen Folgen nähert sich die gesundheitsökonomische Forschung in der Regel im Rahmen sog. Krankheitskosten- bzw. Krankheitsfolgekostenanalysen. Hier werden basierend auf verschiedenen Vorgehensweisen die mit einem Gesundheitszustand verbundenen Folgekosten bewertet. Diese Informationen dienen unter anderem der Priorisierung von gesundheitlichen Problemen in der Bevölkerung, denn die knappen Mittel des Gesundheitssystems sollen möglichst dort zum Einsatz kommen, wo erhebliche Folgekosten[11] entstehen.

In der Gesundheitsökonomie werden verschiedene Kostenarten unterschieden: Im primären Fokus gesundheitsökonomischer Überlegungen stehen sog. direkte Kosten, die in unmittelbaren Zusammenhang mit Erkrankungen bzw. deren Behandlung stehen. Dazu gehören zum Beispiel Kosten für Krankenhausaufenthalte, Arzthonorare, Medikamentenkosten oder auch verauslagte Krankheitskosten des Patienten selbst (beispielsweise Praxisgebühr).

Davon abgrenzend unterscheidet man indirekte Kosten, die der Gesellschaft dadurch entstehen, wenn die Erkrankung einer Person zu Verlusten bei der Wertschöpfung eines Landes führt. So kann z.B. ein Erwerbstätiger durch eine krankheitsbedingte Abwesenheit vom Arbeitsplatz seinen – wenngleich auch sehr bescheidenen – Beitrag zum gesamten Bruttoinlandsprodukt (BIP) nicht mehr leisten. In gleicher Höhe entstehen also der Gesamtgesellschaft Kosten, die bei der krankheitsbedingten Arbeitsunfähigkeit einer einzelnen Person sicher vernachlässigbar sind. Größere Bedeutung wird aber den indirekten Kosten zugemessen, sobald Erkrankungsbilder größere Teile der Bevölkerung betreffen und so neben menschlichem Leid auch einen enormen volkswirtschaftlichen Wohlfahrtsverlust nach sich ziehen.

Daneben muss differenziert werden, ob einzelne Analysen die Kosten bzw. Ressourceninanspruchnahme in den Blick nehmen, die dem untersuchten Krankheitsbild zuzurechnen sind (diagnosespezifische Kosten), oder ob sämtliche angefallenen Kosten einbezogen werden (diagnoseübergreifende Kosten). In vielen Fällen ist es nicht einfach, hier eine genaue Trennung vorzunehmen. Ein Beispiel hierfür wäre der auftretende Herzinfarkt eines fettleibigen Patienten. Sind die Kosten für die Behandlung des Infarktes der Diagnose Adipositas anzulasten oder sind die Kosten davon unabhängig? Diese Frage wird von Autoren sehr unterschiedlich beantwortet. Dies ist ein Grund dafür, dass in den Krankheitskostenanalysen zu Übergewicht und Fettleibigkeit erhebliche Schwankungen bei den gefundenen Ergebnissen auftreten können. Ein weiterer Grund liegt in der Verschiedenheit zugrundeliegender Gesundheitssysteme. Beim Vergleich der Behandlungskosten zweier fettleibiger Patienten in den USA und Deutschland werden jeweils andere Ergebnisse zu den Kosten ermittelt werden. Dies liegt unter anderem daran, dass in beiden Ländern unterschiedliche Kostenstrukturen vorliegen. So ist beispielsweise das Einkommen eines Arztes in den USA in der Regel höher als das eines Arztes in Deutschland, was sich natürlich auch in den Behandlungskosten niederschlägt. Vor diesem Hintergrund muss bei internationalen Kostenverglei-

---

11 Mit Folgekosten sind hier nicht nur ökonomische Konsequenzen gemeint, sondern auch Folgen, die sich einer Messung in Geldeinheiten entziehen, z.B. menschliches Leid, Einschränkung der Lebensqualität, Schmerzen des Betroffenen.

chen Vorsicht bei der Interpretation gelten. Die folgende Tabelle 2 fasst die Struktur der gesundheitsökonomischen Kostenerhebung zusammen.

Tabelle 2
Struktur der Kostenerhebung in der Gesundheitsökonomie

	Diagnosebezogene Kosten	Diagnoseübergreifende Kosten
Direkte Kosten	Behandlungskosten von direkten ernährungsbedingten Erkrankungen und Folgeerkrankungen	Sämtliche Behandlungskosten – unabhängig ob ein Zusammenhang zu ernährungsbedingten Erkrankungen vorliegt
Indirekte Kosten	Gesamtgesellschaftliche Wohlfahrtsverluste durch direkte ernährungsbedingte Erkrankungen und Folgeerkrankungen	Erkrankungsbedingte gesamtgesellschaftliche Wohlfahrtsverluste – unabhängig von der Grunderkrankung

Quelle Eigene Darstellung

Unterernährung

Zu den ökonomischen Konsequenzen von Erkrankungen, die durch Unterernährung zu begründen sind, gibt es vergleichsweise wenige Untersuchungen. Dabei sollte dieser Fragestellung ein höherer Stellenwert zugemessen werden, denn zahlreiche Experten schätzen die ökonomischen Folgekosten von Unterernährung höher ein als die durch Fettleibigkeit verursachten Konsequenzen.[12]

In einer britischen Untersuchung wurden die in Großbritannien auftretenden direkten Kosten durch Untergewicht und damit assoziierte Erkrankungen auf etwa 10,5 Mrd. Euro geschätzt.[13] Würde man diese Kostenbelastung ausgehend von der Bevölkerungsgröße Großbritanniens auf alle Staaten der Europäischen Union hochrechnen, käme man auf eine Gesamtbelastung von etwa 85 bis 90 Mrd. Euro pro Jahr.

Nach Aussagen des Vorsitzenden der European Nutrition for Health Alliance (ENHA), Jean-Pierre Baeyens, könnten die EU-weiten Gesundheitsausgaben um 20 % gesenkt werden, wenn in der EU das Problem der Unterernährung gelöst würde.[14]

---

12 Vgl. The European Nutrition for Health Alliance: From Malnutrition to Wellnutrition: policy to practice, A report of the European Nutrition for Health Alliance, London 2006; EurActiv Network: Malnutrition costs more than obesity, 2007, URL: http://www.european-nutrition.org/files/pdf_pdf_38.pdf [01.07.2010].

13 Elia, Marinos/Stratton, Rebecca J./Russell, Christine/Green, Colin/Pang, Francis: The cost of disease-related malnutrition in the UK and economic considerations for the use of oral nutritional supplements (ONS) in adults, 2005, URL: http://www.bapen.org.uk/pdfs/health_econ_exec_sum.pdf [01.07.2010].

14 EurActiv Network, Malnutrition costs.

Noch deutlicher wird das Problem beim Blick auf unterentwickelte Länder und unter Einbezug indirekter Kosten. Das UN World Food Programme (WFP) und die Wirtschaftskommission für Lateinamerika und die Karibik (ECLAC) führten eine umfassende Studie in sieben lateinamerikanischen Ländern durch. Untersucht wurden darin die Auswirkungen von Hunger und Unterernährung auf Gesundheit, Bildung und wirtschaftliche Produktivität sowie die Kosten, die größere Gesundheits- und Bildungsaufwendungen sowie die verringerte wirtschaftliche Produktivität verursachen. Dabei wurde belegt, dass allein die Unterernährung von Kindern im Jahr 2004 die Volkswirtschaften der untersuchten Staaten 6,7 Milliarden US-Dollar gekostet hat. Dies entspricht etwa 6,4 % des gesamten Bruttoinlandsprodukts der untersuchten Staaten. Allerdings existieren zum Teil erhebliche Unterschiede zwischen einzelnen Nationen. So liegen die volkswirtschaftlichen Kosten der Unterernährung bei Kindern zwischen 1,7 % des BIP in Panama und 11,4 % in Guatemala.[15] Die zunehmende Konkurrenz von Nahrungs- und Energiepflanzen bei der Bewirtschaftung immer knapper werdender landwirtschaftlicher Anbauflächen wird diese Entwicklung in Zukunft wohl eher noch verschärfen.

Überernährung

Die mit Überernährung verbundenen Folgekosten sind im Vergleich zu jenen durch Unterernährung besser untersucht.

So betrugen die direkten Folgekosten durch Adipositas und andere Formen der Überernährung in Deutschland nach einer Schätzung des Statistischen Bundesamtes im Jahr 2006 etwa 770 Mio. Euro. Der höchste Anteil dieser Kosten ist der ambulanten ärztlichen Betreuung anzulasten, in der 63 % der Gesamtkosten anfielen. In anderen Untersuchungen, die auch die indirekten Kosten berücksichtigten, wurde die Gesamtkostenbelastung für Deutschland mit 4 bis 10 Mrd. Euro pro Jahr angegeben.[16]

Daneben gab es in der Vergangenheit zahlreiche Einzelstudien, die sich der Fragestellung ökonomischer Konsequenzen von Überernährung und den Auswirkungen auf weitere nationale Gesundheitssysteme gewidmet haben. Den Studien liegen zum Teil unterschiedliche Erhebungsmethoden zugrunde, was zu erheblichen Schwankungen bei der Einschätzung der gesundheitsökonomischen Konsequenzen führt.

Betrachtet man die gesamten absoluten Kosten, die in einem Land für die Behandlung von Übergewicht und Fettleibigkeit aufgebracht werden müssen, so liegen die USA hier unangefochten an der Spitze. Allein Fettleibigkeit hat im Jahr 1995 in den Vereinigten Staaten mehr als 99 Mrd. US-Dollar Kosten verursacht.[17] Seit dieser Untersuchung haben die Kosten erheblich zugenommen. Für das Jahr 2008 wurden in einer Folgestudie bereits Kosten von etwa 147 Mrd. US-Dollar

15 UN report highlights economic cost of child hunger, 2007 Reuters, URL: http://www.reuters.com/article/latestCrisis/idUSN03412265 [31.07.2009].
16 Vgl. Fry, James/Finley, Willa: The prevalence and costs of obesity in the EU, in: Proceedings of the Nutrition Society, 2005, H. 64, S. 359–362; Sander, Beate/Bergemann, Rito: Economic burden of obesity and its complications in Germany, in: European Journal of Health Economics 4, 2003, H. 4, S. 4.
17 Vgl. Wolf, Anna M./Colditz, Graham A.: Current estimates of the economic cost of obesity in the United States, in: Obesity Research 6, 1998, H. 2, S. 97–106.

berichtet.[18] Auch in vielen anderen industrialisierten Nationen werden Übergewicht und Fettleibigkeit hohe Kosten zugeschrieben.[19]

Aus gesundheitsökonomischer Sicht werden Fettleibigkeit und die damit verbundenen Kosten aber auch in Schwellenländern zunehmend zu einem Problem. So gibt es bereits Schätzungen, die die jährliche Kostenbelastung in China mit bis zu 60 Mrd. US-Dollar angeben, wobei annähernd 90 % der Kosten durch Produktivitätsausfall erklärt wurden und somit von der gesamten Gesellschaft getragen werden müssen.[20] Da die Bestimmung der indirekten Kosten allerdings immer mit methodischen Schwierigkeiten behaftet ist, muss die hohe Kostenschätzung in dieser Studie allerdings kritisch betrachtet werden. Eine weitere chinesische Untersuchung untersuchte nur die direkten Kosten und bezifferte diese für Übergewicht auf etwa 1,9 Mrd. US-Dollar, für Fettleibigkeit auf etwa 1,2 Mrd. US-Dollar.[21]

Um einen aussagekräftigen internationalen Vergleich der Kostenbelastung durch überernährungsassoziierte Erkrankungen zu erhalten, bietet sich eine Darstellung der Kosten in Relation zur Wertschöpfung – sprich zum Bruttoinlandsprodukt – eines Landes an. Wie in Abbildung 4 ersichtlich, sind auch im Rahmen einer solchen Betrachtung die USA am stärksten betroffen. Die Gesamtkosten betragen hier schon etwa 1,4 % der gesamten Wertschöpfung innerhalb eines Jahres. In europäischen Ländern schwanken die in Studien ermittelten Gesamtkosten zwischen 0,2 % und 0,8 % des Bruttoinlandsproduktes.

---

18   Vgl. Finkelstein, Eric A./Trogdon, Justin G./Cohen, Joel W./Dietz, William: Annual Medical Spending Attributable To Obesity: Payer-And Service-Specific Estimates, in: Health Affairs 28, 2009, H. 5, S. w822–w831.

19   Vgl. Fry/Finley, The prevalence and costs of obesity in the EU; Birmingham, Laird C./ Palepu, Anita/Müller, Jennifer L./Spinelli, John J./Anis, Aslam H.: The cost of obesity in Canada, in: Canadian Medical Association 160, 1999, H. 4, S. 483–488; Katzmarzyk, Peter T./Janssen, Ian: The economic costs associated with physical inactivity and obesity in Canada: an update, in: Canadian Journal of Applied Physiology 29, 2004, H. 1, S. 90–115; Detournay, Bruno/Fagnani, Francois/Phillippo, M./Pribil, Céline/Charles, Michael A./ Sermet, Catherine/Basdevant, Arnaud/Eschwège, Evelyne: Obesity morbidity and health care costs in France: an analysis of the 1991–1992 Medical Care Household Survey, in: International Journal of Obesity and Related Metabolic Disorders 24, 2000, H. 2, S. 151–155; Levy, Emile/Levy, Philip/le Pen, Claude/Basdevant, Arnaud: The economic cost of obesity: the French situation, in: International Journal of Obesity and Related Metabolic Disorders 19, 1995, H. 11, S. 788–792; Vellinga, Akke/ O'Donovan, Diarmuid/de La Harpe, Davida: Length of stay and associated costs of obesity related hospital admissions in Ireland, in: BMC Health Service Research 8, 2008, H. 88; Borg, Sixten/Persson, Ulf/Odegaard, Knut/Berglund, Göran/Nilsson, Jan-Åke/Nilsson, Peter M.: Obesity, survival, and hospital costs-findings from a screening project in Sweden, in: Value Health 8, 2005, H. 5, S. 562–571; Narbro, Kristina/Jonsson, Egon/Larsson, Barbro/Waaler, Hans/Wedel, Hans/ Sjöström, Lars: Economic consequences of sick-leave and early retirement in obese Swedish women, in: International Journal of Obesity and Related Metabolic Disorders 20, 1996, H. 10, S. 895–903.

20   Vgl. Popkin, Barry M./Kim, Soowon/Rusev, Emil R./Du, Shufa/Zizza, Claire: Measuring the full economic costs of diet, physical activity and obesity-related chronic diseases, in: Obesity Reviews 7, 2006, H. 3, S. 271–293.

21   Vgl. Zhao, W./Zhai, Y./Hu, J./Wang, J./Yang, Z./Kong, L./Chen, C.: Economic burden of obesity-related chronic diseases in Mainland China, in: Obesity Reviews 9, 2008, H. Suppl. 1, S. 62–66.

Abbildung 4
Internationaler Überblick über die Ausgaben für Adipositas als Anteil des
jeweiligen nationalen Bruttoinlandproduktes

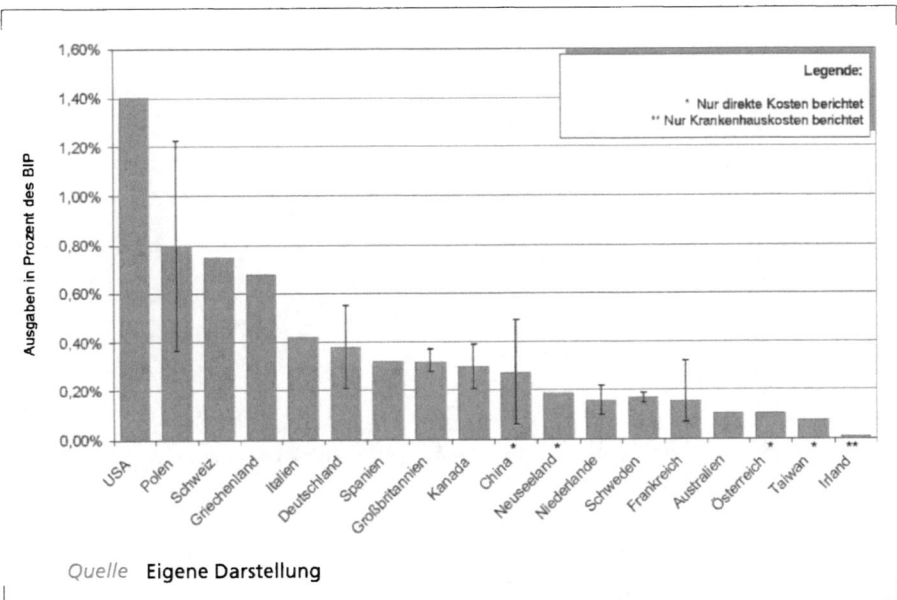

Quelle Eigene Darstellung

Neben der Frage, welche Kosten Übergewicht und Fettleibigkeit auf nationaler
Ebene nach sich ziehen, haben sich Studien auch der Frage gewidmet, wie hoch
die Kosten pro betroffene Person sind. Wie in Abbildung 5 zu sehen ist, schwanken die jährlichen Kosten pro Person zwischen 30 und etwa 500 Euro bei Übergewicht sowie zwischen 120 und knapp 3.500 Euro bei Fettleibigkeit. Dabei sind die
großen Unterschiede in den ermittelten Kosten hauptsächlich eine Folge der unterschiedlichen methodischen Ansätze, die in den zugrunde liegenden Studien
verwendet wurden.

Interessanterweise wurde in zwei Untersuchungen allerdings auch von Ein-
sparungen berichtet. In einer deutschen Studie sowie in einer niederländischen
Erhebung war das Vorliegen von Übergewicht bzw. Fettleibigkeit mit Einspa-
rungen von 15 Euro bzw. 190 Euro pro Jahr verbunden. Dies wurde von den Autoren damit erklärt, dass durch die verkürzte Lebenserwartung Ausgaben, wie sie
erst in höherem Lebensalter auftreten, eingespart werden. Allerdings sind solche
Untersuchungen in der Fachwelt umstritten, da sie in der Regel auf langfristigen
Modellberechnungen beruhen, denen zahlreiche und zum Teil nur schwer über-
prüfbare Annahmen zugrunde liegen.

Leider scheinen für Entwicklungsländer keine Untersuchungen zur Kostenbelastung von überernährungsbedingten Erkrankungen gemacht worden zu sein.
Das liegt wohl zum einen daran, dass Übergewicht und Fettleibigkeit in solchen
Ländern noch keine epidemischen Ausmaße angenommen haben, zum anderen
ist das Fehlen gesundheitsökonomischer Untersuchungen auf die teilweise nur ru-

dimentär entwickelten oder schlicht noch gar nicht vorhandenen Gesundheitssysteme zurückzuführen.

Abbildung 5
Jährliche Kosten in Euro für Übergewicht und Fettleibigkeit pro betroffene Person

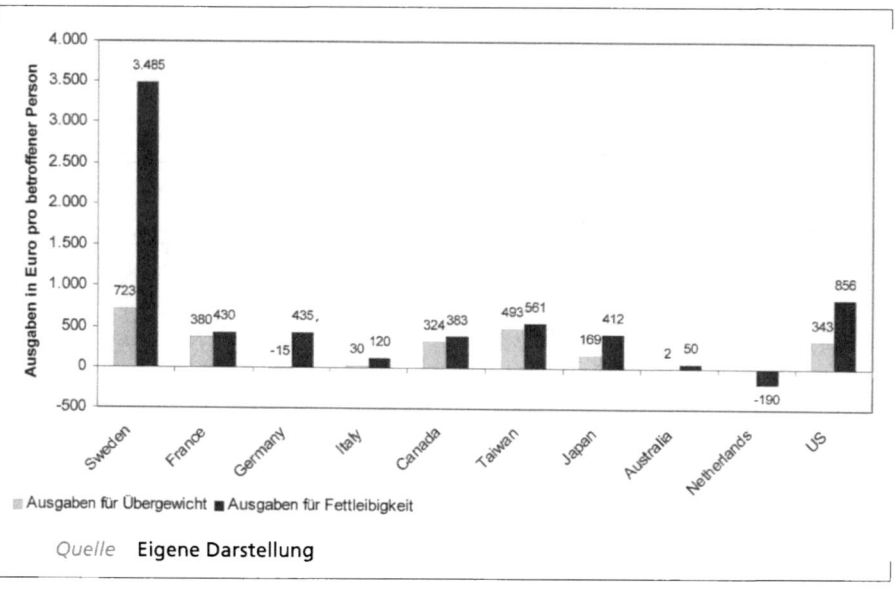

Quelle Eigene Darstellung

Schlussfolgerung und Ausblick

Ernährung und ökonomische bzw. gesundheitsökonomische Aspekte sind eng miteinander verknüpft. Während die adäquate Ernährung der Bevölkerung eine Grundvoraussetzung für eine funktionierende und leistungsfähige Gesellschaft und damit für die Finanzierung eines nationalen Gesundheitssystems darstellt, kann das Fehlen einer solchen Ernährung erhebliche ökonomische Konsequenzen hervorrufen. Sowohl Unter- als auch Überernährung führt aufgrund der damit verbundenen Morbidität (Krankheitshäufigkeit) zu einer verstärkten Inanspruchnahme von Ressourcen des Gesundheitssystems und zu erheblichen Folgekosten. Zudem hat die erhöhte Morbidität der Bevölkerung negative Auswirkungen auf die gesamtwirtschaftliche Leistungsfähigkeit eines Landes und damit wiederum auf die Finanzierbarkeit der Gesundheitssysteme. Somit besteht die Gefahr eines Teufelskreises, der nur durch gezieltes und frühzeitiges präventives Eingreifen vermieden werden kann.

Literatur

Berghöfer, Anne/Pischon, Tobias/Reinhold, Thomas/Apovian, Caroline M./Sharma, Arya M./ Willich, Stefan N.:
Obesity prevalence from a European perspective: a systematic review, in: BMC Public Health, 2008, H. 8, S. 200.

Birmingham, Laird C./Palepu, Anita/Müller, Jennifer L./Spinelli, John J./Anis, Aslam H.:
The cost of obesity in Canada, in: Canadian Medical Association 160, 1999, H. 4, S. 483–488.

Borg, Sixten/Persson, Ulf/Odegaard, Knut/Berglund, Göran/Nilsson, Jan-Åke/Nilsson, Peter M.:
Obesity, survival, and hospital costs-findings from a screening project in Sweden, in: Value Health 8, 2005, H. 5, S. 562–571.

Center for Disease Control and Prevention:
Prevalence of Overweight and Obesity Among Adults: United States, 2003–2004, 2009, URL: http://www.cdc.gov/nchs/products/pubs/pubd/hestats/overweight/overwght_adult_03.htm [Stand 03.08.2009].

Detournay, Bruno/Fagnani, Francois/Phillippo, M./Pribil, Céline/Charles, Michael A./ Sermet, Catherine/Basdevant, Arnaud/Eschwège, Evelyne:
Obesity morbidity and health care costs in France: an analysis of the 1991–1992 Medical Care Household Survey, in: International Journal of Obesity and Related Metabolic Disorders 24, 2000, H. 2, S. 151–155.

Elia, Marinos/Stratton, Rebecca J./Russell, Christine/Green, Colin/Pang, Francis:
The cost of disease-related malnutrition in the UK and economic considerations for the use of oral nutritional supplements (ONS) in adults, 2005, URL: http://www.bapen.org.uk/pdfs/health_econ_exec_sum.pdf [Stand 01.07.2010].

EurActiv Network:
Malnutrition costs more than obesity, 2007, URL: http://www.euractiv.com/en/health/malnutrition-costs-obesity/article-159951 [Stand 01.07.2009].

Finkelstein, Eric A./Trogdon, Justin G./Cohen, Joel W./Dietz, William:
Annual Medical Spending Attributable To Obesity: Payer-And Service-Specific Estimates, in: Health Affairs 28, 2009, H. 5, S. w822–w831.

Fry, James/Finley, Willa:
The prevalence and costs of obesity in the EU, in: Proceedings of the Nutrition Society, 2005, H. 64, S. 359–362.

Katzmarzyk, Peter T./Janssen, Ian:
The economic costs associated with physical inactivity and obesity in Canada: an update, in: Canadian Journal of Applied Physiology 29, 2004, H. 1, S. 90–115.

Levy, Emile/Levy, Philip/le Pen, Claude/Basdevant, Arnaud:
The economic cost of obesity: the French situation, in: International Journal of Obesity and Related Metabolic Disorders 19, 1995, H. 11, S. 788–792.

Narbro, Kristina/Jonsson, Egon/Larsson, Barbro/Waaler, Hans/Wedel, Hans/Sjöström, Lars:
Economic consequences of sick-leave and early retirement in obese Swedish women, in: International Journal of Obesity and Related Metabolic Disorders 20, 1996, H. 10, S. 895–903.

Popkin, Barry M./Kim, Soowon/Rusev, Emil R./Du, Shufa/Zizza, Claire:
Measuring the full economic costs of diet, physical activity and obesity-related chronic diseases, in: Obesity Reviews 7, 2006, H. 3, S. 271–293.

Sander, Beate/Bergemann, Rito:
Economic burden of obesity and its complications in Germany, in: European Journal of Health Economics 4, 2003, H. 4, S. 4.

Segal, Leonie/Carter, Rob/Zimmet, Paul:
The cost of obesity: the Australian perspective, in: Pharmacoeconomics 5, 1994,
H. Suppl. 1, S. 45–52.

Statistisches Bundesamt:
Die Gesundheitsberichterstattung des Bundes, 2009, URL: www.gbe-bund.de
[Stand 31.07.2009].

The European Nutrition for Health Alliance/British Association for Parenteral and Enteral
Nutrition/International Longevity Centre:
Malnutrition among Older People in the Community: Policy Recommendations for
Change, London 2006, URL: http://www.european-nutrition.org/files/pdf_pdf_37.pdf
[Stand 03.08.2010].

The European Nutrition for Health Alliance:
From Malnutrition to Wellnutrition: policy to practice, A report of the European
Nutrition for Health Alliance, London 2006,
URL: http://www.european-nutrition.org/files/pdf_pdf_38.pdf [Stand 01.07.2010].

UN report highlights economic cost of child hunger:
2007 Reuters, URL: http://www.reuters.com/article/latestCrisis/idUSN03412265
[Stand 31.07.2009].

United Nations World Food Programme:
2009 Hunger Map, URL: http://documents.wfp.org/stellent/groups/public/documents/
liaison_offices/wfp185786.jpg [Stand 03.08.2010].

Vellinga, Akke/ O'Donovan, Diarmuid/de La Harpe, Davida:
Length of stay and associated costs of obesity related hospital admissions in Ireland, in:
BMC Health Service Research 8, 2008, H. 88.

Wolf, Anna M./Colditz, Graham A.:
Current estimates of the economic cost of obesity in the United States, in: Obesity
Research 6, 1998, H. 2, S. 97–106.

World Health Organization:
Die Herausforderung Adipositas und Strategien zu ihrer Bekämpfung in der Euro-
päischen Region der WHO: Zusammenfassung, Kopenhagen 2007,
URL: http://www.euro.who.int/__data/assets/pdf_file/0003/98247/E89858G.pdf
[Stand 01.07.2010].

Zhao, W./Zhai, Y./Hu, J./Wang, J./Yang, Z./Kong, L./Chen, C.:
Economic burden of obesity-related chronic diseases in Mainland China, in: Obesity
Reviews 9, 2008, H. Suppl. 1, S. 62–66.

Ernährungsforschung in der Gesundheitsregion Berlin-Brandenburg

Gesundheit und Ernährung an der Technischen Universität Berlin – das Innovationszentrum Technologien für Gesundheit und Ernährung

Edeltraud Mast-Gerlach

Abstract

Im „Innovationszentrum Technologien für Gesundheit und Ernährung" (IGE) der Technischen Universität (TU) Berlin arbeiten Wissenschaftler/-innen aus 52 verschiedenen Fachgebieten mit Forschungsinstituten und Industriepartnern zusammen, um innovative Technologien für den Bereich Gesundheit und Ernährung zu entwickeln. In diesem Beitrag werden einige Beispiele aus den interdisziplinären Verbundprojekten aufgeführt.

Einleitung

Die Technische Universität Berlin hat das Bestreben, mit ihrem Wissen und ihren Forschungsleistungen zur Lösung aktueller, gesellschaftlich relevanter Fragestellungen beizutragen. Zur Stärkung des Forschungsprofils bündelt die Universität ihre Expertise in sieben Schwerpunktfeldern. Ziel ist es, in ausgewählten Themen- und Forschungsbereichen wissenschaftliche Exzellenz zu sichern bzw. aufzubauen und den Transfer in die gesellschaftliche und ökonomische Anwendung zu gewährleisten. Eines dieser Schwerpunktfelder ist das Feld „Gesundheit und Ernährung", das in vielen Bereichen zukunftsfester Lösungen bedarf: Dazu gehören Fragen der künftigen gesundheitlichen Versorgung der Bevölkerung unter Nutzung innovativer Technologien, deren Entwicklung von der Idee bis zur Anwendung, die künftige Finanzierung und Vergütung von gesundheitsbezogenen Leistungen, die Entwicklung und Bereitstellung maßgeschneiderter und präventiv wirksamer Lebensmittel sowie eine konsumentengerechte Kommunikation. Aufgrund der Komplexität der Herausforderungen lassen sich die anstehenden Fragen nur in inter- und transdisziplinär aufgestellten Forschungsteams sinnvoll bearbeiten.

An dieser Stelle setzt das „Innovationszentrum Technologien für Gesundheit und Ernährung" (IGE) an. In diesem Innovationszentrum sind 52 Fachgebiete der TU Berlin vertreten: von der Medizintechnik über die Informations- und Kommunikationstechnologien bis zur Gesundheitsökonomie, von der Lebensmittel- und Biotechnologie bis zur Verfahrenstechnik. Darüber hinaus sind 25 außeruniversitäre Forschungsinstitutionen und zahlreiche Industriepartner an den verschiedenen Forschungsprojekten beteiligt. Das IGE bündelt die Aktivitäten zur Erforschung

Abbildung 1
Das Forschungsnetzwerk des IGE – am IGE beteiligte Institutionen aus der
Forschung und von Verbänden

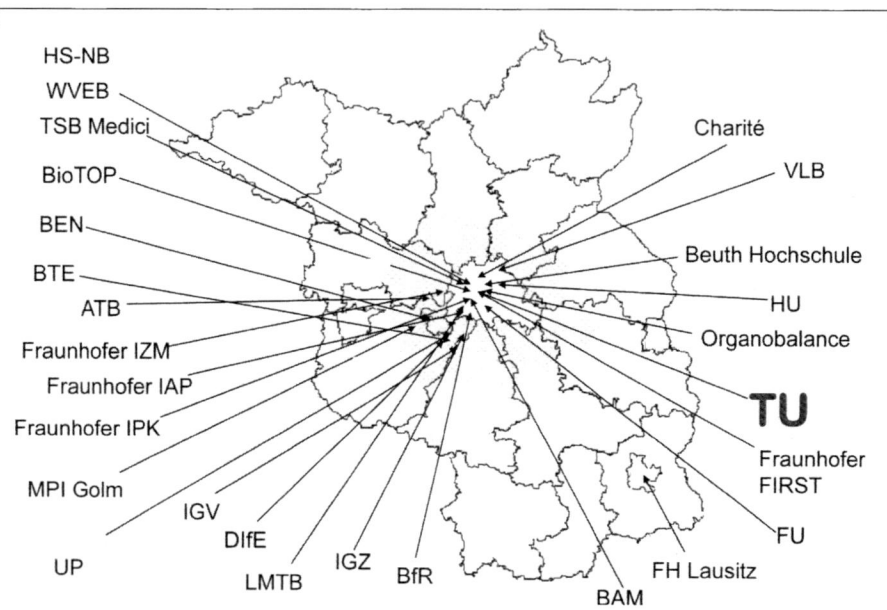

Universitäre Einrichtungen
Beuth Hochschule – Beuth Hochschule für Technik Berlin
Charité – Charité - Universitätsmedizin Berlin
FH Lausitz – Fachhochschule Lausitz
FU – Freie Universität Berlin
HS-NB – Hochschule Neubrandenburg
HU – Humboldt Universität zu Berlin
TU – Technische Universität Berlin
UP – Universität Potsdam

Forschungsinstitutionen
BAM – Bundesanstalt für Materialforschung in Berlin
BfR – Bundesinstitut für Risikobewertung
Leibniz-Gemeinschaft:
• ATB – Leibniz-Institut für Agrartechnik in Bornim
• DIfE – Deutsches Institut für Ernährungsforschung in Nuthetal
• IGZ – Institut für Gemüse- und Zierpflanzenbau in Großbeeren
Fraunhofer Gesellschaft:
• Fraunhofer FIRST – Fraunhofer-Institut für Rechnerarchitektur und Softwaretechnik
  in Berlin
• Fraunhofer IAP – Fraunhofer-Institut für Angewandte Polymerforschung in Golm
• Fraunhofer IPK – Fraunhofer-Institut für Produktionsanlagen und Konstruktions-
  technik in Berlin
• Fraunhofer IZM – Fraunhofer-Institut für Zuverlässigkeit und Mikrointegration in
  Berlin
MPI Golm – Max-Planck-Institut für molekulare Pflanzenphysiologie in Golm

Industriepartner
  IGV – Institut für Getreideverarbeitung GmbH, Nuthetal
  LMTB – Laser- und Medizin-Technologie GmbH, Berlin
  OB – Organobalance GmbH, Berlin

Verbände (NGOs) und Vereine
  BEN – Brandenburger Ernährungsnetzwerk
  BioTOP – (Zentrale Anlauf- und Koordinationsstelle für alle Belange der Biotechnologie in Berlin und Brandenburg)
  BTE – Branchentransferstelle Ernährung
  TSB Medici – (Initiative zur Weiterentwicklung der Medizintechnik in Berlin-Brandenburg)
  VLB – Versuchs- und Lehranstalt für Brauerei in Berlin e. V.
  WVEB – Wirtschaftsvereinigung der Ernährungsindustrie in Berlin und Brandenburg

und Entwicklung von präventiven Lebensmitteln und der Gesundheitstechnologie und wird dadurch die interdisziplinäre Zusammenarbeit zwischen Biotechnologie, Lebensmittelchemie und -technologie, Ernährungswissenschaften, Biologie und Medizin intensivieren und stärken.

Die Region Berlin-Brandenburg gehört europaweit zu den Gebieten mit der größten Konzentration an Forschungsinstitutionen in den Bereichen der Agrar-, Lebensmittel- und Ernährungswissenschaften. Zu dieser Profilierung tragen die drei Universitäten in Berlin (Freie Universität, Technische Universität, Humboldt Universität zu Berlin), die Universität Potsdam, die Institute der Max-Planck- und Fraunhofergesellschaft, der Leibniz-Gemeinschaft sowie die Fachhochschulen in Berlin und Brandenburg bei. Zudem ist die Lebensmittelindustrie ein wichtiger Wirtschaftszweig in der Region Berlin-Brandenburg.

Das Ziel des IGE ist es, die vorhandenen Ressourcen entlang der gesamten Wertschöpfungskette nachhaltig zu bündeln und zu vernetzen. Das ist wünschenswert und notwendig, weil sowohl in nationalen als auch in internationalen Projekten immer mehr Interdisziplinarität gefragt ist. Die Bündelung der Kompetenzen relevanter, regionaler Forschungseinrichtungen und Industrieunternehmen wird zu Synergieeffekten führen, die die Gesundheitstechnologie sowie die Entwicklung von maßgeschneiderten und präventiv wirkenden Lebensmitteln voranbringen. Ein weiteres Ziel des IGE ist es, der Wirtschaft durch Innovationen auf dem Gebiet der Lebensmittel- und Ernährungswissenschaften Impulse zu verleihen und den Wissenstransfer auf dem Gebiet der maßgeschneiderten Lebensmittel durch planvolle Vernetzung von Wissenschaft und Wirtschaft zu verstärken.

Seit seiner Gründung im Januar 2009 arbeiten die am IGE beteiligten Wissenschaftlerinnen und Wissenschaftler in Kooperationsprojekten auf ambitionierte Ziele hin, um in verschiedenen Bereichen einen Beitrag zur Verbesserung der gesundheitlichen Situation der Bevölkerung zu leisten.

Beispiele aus den Verbundprojekten: Innovative Technologien für den Bereich Gesundheit und Ernährung

Präventiv wirkende Lebensmittel

Zentrale wissenschaftliche Ziele des IGE im Bereich der Lebenswissenschaften sind:
- die Identifizierung von Lebensmittelinhaltsstoffen mit präventiver Wirkung und
- die Analyse der Verbindungen entlang der Wertschöpfungskette von der Biosynthese über die Prozessierung bis zur Konsumierung.

„Unsere große Stärke besteht darin, dass wir die gesamte Ernährungskette von der Produktion bis zum Konsumenten hin forschungsseitig abdecken können", erläutert Prof. Dietrich Knorr, ein Sprecher des Zentrums. „Unsere Schwerpunkte liegen bei funktionellen Inhaltsstoffen pflanzlicher oder mikrobieller Herkunft mit gesundheitsfördernder Wirkung. Dabei interessieren uns zum Beispiel Flavonoide und andere sekundäre Pflanzenmetabolite, Spurenelemente und mehrfach ungesättigte Fettsäuren." Wichtig ist bei Lebensmitteln mit funktionellen Inhaltstoffen stets, dass solide wissenschaftliche Daten vorliegen und dass der Lebensmittelcharakter der Produkte erhalten bleibt. Der Einsatz von Lebensmitteln, die einen gesundheitlichen Zusatznutzen aufweisen, muss immer mit einer Aufklärung der Bevölkerung über eine ausgewogene Ernährung und dem langfristig angelegten Zweck der Maßnahme verbunden sein. So können Lebensmittel mit Zusatznutzen zu einer vernünftigen Bereicherung der Gesamternährung beitragen.

Das Ernährungsbewusstsein und das Ernährungsverhalten der Bevölkerung haben sich in den letzten Jahren deutlich verändert. Früher war die Nährstoffversorgung mit Proteinen, essentiellen Fettsäuren und Vitaminen wichtig, während heute eine gesundheitsorientierte Ernährungsweise im Vordergrund steht. Sekundäre Inhaltsstoffe wie z.B. Flavonoide oder Polyphenole werden immer stärker zu wertgebenden Bestandteilen in der Nahrung. Diese bioaktiven Verbindungen können eine präventive Wirkung entfalten und das Risiko für bestimmte Krankheiten wie Krebs oder Herz-Kreislauferkrankungen senken. Die molekularen Mechanismen jedoch, die dieser Wirkung zugrunde liegen, sind bislang nicht bekannt. Oft sind es nicht die Originalsubstanzen, sondern Metabolite, die vom Organismus selbst oder von Darmbakterien gebildet werden, die die positiven Eigenschaften aufweisen. Diese Metabolite und Originalsubstanzen sollen identifiziert und auf ihre Eigenschaften getestet werden. Im IGE liegen verschiedene Modellsysteme vor: vom Tiermodell über Zellkulturen, Reportergenkonstrukte bis zum Nachweis durch spektroskopische Methoden für krebspräventive Effekte auf der Haut. Die Untersuchungen sollen zeigen, ob z.B. endogene Schutzmechanismen induziert oder verstärkt werden können, um so Kombinationen sich ergänzender Inhaltsstoffe zu finden und sie eventuell durch Züchtung und Verarbeitung zu erhalten und zu verbessern. Schwerpunkte werden auf Redoxsystemen sowie Pro- und Präbiotika liegen. An einer gesamtheitlichen Matrix sollen ineinandergreifende Arbeiten nach dem Prinzip der schonenden und konsumentengerechten Verarbeitung erfolgen. Es werden alle Schritte bearbeitet, von der Optimierung der Bildung in Pflanzen, Mikroorganismen und/oder pflanzlichen Zellkulturen über die Erhöhung von Nahrungsinhaltsstoffen, die Stabilität während der Bearbeitung bis zum Nachweis der Nahrungsinhaltsstoffe im Organismus und der Bioverfügbarkeit sowie der biologischen Wirkung. Eine Konzentration auf pflanzliche Produkte und eine kettenübergreifende Betrachtung von der Züchtung über die Ernte, die Prozessierung und die Nahrungsaufnahme bis zur biologischen Wirkung werden vorgenommen werden. Letztendlich werden die erworbenen medizinischen, ernährungswissenschaftlichen und biotechnologischen Kenntnisse das Know-how zur industriellen Produktion präventiver Lebensmittel liefern und zur Herstellung gesundheitsfördernder Produkte eingesetzt werden.

Abbildung 2
Disziplinübergreifendes Forschungskonzept des IGE im Bereich der Lebenswissenschaften – Forschung entlang der Wertschöpfungskette

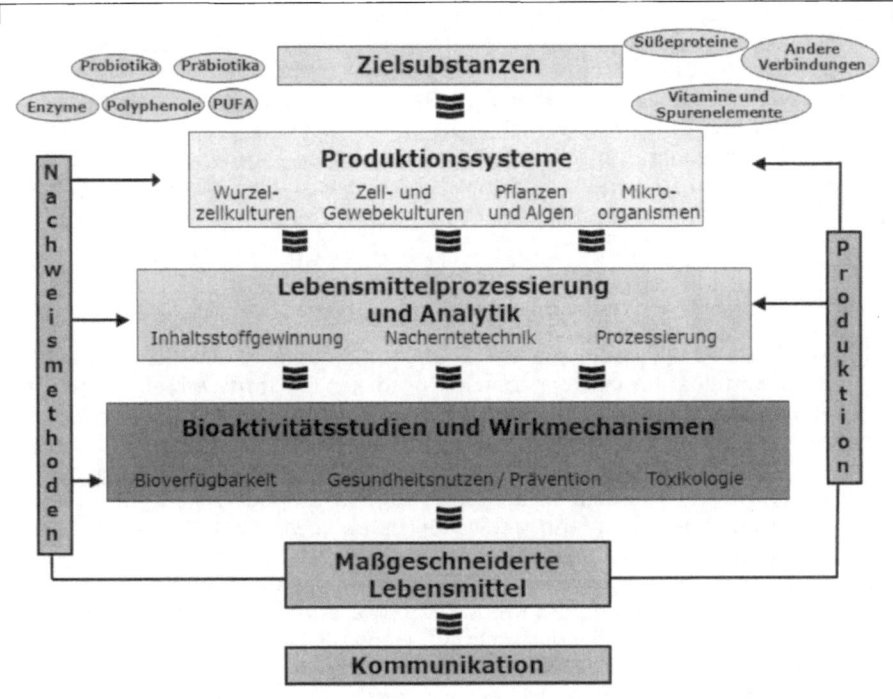

PUFA = poly unsaturated fatty acids (mehrfach ungesättigte Fettsäuren)

Die Versorgung mit Lebensmitteln hat in Deutschland einen optimalen Stand bezüglich Fülle und Auswahlmöglichkeiten erreicht. Trotzdem sind ernährungsbeeinflusste Krankheiten keineswegs eliminiert, sondern steigen gegenwärtig sogar an. Dies ist besonders beunruhigend, da ernährungsbedingte Krankheiten früher eher ältere Menschen betroffen haben und heutzutage immer mehr und immer jüngere Menschen an ihnen erkranken. Dies führt zu einer Verminderung der Lebensqualität der Betroffenen, aber auch zu einer Belastung für das Gesundheitswesen.

Herz-Kreislauferkrankungen, einzelne karzinogene Erkrankungen, Fettleibigkeit (Adipositas) und Diabetes Typ II nehmen zu; Herz-Kreislauferkrankungen sind mittlerweile die häufigste Todesursache in Deutschland. Aus diesem Grund ist es zwingend erforderlich, bessere Voraussetzungen für eine gesunde Lebensführung zu schaffen. Eine adäquate Ernährung leistet hierzu einen wichtigen Beitrag.

Die Anforderungen, die an eine gesunde Ernährung gestellt werden, sollten von daher außerordentlich hoch sein. Um jedoch den unterschiedlichen Zielgruppen (z.B. Kinder, Senioren, genetisch determinierte bzw. sozioökonomisch definierte Gruppen) eine ausgewogene und bedarfsgerechte Bereitstellung von Lebensmitteln gewährleisten zu können, ist eine genaue Kenntnis der Wechselwirkungen zwischen Mensch und Lebensmittel notwendig. Voraussetzung für eine gesunde Ernährung ist das Wissen über die Lebensmittelbestandteile und deren Funktionalität auf physiologischer, zellulärer und molekularer Ebene.

Die Forscher/-innen der Lebensmittelwissenschaften des IGE haben sich zum Ziel gesetzt, gesunde, präventiv wirkende Lebensmittel zu entwickeln. Angesichts der Verschiebung der Altersstruktur in der Bevölkerung und durch Veränderungen in Lebensstil und Ernährungsverhalten ist die Entwicklung solcher Lebensmittel unbedingt notwendig. Um steigenden Umweltproblemen und Konsumentenbedürfnissen gerecht zu werden, sind Lebensmittel erforderlich, die nachhaltig hergestellt und verarbeitet werden können.

Glucosinolate

Glucosinolate sind sekundäre Pflanzeninhaltsstoffe, das heißt, die Pflanze braucht sie nicht unmittelbar für ihr Überleben. Dafür spielen die Stoffwechselprodukte in der Wechselwirkung der Pflanze mit der Umwelt eine wichtige Rolle. Sie wirken beispielsweise oft als chemische Abwehrstoffe gegen pflanzenfressende Insekten und krankheitserregende Bakterien und Pilze. Lange Zeit wurden die sekundären Pflanzeninhaltsstoffe deshalb als ungesund abgetan. Schlagartig erhöhte sich jedoch das Interesse, als Anfang der 1990er-Jahre mehr über ihr gesundheitsförderndes Potenzial beim Menschen bekannt wurde. Das Spektrum der ihnen zugeschriebenen Wirkungen ist ansehnlich: Es reicht von der Stimulierung des Immunsystems bis zur Senkung des Krebsrisikos, wie es bei den Glucosinolaten der Fall ist. Diese Effekte treten jedoch nur auf, wenn die Gewebestruktur der Pflanzen zerstört und in Wasser gelöst wird, zum Beispiel, wenn man Brokkoli zerkaut.

Das Bundesministerium für Bildung und Forschung (BMBF) fördert im Rahmen der Initiative „Biomedizinische Ernährungsforschung" ein Verbundprojekt, an dem zahlreiche Akteure beteiligt sind: Wissenschaftler/-innen aus den Bereichen der Pflanzenphysiologie des Leibniz-Instituts für Gemüse- und Zierpflanzenbau (IGZ) in Großbeeren/Erfurt, der Lebensmittelchemie und -biotechnologie der TU Berlin, der Ernährungswissenschaften des Deutschen Instituts für Ernährungsforschung (DIfE), der Medizin aus der Charité Berlin, aber auch verschiedene Industriepartner. Gemeinsam wollen die Wissenschaftler/-innen ein diätetisches Lebensmittel entwickeln, das vorbeugend gegen Darmkrebs schützt. Noch müssen dazu allerdings eine Reihe von Fragen geklärt werden. Prof. Dr. Monika Schreiner vom IGZ, die Koordinatorin des Projektes, benennt die wichtigsten offenen Punkte: „Ab welcher Glucosinolatkonzentration haben wir bestimmte gesundheitsfördernde Wirkungen, und wie können wir die Verfügbarkeit der gewünschten Glucosinolate erhöhen?" Die Wissenschaftler/-innen wollen zunächst auf molekularer Ebene die Biosynthese der Glucosinolate aufklären. Dann soll diese mithilfe von chemischen, physikalischen oder biologischen Substanzen gezielt verändert werden. „Keine klassische Züchtung und auch keine gentechnisch veränderten Pflanzen, sondern ein Anreichern durch gezielte Beeinflussung der Glucosinolat-Biosynthese ist das Ziel unserer Arbeit", erläutert Schreiner. Am Ende soll dann ein diätetisches Lebensmittel mit vorbeugender Wirkung gegen Darmkrebs stehen.

Pflanzliche Proteine

Die Nutzbarkeit pflanzlicher Proteine und die Auswirkungen auf molekulare Schlüsselmechanismen der Genese (Entstehung) von Adipositas werden in einer Interventionsstudie von Wissenschaftler/-innen der Charité, des Deutschen Institutes für Ernährungsforschung (DIfE) sowie verschiedener Fachgebiete der TU Berlin untersucht. Durch die Anwendung nichtthermischer Prozesstechnologien sowie durch mikrobiologische Modifikation soll dabei gezielt die Funktionalität verbessert werden. Die ernährungsphysiologischen Eigenschaften pflanzlicher Proteine und die Effekte der technologischen Modifizierung werden untersucht, zudem wird der Einsatz in verschiedenen Lebensmitteln wie z.B. Backwaren und Brotaufstrichen getestet. Das Projekt leistet einen Beitrag zur Erschließung ernährungsphysiologisch wertvoller pflanzlicher Proteinquellen für neuartige innovative Lebensmittelprodukte. Der Einsatz neuartiger Lebensmittel zur dauerhaften Beeinflussung von Übergewicht beinhaltet ein maßgebliches Potenzial für Konsumenten und die Lebensmittelindustrie und vermindert die durch Übergewicht und Folgeerscheinungen auftretenden ökonomischen Belastungen für das Gesundheitssystem.

Mehrfach ungesättigte Fettsäuren (PUFA)

Fette und Öle haben eine tragende Rolle bei der menschlichen Ernährung. Besonders mehrfach ungesättigte Fettsäuren (PUFA = *poly unsaturated fatty acids*) wie Omega-3- und Omega-6-Fettsäuren sind unverzichtbare Bestandteile einer gesunden Ernährung und müssen mit der täglichen Nahrung aufgenommen werden. Als industrielle Quelle für die Produktion von Omega-3- und Omega-6-Fettsäuren werden bisher nahezu ausschließlich Fische und die fetthaltigen Samen höherer Pflanzen, wie z. B. Leinsamen, Soja und Raps genutzt. Die Gewinnung von Omega-Fettsäuren aus natürlichen Quellen ist jedoch sehr aufwendig und kostenintensiv. Der kontinuierlich steigende Bedarf wird daher zunehmend schwieriger über natürlich vorkommende Ressourcen zu decken sein. Ergänzend bzw. alternativ können Mikroorganismen zur Produktion von PUFA genutzt werden; dies ist in der Wissenschaft unumstritten und das damit verbundene große Zukunftspotenzial anerkannt. Sowohl bei Hefen als auch bei Algen gibt es vielversprechende Ansätze für dieses Vorhaben. Im Projekt der AG PUFA unter der Leitung von Prof. Lothar Kroh der TU Berlin wird ein Konzept entwickelt, mit dessen Hilfe es möglich werden soll, PUFA nachhaltig aus Hefen und Algen zu extrahieren, um die natürlichen Vorkommen zu entlasten.

Sulfite sind die Salze und Ester der Schwefligen Säure H_2SO_3. Sie werden häufig als Konservierungsmittel in Wein, Trockenobst und Kartoffelprodukten eingesetzt. Sulfite treten allerdings auch natürlich in nahezu allen Weinen auf. Sie entstehen in geringen Mengen (10–30 mg/l) auf natürliche Weise während der alkoholischen Gärung. Sulfite können durch direkte Oxidation zu Sulfat Sauerstoff abfangen und so die Oxidation anderer Substanzen verhindern. Sulfite sind einerseits nicht nur in der Lage, den Sauerstoff abzufangen, sondern können zum anderen mit in Lebensmitteln gebildeten Carbonylverbindungen stabile, jedoch reversible Hydrogensulfide bilden, die in Abhängigkeit vom pH-Wert nicht mehr zum sog. Alterungsgeschmack beitragen. So konnte in Praxisversuchen beim Brauen von Bier nachgewiesen werden, dass ein erhöhter Sulfitgehalt in Bier zu einer Verlängerung der Haltbarkeit um drei Monate führte. Wenn der Sulfitgehalt innerhalb von gesetzlich geregelten Grenzen (10 mg/l) höher eingestellt werden kann, hat dies zweifellos einen positiven Effekt auf die Geschmacksstabilität des Produkts. In diesem Zusammenhang ist es das Ziel eines Forschungsprojektes, das durch die AiF (Arbeitsgemeinschaft industrieller Forschungsvereinigungen „Otto von Guericke" e.V.) gefördert wird, unter der Leitung von Prof. Ulf Stahl eine Hefe zu entwickeln, die durch eine optimierte Sulfitproduktion und -freisetzung eine verbesserte Geschmacksstabilität von Bier garantiert. Dazu sollen brauereitechnologische Fragen hinsichtlich einer optimalen Substratzusammensetzung und Prozessführung geklärt werden.

Der wissenschaftliche Nachweis der Funktionalität von Nahrungsmitteln ist für die Lebensmittelindustrie von zunehmender Bedeutung. Ebenfalls in der Arbeitsgruppe von Prof. Stahl wird ein in vitro-Fermentationsmodell entwickelt, das einzelne Verdauungsabschnitte simuliert. Damit sollen in Zukunft wissenschaftliche Aussagen zur Metabolisierung von Nahrungsmittelinhaltsstoffen getroffen werden. Im Rahmen der BMBF-Förderinitiative „Biomedizinische Ernährungsforschung" wird ein Verbundprojekt zur Etablierung eines mehrstufigen Fermentationsmodells gefördert, in dem neben den enzymatischen Verdauungsstufen in Magen und Dünndarm der Einfluss der Mikroorganismen in verschiedenen Abschnitten des Dickdarms untersucht wird. Mit ausgewählten Stämmen von Darmbakterien wird die Stoffwechselleistung dieser Mikroorganismen auf einzelne Lebensmittelinhaltsstoffe hin untersucht. Der Schwerpunkt der Entwicklungsarbeiten liegt auf Getränken, die organische Säuren und einen erhöhten Anteil an Anthocyanen enthalten. Die Analyse der Stoffwechselprodukte der Fermentationsversuche wird Rückschlüsse auf die Wechselwirkung im Darm und auf mögliche Abbauwege von Lebensmitteln – insbesondere von Gärgetränken – ermöglichen und Hinweise auf den gesundheitlichen Nutzen dieser Lebensmittelinhaltsstoffe liefern.

Lebensmittelsicherheit

In der Arbeitsgruppe von Prof. Dietrich Knorr am Fachgebiet Lebensmittelbiotechnologie und -prozesstechnik der TU Berlin werden nanostrukturierte Träger zur Unterstützung der synergistischen Wirkung von biofunktionalen Wertstoffen für die menschliche Ernährung entwickelt und untersucht. Zahlreiche Studien zeigen, dass viele Früchte und Gemüsesorten einen hohen Anteil an bioaktiven Inhaltsstoffen enthalten, die sich positiv auf die menschliche Gesundheit auswirken. Vor allem Anthocyane und Polyphenole haben eine starke antioxidative und anticancerogene Wirkung und könnten so der Entstehung von Herz-Kreislauferkrankungen und bestimmten Krebsarten entgegenwirken. Diese sog. sekundären Pflanzenstoffe sind jedoch außerhalb der natürlichen Lebensmittel bislang wenig stabil. Wirkungsmechanismen der einzelnen Bestandteile und vor allem mögliche Wechselwirkungen verschiedener Inhaltsstoffe können daher nur unzulänglich untersucht werden. Dies verhindert auch eine gezielte und sinnvolle Entwicklung funktioneller, mit bioaktiven Inhaltsstoffen angereicherter Produkte. Das Verbundprojekt wird von der AiF und der DFG (Deutsche Forschungsgemeinschaft) gefördert und verfolgt das Ziel, innovative Technologien zur stabilen Mikroverkapselung dieser bioaktiven Inhaltsstoffe und gezielten Freisetzung im Magen-Darm-Trakt zu entwickeln, mit denen grundlegende Studien zu Freisetzungs- und Wirkungsmechanismen durchgeführt werden können. Die Ergebnisse sind Basis für eine künftige Entwicklung von Lebensmitteln mit gesundheitlichem Zusatznutzen. Die Arbeitsgruppe ist interdisziplinär mit deutschlandweiten Kompetenzen aus der physikalischen Chemie, Biopharmazie, Lebensmitteltechnologie und -verfahrenstechnik, Lebensmittelchemie und -toxikologie sowie Ernährungsphysiologie zusammengesetzt.

Zielsetzung moderner Lebensmitteltechnologie ist die Verarbeitung und Umwandlung von Rohmaterialien in Lebensmittel höchster Qualität, Sicherheit und Funktionalität. Hierzu kommen die derzeitigen Herausforderungen
- der zusätzlichen gleichzeitigen Verbesserung der ernährungsphysiologischen Qualität,
- des Erhalts wertgebender Inhaltsstoffe während der Verarbeitung, Lagerung und des Vertriebs von Lebensmitteln,
- der Integration der gesamten Verarbeitungskette vom Rohmaterial bis hin zum Verbraucher und deren ökologische und ökonomische Evaluierung im Sinne der Nachhaltigkeit,
- der Sicherung der Lebensmittelversorgung sowie der Rückverfolgbarkeit der Lebensmittel bis hin zum Ausgangsmaterial.

Neben der derzeitigen Wechselwirkung zwischen Lebensmitteltechnologie, Lebensmittelchemie und Ernährung haben biotechnologische Methoden und Prozesse eine immer größere Bedeutung in der umwelt- und ressourcenschonenden Herstellung, Erfassung und Diagnose von Lebensmittelinhaltsstoffen und -bestandteilen sowie in der Produktion hochwertiger Lebensmittel mit besonderem Gesundheitsbezug.

Die Entwicklung von optischen Methoden zur Reinigungs- und Kontaminationskontrolle werden von einer Projektgruppe um Prof. Marc Kraft und Prof. Knorr vorangebracht. Untersucht wird der Reinigungerfolg an den Innenlumina (innere Oberfläche) starrer und flexibler Medizinprodukte mithilfe einer optischen Methode. Dabei geht es den Forscher/-innen um die Entwicklung eines Verfahrens, das das Kontrollergebnis sofort liefert und daher prozessbegleitend einsetzbar ist. Ziel des Forschungsteams ist es, zusammen mit diesem neuartigen Verfahren zur Reinigungskontrolle einen validierten Demonstrator zu entwickeln, der in Zusammenarbeit mit den Kooperationspartnern, der Laser- und Medizin-Technologie GmbH Berlin und der Vanguard AG, in ein routinetaugliches Gerät überführt werden soll. Damit könnte man – im Gegensatz zu herkömmlichen Methoden, bei denen das Kontrollergebnis erst nach längerer Zeit zur Verfügung steht – die Effizienz prozessbegleitender Prüfungen deutlich erhöhen. Während es sich bei den bisherigen Prüfungsmethoden um sehr material- und zeitaufwendige mikrobiologische oder nasschemische Verfahren handelt, wäre der Einsatz von optischen Methoden, mit denen das Prüfungsergebnis sofort zur Verfügung steht, optimal in die Arbeitsroutine integrierbar und wesentlich ressourcenschonender als bisher.

Einen weiteren Beitrag zur Lebensmittelsicherheit leistet die Projektgruppe um Dr. Oliver Schlüter vom Leibniz-Institut für Agrartechnik Potsdam-Bornim e.V. (ATB), die die Anwendung von Plasmaverfahren zur schonenden Haltbarmachung am Beispiel leicht verderblicher Lebensmittelprodukte in der Nachernte untersucht. Im Rahmen des Forschungsprojektes „FriPlas" soll durch Nutzung neuartiger Plasmatechnologien in Verbindung mit onlinefähigen Nachweismethoden ein innovatives Verfahrenskonzept zur erforderlichen Steigerung der hygienischen Qualität und Sicherheit frischer pflanzlicher Lebensmittel erarbeitet werden. Das Verfahrenspotenzial der Plasmabehandlung zur Haltbarkeitsverlängerung soll einerseits am Beispiel von leichtverderblichen Frischeprodukten wie Erdbeeren, Himbeeren, Kirschen und Salat sowie andererseits an lagerfähigen Produkten, wie z.B. Möhren, Äpfeln oder Nüssen, exemplarisch dargestellt werden. Durch enge Verzahnung von spezialisierten Industriepartnern und Forschungsinstituten wird eine hohe Praxisrelevanz der Lösungskonzepte sichergestellt.

Verbraucher, Handel und Politik fordern seit vielen Jahren für frische und minimal verarbeitete Lebensmittel eine lückenlose und zuverlässige Qualitäts- und Sicherheitskontrolle. Für eine effektive, kostengünstige, zerstörungsfreie und schnelle Qualitäts- und Sicherheitsanalyse fehlen aber bisher nicht nur entsprechende Sensoren und Messsysteme. Auch die Kenntnisse der spezifischen physiologischen, biochemischen und biophysikalischen Produkteigenschaften und deren Veränderbarkeit durch mikrobiologische, chemische und physikalische Belastungen sind oft nur lückenhaft vorhanden. Speziell dieses Wissen ist aber für eine sinnvolle Dateninterpretation und für die Erarbeitung wissensbasierter Vorhersagemodelle unerlässlich.

Im Verbundprojekt „FreshScan", das vom BMBF mit rund drei Millionen Euro gefördert wird, forschen Wissenschaftler/-innen aus dem Fraunhofer Institut Zuverlässigkeit und Mikrointegration (IZM), dem Ferdinand Braun Institut für Höchstfrequenztechnik Berlin (FBH), der Bundesforschungsanstalt für Ernährung und Lebensmittel (BfEL), dem Leibniz-Institut für Agrartechnik Potsdam-Bornim (ATB) und der Technischen Universität (TU) Berlin. In diesem Projekt werden bestehende mikrosystemtechnische und technologische Herausforderungen hinsichtlich einer begleitenden Charakterisierung der Beschaffenheit aufgegriffen, um durch den gezielten Einsatz mikrosystemtechnischer Komponenten ein innovatives und kettenübergreifendes Gesamtkonzept abzuleiten. Damit wird das Ziel verfolgt, eine ganzheitliche Erfassung, Dokumentation und Bereitstellung von bisher nicht einbeziehbaren Qualitätscharakteristika ausgewählter Lebensmittel zu erreichen. Durch die Bereitstellung von maßgeblichen Informationen zum Produktzustand an jedem kritischen Punkt in der Wertschöpfungskette soll gewährleistet werden, dass die beteiligten Akteure (Erzeuger, Bearbeiter, Händler, Verbraucher) ihre speziellen Möglichkeiten für eine gezielte Einflussnahme zur qualitativen Verbesserung nutzen und ausbauen können. Durch den Einsatz von Mikrosystemtechnik kann die Produktionskette vom Erzeuger über die Fleischverarbeitung, den Transport, Groß- und Einzelhandel bis hin zum Endverbraucher gezielt erfasst und die Produktzustände lückenlos dokumentiert werden. Die Historie des Lebensmittels ist dann in allen Schritten transparent und rückverfolgbar. Seine Frischeparameter sind aktuell mess- und abrufbar.

Ein mobiler „Frischescanner" ermittelt durch die Möglichkeiten optischer Sensorik Daten, mit denen der Frischezustand des Lebensmittels direkt erfasst und ausgewertet werden kann. Der Scanner arbeitet mit Laserlicht, das je nach Zustand des Fleisches unterschiedlich gestreut und reflektiert wird. Das vom Fleisch zurückgestreute Licht wird unter anderem mithilfe der sog. Raman-Spektroskopie analysiert. Dadurch soll schnell und unkompliziert geprüft werden, ob das Lebensmittel den vorgegebenen Anforderungen entspricht. Dieses System wird als Pilotlösung am Beispiel Fleisch getestet und optimiert, damit es später auch in anderen Lebensmittelsegmenten kommerziell genutzt werden kann.

Rehabilitationstechnologien

Im Themenfeld Rehabilitationstechnologien ist es gelungen, mit der Europäischen Konferenz „Technically Assisted Rehabilitation" (TAR) ein weithin beachtetes Forum für die Entwicklung und Anwendung technischer Unterstützungssysteme für Menschen mit neurologischen oder muskuloskelettalen Erkrankungen – z.B. nach Amputationen oder mit Störungen der Sinnesorgane – zu schaffen. Im Jahr 2009 trafen sich die in diesem Gebiet führenden Forscherinnen und Forscher bereits zum zweiten Mal und 2011 wird die nächste wissenschaftliche Konferenz in Berlin stattfinden.

Der *Haptic Walker*, das weltweit erste robotergestützte Gerät zum Training beliebiger Alltagsgangbewegungen, wie z.B. Gehen auf der Ebene oder Treppensteigen, ist das Resultat der Entwicklungsarbeit der Forschungsgruppe Rehabilitationsrobotik am Fraunhofer IPK, deren Leiter Dipl.-Ing. Henning Schmidt im IGE mitarbeitet. Eine andere Arbeitsgruppe unter Dr. Thomas Schauer und Prof. Jörg Raisch aus dem Fachgebiet Regelungssysteme der TU Berlin befasst sich mit der funktionellen Elektrostimulation. Hier werden Muskeln oder Muskelgruppen an Armen oder Beinen, die z.B. infolge einer Querschnittlähmung nicht mehr aktiv bewegt werden können, durch gezielte elektrische Impulse zur Kontraktion gebracht. Auf diese Weise können Querschnittgelähmte sogar auf speziell konstruierten Fahrrädern fahren. Am Fachgebiet der Medizintechnik TU Berlin nimmt man sich unter anderem der immerhin 300.000 Menschen an, die nach einer Gliedmaßenamputation auf einen funktional hochwertigen Ersatz hoffen. Dabei kommen moderne mikroprozessorgesteuerte Kniegelenke und weitere Prothesenkomponenten zum Einsatz, die in der Arbeitsgruppe von Prof. Marc Kraft in enger Zusammenarbeit mit Industriepartnern entwickelt werden. Prof. Kraft, einer der Sprecher des IGE, sieht den klaren Nutzen seiner Arbeit für die Patientinnen und Patienten: „Mit der Weiterentwicklung der prothetischen Versorgung geht auch eine Erhöhung der Patientenmobilität einher. So sind Prothesenträger heute sehr viel besser in der Lage, sportliche Aktivitäten auszuüben." Und dies wiederum hat weitreichende positive Effekte für deren physisches und psychisches Wohlergehen.

Gesundheitswirtschaft

Die vielen Innovationen im Gesundheitswesen werfen immer auch die Frage auf, wie sie denn finanziert werden sollen. Dies ist Thema der AG Gesundheitswirtschaft unter der Leitung von Prof. Klaus-Dirk Henke, einem der Sprecher des IGE, und Prof. Reinhard Busse von der TU Berlin: Hier geht es um ökonomische Analysen in Form von volks- und betriebswirtschaftlichen Studien, z.B. für Hersteller von medizinisch-technischen Geräten oder von Produkten des Sanitätsfachhandels. Im Rahmen des Health Technology Assessments werden direkte und indirekte Kosten vor dem Hintergrund bestimmter Krankheitsbilder ermittelt. Der Gesundheitssystemvergleich erlaubt es schließlich, verschiedene Länder im europäischen Binnenmarkt oder auch darüber hinaus einem bewertenden Vergleich zu unterziehen.

Im Vordergrund der Forschungsarbeit steht zurzeit die Erstellung eines Satellitenkontos für die Neuerfassung der Gesundheitswirtschaft mithilfe des Statistischen Bundesamtes im Rahmen der Volkswirtschaftlichen Gesamtrechnung. Auf dieser Basis soll der Beitrag der Gesundheitswirtschaft mit den erstattungsfähigen Leistungen im sog. Ersten „Markt" und dem Zweiten Gesundheitsmarkt mit seinen Gütern und Dienstleistungen zur volkswirtschaftlichen Wertschöpfung und zur Beschäftigung ermittelt werden.

Von der Gesundheitswirtschaft als Branche gehen wiederum vielfältige Innovationsimpulse auf die Ernährungswirtschaft, die Wohnungswirtschaft, den IT-Bereich, den Arbeitsmarkt, den Wettbewerb und den Krankenstand aus. Dies war das wichtige Ergebnis eines Projekts des Bundesministeriums für Wirtschaft und Technologie (BMWi). Auf einer Konferenz im Oktober 2010 werden erste Forschungsergebnisse dieses Projektes vorgestellt. Ein Buch mit dem Titel „Der private Haushalt als Gesundheitsstandort", an dem auch Kollegen der TU mitgewirkt haben, wird ebenfalls im Jahr 2010 erscheinen.

Abbildung 3
Forschungsschwerpunkte des Innovationszentrums Technologien für Gesundheit und Ernährung (IGE), das aus dem Zentrum für innovative Gesundheitstechnologien (ZiG) und dem Center for Preventive Foods (CPF) besteht.

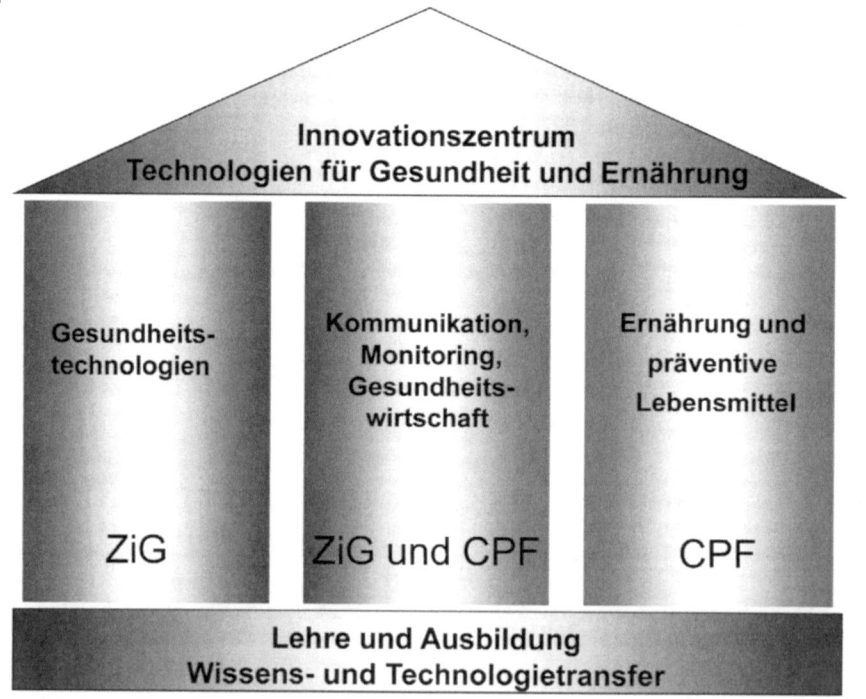

In Zusammenhang mit der Gesundheit stehen auch die ökonomischen Potenziale und neuartigen Geschäftsmodelle im Bereich altersgerechter Assistenzsysteme. Gegenstand entsprechender Analysen ist die Technik zur Unterstützung der selbstständigen Lebensführung sowie der alltäglichen Handlungen im Arbeitsprozess, die den Nutzern Kontroll- und Steuerungsleistungen abnehmen. Diese Arbeit erfolgt zusammen mit dem Institut für Europäische Gesundheits- und Sozialwirtschaft (IEGUS), der Forschungsgruppe Landkreis Vechta und dem InWIS Institut für Wohnungswesen, Immobilienwirtschaft, Stadt- und Regionalentwicklung GmbH an der Ruhr Universität Bochum.

Schließlich sei auf das MetaForum hingewiesen, in dessen Rahmen sich eine interdisziplinäre Arbeitsgruppe mit Innovationen für mehr Gesundheit einsetzt. „Gesundheit neu denken", „Prävention und Versorgung neu denken" und „Gesundheitspolitik neu denken" sind drei Arbeitsbereiche, um die herum verschiedenste Veranstaltungen in 2010/2011 stattfinden werden.

Abbildung 4
Arbeitsgruppen des Innovationszentrums „Technologien für Gesundheit und Ernährung"

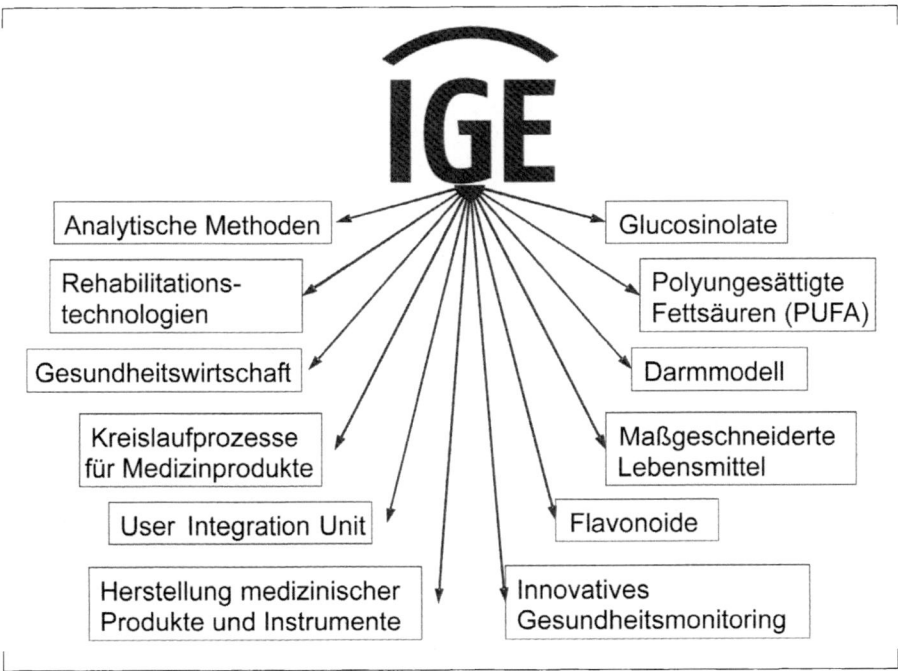

Fazit

Diese Beispiele lassen erkennen, wie breit das Themenspektrum der im Innovationszentrum Technologien für Gesundheit und Ernährung der TU Berlin (IGE) kooperierenden Wissenschaftlerinnen und Wissenschaftler ist. Zusammengewachsen aus zwei bereits zuvor erfolgreichen Forschungseinrichtungen – dem Zentrum für innovative Gesundheitstechnologien (ZiG) und dem Center for Preventive Foods (CPF) – wird das IGE künftig sicher noch weitere Wachstumskräfte entfalten. Innovative Entwicklungen in den Bereichen Ernährung, Gesundheitstechnik und -wirtschaft tragen zu einem besseren Gesundheitszustand der Bevölkerung und damit zu einer Zunahme des Humankapitals (Gesundheit und Bildung) und der Produktivität der Gesellschaft bei – ein Ziel, dem sich die Beteiligten des IGE gerne widmen.

■ Verzeichnis der Autorinnen und Autoren

Gregor Bethge, MPH
Diplom-Sozialarbeiter/-pädagoge; seit 1998 Sozialpädagoge beim DRK
(Deutsches Rotes Kreuz), seit 2010 bei der Stephanus Stiftung

Prof. Dr. med. Bernd Brüggenjürgen, MPH
Institut für Sozialmedizin, Epidemiologie und Gesundheitsökonomie an der
Charité – Universitätsmedizin Berlin

Dr. med. Rahel Eckardt
Fachärztin für Innere Medizin und Klinische Geriatrie. Oberärztin am
Ev. Geriatriezentrum Berlin und Forschungsgruppe Geriatrie der Charité
Universitätsmedizin Berlin. Lehrkoordinatorin Geriatrie der Charité

Roland Engehausen
Diplom-Kaufmann, MBM, Studium der Wirtschaftswissenschaften (Schwer-
punkte Dienstleistungsmarketing und Gesundheitsökonomie), von 1996 bis
1998 Qualitätsmanager bei der Gmünder Ersatzkasse (GEK), bis 2003
Geschäftsführer der GEK Berlin, seit 2004 Regionalgeschäftsführer Ost der
Siemens Betriebskrankenkasse (SBK)

Dr. Petra Forster
Dipl. Ernährungswissenschaftlerin, Geschäftsführerin von SPUER-SINN –
Prävention & Kommunikation Stuttgart (zertifiziert), Mitglied im
Kompetenznetzwerk Fettstoffwechsel der DGF/QUETHEB, Arbeitsschwer-
punkte: Betriebliches Gesundheitsmanagement, Betriebsgastronomie,
Ernährungstherapie in Krankenhäusern und Pflegeeinrichtungen

Dr. med. Katharina Graffmann-Weschke, MPH
Krankenpflegeausbildung, Studium der Humanmedizin an der Freien
Universität Berlin, Assistenzärztin Kinderchirurgie Universitätsklinikum
Benjamin Franklin Berlin, DRK Kliniken Westend Berlin, Studium Psycho-
soziale Prävention und Gesundheitsförderung/Public Health an der FU Berlin,
seit 2007 Teamleiterin Prävention bei der AOK Berlin-Brandenburg, 2008
Referentin im Bundesministerium für Gesundheit

Prof. Dr. med. Dr. rer. nat. Hans-Georg Joost
Wissenschaftlicher Direktor des Deutschen Instituts für Ernährungsforschung Potsdam-Rehbrücke und gleichzeitig Inhaber des Lehrstuhls für Pharmakologie der Universität Potsdam, aktuelle Forschungsgebiete: Pathophysiologie und Genetik der Adipositas (Fettsucht) und des Typ-2-Diabetes

Univ.-Prof. Dr. phil. habil. Dieter Kleiber
Diplom-Psychologe, 1978–1982 Professor für Verhaltenstheorie und Verhaltenstherapie an der Universität Bremen, seit 1991 Professor für Psychologie, Leiter des Arbeitsbereichs Public Health: Prävention und psychosoziale Gesundheitsforschung an der FU Berlin und des dort realisierten interdisziplinären, postgradualen Public Health-Studienganges „Psychosoziale Prävention und Gesundheitsförderung"

Dr. phil. Rüya-Daniela Kocalevent
Leitung Forschungsnetz Psychische Gesundheit; vorherige Institution: Arbeitsbereich Public Health: Psychosoziale Prävention und Gesundheitsförderung, Freie Universität Berlin; aktuell: Department für Psychische Gesundheit, Universität Leipzig

Franz Josef Lünne
Repräsentant der AOK Berlin-Brandenburg Die Gesundheitskasse, AOK-Vorstand a. D., Beauftragter für das Handlungsfeld Prävention, Gesundheitsförderung, Rehabilitation und Ernährung

Werner Mall
Leiter der Abteilung Prävention der AOK Berlin-Brandenburg

Dr. Karl Martin
Institut für Gesundheitsökonomie und Prävention e.V. (IGP) in Bernau bei Berlin

Dr. Edeltraud Mast-Gerlach
Chemikerin, Promotion im Fachgebiet Mikrobiologie und Genetik, Master of Science im Bereich Wissenschaftskommunikation und Marketing, derzeit eine der Geschäftsführerinnen des Innovationszentrums Technologien für Gesundheit und Ernährung an der Technischen Universität Berlin

Heike Mehlhase (geb. Bressel), MPH
Diplom-Psychologin, Lerntherapeutin für Kinder und Jugendliche mit Lese-Rechtschreibschwäche, Rechenschwäche und/oder ADHS

Dr. Matthias Möhner
Bundesanstalt für Arbeitsschutz und Arbeitsmedizin (BAuA) in Berlin

Dr. med. Gunnar Müller
Interdisziplinäres Stoffwechsel-Centrum, Ernährungsmedizin und Diätik, Forschungsgruppe Geriatrie der Charité Universitätsmedizin Berlin

Rolf D. Müller
Senior Advisor HealthCapital, Vorsitzender des Vorstandes der AOK Berlin a.D.

Prof. Dr. med. Jacqueline Müller-Nordhorn, DPH
Leiterin Public Health/Epidemiologie und Stellvertretende Sprecherin, Berlin
School of Public Health, Charité – Universitätsmedizin Berlin

Dr. rer. medic. Marc Nocon
Diplom-Psychologe, Referent beim Gemeinsamen Bundesausschuss, bis
2009 Wissenschaftlicher Mitarbeiter am Institut für Sozialmedizin,
Epidemiologie und Gesundheitsökonomie, Charité – Universitätsmedizin
Berlin, Forschungsschwerpunkte: Prävention, klinische Epidemiologie

Prof. Dr. med. Andreas F. H. Pfeiffer
Direktor der Abteilung Endokrinologie, Diabetes und Ernährungsmedizin an
der Charité – Universitätsmedizin Berlin, Campus Benjamin Franklin. In
Personalunion leitet er die Abteilung für Klinische Ernährung am Deutschen
Institut für Ernährungsforschung (Potsdam-Rehbrücke), Arbeitsschwerpunkt:
Einfluss der Ernährung und des Stoffwechsels auf das Risiko der Entstehung
ernährungsabhängiger Erkrankungen wie Diabetes mellitus und Athero-
sklerose

Dr. rer. medic. Dipl.-Ges.ök. Thomas Reinhold
Institut für Sozialmedizin, Epidemiologie und Gesundheitsökonomie an der
Charité – Universitätsmedizin Berlin

Dr. David Schönfeld
Betriebsärztlicher Dienst (GSS PS HM MS Bln E) von Siemens Industry Mobility
(IMO) in Berlin

Prof. Dr. PH Matthias B. Schulze
Leiter der Abteilung Molekulare Epidemiologie am DIfE, Arbeitsschwerpunkt: Untersuchung der Zusammenhänge zwischen Ernährung, Lebensstil,
biochemischen und genetischen Markern und dem Auftreten des
Typ-2-Diabetes mit epidemiologischen Methoden

Dr. med. Susanne Segebrecht
Ärztin und Apothekerin, Forschungsgruppe Geriatrie, Charité – Universitätsmedizin Berlin

Prof. Dr. med. Elisabeth Steinhagen-Thiessen
Ärztliche Leiterin des Evangelischen Geriatriezentrums Berlin (EGZB) sowie
Leiterin der Lipidambulanz und Lipidapherese, Ernährungsmedizin und
Diätetik im Interdisziplinären Stoffwechsel-Centrum am Universitätsklinikum
Charité, Campus Virchow-Klinikum, als Projektleiterin der RANSTUDIE setzt
sie einen weiteren Fokus auf die Prävention der lebensstilbedingten Risiko-
faktoren Rauchen, Übergewicht, Adipositas und Rückenschmerzen sowie die
Reduzierung chronischer Erkrankungen

Dr. Nanette Ströbele
Wissenschaftliche Mitarbeiterin am Institut für Sozialmedizin, Epidemiologie
und Gesundheitsökonomie, Charité – Universitätsmedizin Berlin

Helga Strube
Ernährungsmedizinische Beraterin/DGE, Bremer Institut für Präventions-
forschung und Sozialmedizin (BIPS), Abteilung Prävention und Evaluation,
Fachgruppe Intervention und Implementierung

Dr. med. Michael Teut
Oberarzt, ärztliche Leitung von CHAMP (Charité Ambulanz für Prävention
und Integrative Medizin), Institut für Sozialmedizin, Epidemiologie und
Gesundheitsökonomie, Charité – Universitätsmedizin Berlin

Stefanie Walter, MPH
Institut für Gesundheitsökonomie und Prävention e.V. (IGP) in Bernau bei
Berlin

Dr. Gerhard Westermayer
Begründer und Geschäftsführer der Gesellschaft für betriebliche Gesundheitsförderung mbH, Arbeitsschwerpunkte: Betriebliche Gesundheitsförderung, Organisationsentwicklung, Stressmanagement, Mitarbeiterführung

Prof. Dr. med. Stefan N. Willich, MPH, MBA
Direktor des Instituts für Sozialmedizin, Epidemiologie und Gesundheitsökonomie, sowie Wissenschaftlicher Leiter, CharitéCentrum 1 für Human-
und Gesundheitswissenschaften, Charité – Universitätsmedizin Berlin

FSC
www.fsc.org
MIX
Papier | Fördert
gute Waldnutzung
FSC® C083411

Zeitfracht Medien GmbH
Ferdinand-Jühlke-Straße 7
99095 Erfurt, Deutschland
produktsicherheit@kolibri360.de